ナショナリズムの受け止め方

言語・エスニシティ・ネイション

塩川伸明

三元社

ナショナリズムの受け止め方——言語・エスニシティ・ネイション〈目次〉

第2部 社会主義の実験と民族・言語問題

はしがき

ナショナリズムおよび言語・民族・エスニシティ・ネイション・ナショナリティ等といった一連の主題は、さまざまな角度から論じられてきた。それらの議論は多様な知的領域にわたっていて、論じ方もそれぞれに異なっており、その全体像をつかむのは至難の業である。そうした中で、特に強い関心を引くのは、あるときには変えがたい本源的なものとみなされ、個人の内奥に触れるものとして強い情動の対象となるものが、あるときには「合理的選択」の対象とされたり、一種の道具的な扱いをされたりすることもあるという両義性である。これは理論の次元では、原初主義vs近代主義、本質主義vs構築主義といったおなじみの論争と関わるが、問題はそういった抽象的理論だけにあるわけではない。理論などとあまり関わりなしに日常的な実践の中で民族とかエスニシティとかについて考える場合にも、それらはあるときは内面に根ざした深い情動を伴う現象となるが、別の局面では、もっとザッハリヒで、合理的な選択の対象となったりするというような二面性がある。

こうした問題について考える際、一つのカギとなるのではないかと思われるのは、個人の可塑性・可変性の大きさと主体性の大きさのあいだにズレがあるという事実である。というのは、次のような事情を念頭においている。

人間の可塑性が最も高いのは幼児期だが、その時期には主体性はまだあまり育っておらず、言語をはじめとする文化は、親をはじめとする周囲の大人たちから与えられる。「人は女として生まれるのではなく、女となるのだ」というボーヴォワールの言葉をもじって言えば、どういう言語を話し、どういう文化をわがものとし、どういう民族集団に属する人間になるかは、「生まれる」のではなく、生後に「なる」ものだとはいえ、文化を最も基礎的なレヴェルで吸収する幼児期には、自分自身で「なる」というよりは、まわりの大人たちによって「ならされる」という性格が濃い。

やがて成長していくにつれて、どのような文化を吸収し、自己をどのようなものとして形成するかということを、大なり小なり自分自身で意識するようになり、その意味での主体性が育っていくが、その時期までには、既にある程度まで固まった基礎のようなものができており、可塑性はもはや幼児期ほど高くはなくなっている。もっとも、思春期から青春期にかけてはまだかなりの可塑性があり、そのことが「アイデンティティ・クライシス」なるものを生む条件となるのだろうが、それにしても、その可塑性にはある種の限界があり、どのようにでも自在に選び取れるというほど広くはない。

さらに、青年期を過ぎて歳をとればとるほど、それまでに形成されてしまった「自己」——それは特定の文化の枠に相当程度強く拘束されている――を再形成するということは、不可能とまではいわないまでも、だんだん難しくなっていく。異文化の摂取、外国語の習得、幼児よりいだいていた信仰からの改宗等は歳をとってからも可能であり、可塑性が完全になくなるというわけではないが、成人してから接した「異文化」が「自らの」ものになりきったり、ある年齢以降に習得した「外国語」が「母語」と同質のものとなるということは考えにくい（改宗によって選んだ宗教は、場合によっては「自分のもの」と意識されるようになるかもしれないが、それでも、幼時から無意識的にはぐくまれていたものと、後から主体的に選び取ったものとでは、自己との関係のあり方が異なるだろう）。

もし可塑性・主体性とも十分に大きいというような人がいるなら、その人はどういう風にでも自己を形成することができ、生まれ育った民族集団から離脱して、自分の選択で他の民族の人になりきるというようなことがあるかもしれない。逆に、可塑性も主体性も全くない場合には、人はある一定の文化の枠に縛り付けられて、およそ脱出とか変容の可能性は一切ないということになる。だが、そのどちらも非現実的だということはいうまでもない。誰しも、無限ではないまでもなにがしかの可塑性と主体性をもっている。その際、可塑性が最も大きい時期には主体性はまだ育っておらず、主体性が強まった時期にはもはや可塑性は制限されているというズレのあることが、問題を複雑にする。そのことは主体的選択による自己形成に限界を画すが、限界があるからといって絶対に変わり得ないということでもない。変わりうる要因と変わりにくい要因をともに抱えており、しかもその大小ないし高低に時間的なズレがあるということこそ、人間と文化の関係の基礎にある条件ではないだろうか。

その結果、言語をはじめとする文化や生活習慣は、ある角度から見れば主体的選択の対象であり、可変的だが、ある角度から見れば「与えられた」ものであり、容易には変えられない重さをもつ。それらは時として政治家やイデオローグの操る手段という性格をもつが、完全には操りきれない「自然力」のように見えることもある。ナショナリズムをめぐって極度に異なった見解が並び立ち、激しい論争が絶えないのは、こういった事情に由来するのではないだろうか。

本書は題名に示されるように、ナショナリズムおよび言語・民族・エスニシティ・ネイションョナリティ等といった一連のテーマに関連する文章を集めた論文集である。それぞれは独立した論文だが、相互に関連性をもつ文章を収め、全体として一定の存在意義のある書物にすることを心がけて編んだつもりである。

序章を別にするなら、本書は大きく二つの部分からなる。第1部は抽象レヴェルに力点をおいた理論的考察であり、第2部は具体的事例に即した歴史的考察としての性格が濃い。このような組み合わせで一書を編んだのは、二種類の考察を単純に別個のものとして並置するのではなく、第2部の実証研究で得られた洞察を第1部の理論的考察に結びつけ、また第1部の観点を第2部にも生かして、両者のあいだに有機的な相互関係をつくりだしたいという狙いがあったからである。といっても、まだ初歩的な試みであり、本書でその狙いが十分達せられたなどと自惚れているわけではない。ただ、通常は大きくかけ離れている抽象理論と実証的歴史研究のあいだにささやかな架け橋をかけてみたいという意図をご理解いただけるなら、著者としては大変嬉しい。

以下、各章の内容について簡単に解説する。

序章は本書の中で最も新しい時期に書かれた。内容的には思想史への模索ともいうべきもので、第1部・第2部のどちらとも異なる性質の文章だが、それらの背後を流れている基本的な発想と関わっており、現在の私の問題意識を比較的直截に出していることから、全体の冒頭におくこととし、書物全体のタイトルもここからとった。

第1部各章は、さまざまな理論との対話の試みである。ナショナリズムおよび言語・民族・エスニシティ・ネイション・ナショナリティ等といった一連のテーマは、多様な論者により、多様な観点から論じられており、それらの相互関係がどうなっているのかを整理するのは容易ではない。本書第1部では、できる限り丁寧に個々の議論を咀嚼し、私なりの観点からどのように吸収するかについて考えてみた。

先ず第1章では、近年注目を集めているリベラル・ナショナリズムについて考えるための素材として、その代表的論者と目されているウィル・キムリッカを取り上げた。やや批判的色彩が濃くなってしまったかもしれないが、批判が自己目的ではなく、あくまでもどのように摂取するかを課題としたつもりだということを断わっておきたい。

第2章では、いまや「現代の古典」となっているエドワード・サイードのオリエンタリズム論を取り上げ、その再考を試みた。サイードの議論が今なお強い影響力をもっているのは理由のあることであり、その基本的な正当性を疑う必要はないが、時として議論が単純化に流れがちであり、誤解や反撥を招きかねないものになっているのではないかという観点から、私なりの再検討を試みた。

第3章では、民族・エスニシティについて考える上で欠かせない学問領域としての人類学の最近の動向から学びつつ、そこにおいてポストコロニアリズムとか構築主義といった理論問題がどのように議論されているかについて、私なりに考えてみた。ここでは、哲学の認識論のような抽象度の高い問題が取り上げられているが、「他者／異文化をどのように認識するか」という問題はそこまでさかのぼって考え直す必要性のある奥深い問題だということを痛感する。

第4章では理論社会学からのナショナリズム論の例として、大澤真幸の著作を取り上げてみた。社会学がこの種の問題について考える上で重要な領域だということは自明だが、大澤の著書はその中でも異彩を放つ個性的なものである。私としては彼の議論に納得できない部分もかなりあったが、ともかくそうした個性的著作と格闘することは、自分の頭を整理する上で益のある作業だった。

第5章では社会言語学という学問領域から学びつつ、多言語主義という問題について考えてみた。エスニシティやアイデンティティについて考える上で、社会言語学という分野は欠かすことのできない重要性をもっている。私自身は言語学も社会言語学も系統的に学んできたわけではないが、関心だけは大分以前からいだき続け、断続的かつ独学的にその成果を摂取してきた。言語学という縄張りの部外者からの問題提起だが、これが社会言語学者たちにも何らかの意味をもつものと受け止めていただけるなら望外の幸いである。なお、本章はその内容上、第2部の第7章と呼応する性格をもっている。

以上、第1部で取り上げたリベラル・ナショナリズム、オリエンタリズム論、ポストコロニアリズム、人類学、社会学、社会言語学といった諸領域は、民族・エスニシティ・ナショナリズムなどについて考える際に必ず念頭におかねばならない分野だが、それぞれの問題の立て方も、知的伝統も大きく異なっているため、それらを満遍なく視野に入れて、その相互関係を考えるのは容易なことではない。私の試みがどこまでそうした課題に応えているかは心許ないが、とにかくその課題に私なりに一歩を踏み出してみようとした軌跡が第1部ということになる。

抽象的・理論的考察である第1部とは違って、第2部は私の専門研究の対象であるロシア・旧ソ連諸国・ユーラシア世界の歴史と現状を取り上げ、より具体性の高い文章を収めている。ロシア・旧ソ連諸国・ユーラシア世界は、そこにおける民族・言語問題の複雑性・多様性という観点からも、また二〇世紀に「社会主義」という特異な体制をとったことに由来する問題構造の複雑性からも、民族や言語に関わる諸問題を考察する際に絶好の場をなしている。ややもすれば、このテーマは当該地域にもとから関心をいだいていた人たちだけの特殊な主題とみなされがちだが、そうではなく、広く民族・エスニシティ問題の諸相に関心をいだく多くの人々にとっても刺激を与えうるものではないかというのが、本書を編むに当たっての私の期待である。

第6章はソ連民族政策史を大づかみに概観したものであり、全体的な見通しを得るのにふさわしいものとして、この部の冒頭においた。なお、この章の初稿は近年の代表的な研究であるテリー・マーチンの著作への解説として書かれたが、初稿執筆後にマーチン説をめぐっていくつかの新しい問題提起が出ていることから、補注1・2を付けて、そうした点に簡単に触れておいた。

第7章は言語政策という観点からのソ連論であり、第6章と一対をなしている。第6章と7章のあいだにはある程度の重なりもあるが、民族政策と言語政策という二通りの観点からソ連史全体を概観することで、歴史がよりよく見えてくるのではないかと期待する。なお、この章は言語政策を扱ったという意味で、第1部の第5章と呼応関係にある。

これまでの二つの章がソ連時代の歴史を主要対象としているのに対し、第8章は、より現代に近い時期としてのペレストロイカ期およびソ連解体後を扱っている。もともと紙幅の限られた小文だったため、今回ある程度補足を試みたが、依然としてわりと短い概観となっている。紙幅の制約に由来する掘り下げ不足は蔽うべくもないが、簡潔に書かれている分、相対的に読みやすいというメリットがあるかもしれない。

第9章はロシア・シオニズムという主題を取り扱っている。時代的にはソヴェト期以前の帝政ロシアが主要な話題となっており、他の各章とやや性格を異にするが、ロシア帝国とソ連の連続性・非連続性の検討という観点から落とすことのできない問題を論じたものである。また、この章では、さまざまなナショナリズム理論と歴史の関連についてもある程度触れており、序章や第1部各章とのあいだに一定の呼応関係がある。

こういうわけで、各章はそれぞれに異なった主題を取り扱っており、独立論文として読むことができるが、それらのあいだには内容上の連関があるから、できることなら、ある章を読んで興味を引かれた読者は関連する他の章へと読み進み、最終的には全体を通読してもらえるなら、著者としては大変嬉しい。

本書は直接的な意味で現代の実践的問題に取り組むものではなく、何らかの政治的主張を含むものでもないが、日本を含む東アジア諸国でも、また他の世界各地でも、ナショナリズムの過熱が深刻な問題となっている状況の中で刊行されるということを意識していないわけではない。読者がナショナリズムに対してどのような態度をとるかは、いうまでもなく各人の自由だが、過熱しがちな感情論に流されることなく、冷静に問題に取り組もうとする姿勢だけは、立場の差異を超えた対話にとって不可欠のものだという、本来当たり前のことを書き記しておきたい。

二〇一四年一二月

著者

序章　ナショナリズムの受け止め方
——社会思想史的検討へ向けた一試論

1　問題の所在

ナショナリズム（民族主義）[1]とは極度に多義的な現象である。かつて書いた文章を再現させてもらうなら、「それは他のさまざまな政治イデオロギーと自在に結合する。リベラリズムと結合することもあれば、反リベラリズムの色彩を濃くすることもある……。社会主義や共産主義と結びつくこともあれば、熱烈な反共主義と結びつくこともある。ファシズムの基盤となることもあれば、ファシズムへの抵抗の思想・運動となったこともある」。そしてまた、「ナショナリズムはプラス・シンボルと捉えられることもあれば、マイナス・シンボルと捉えられることもあり、評価の開きが非常に大きい。ある時は「自決（自己決定）」「国民主権」「民主主義」「民族解放」などと結びつくものとして肯定的評価を受け、ある時は「排他的」「独善的」「狂信的」「好戦的」

等々の語と結びつけて否定的に評価される」[2]。

このように多義的な概念であり、これまでも何度となく論争の対象となってきた現象である以上、それをどう受け止めるかという問題をめぐって、今でも多種多様な見解が出されているのは驚くに値しない。とはいえ、ただ単に多様だというだけで話が終わるわけではない。近年の種々のナショナリズム論を大雑把に振り返るなら、そこにはなんとなく、ある種の流れ――ある時期には一方への傾斜が強まり、しばらくするとそれとは逆の傾斜が強まるというような――があるように感じられる。この「流れ」はあくまでもごく大まかなものであり、その「流れ」に沿わない例ももちろん多数あるが、そのことを断わった上で、敢えてやや単純化した形で、この間の「流れ」の特徴について考えてみたい。

議論の手がかりとして、ここ数年のあいだに刊行された代表的なナショナリズム論の書物を数点取り上げて、印象的な個所を拾い上げてみよう。

「とりわけ戦後日本では、この国にしか「根」をもてないはずであるにもかかわらず、そうした思考／志向がことごとく「ナショナリズム」であるとして否定されてきた」（二〇〇七年[3]）。

「われわれの上の世代、特に、現在の六十代前半から五十代にかけての世代には一般的に、「ナショナリティ」や「国家」、「国民」といった観念を直観的に忌避する傾向が見られる。戦後教育では「ナショナリティ」や「国家」、「国民」は悪いものだと強く教えられてきたからかもしれない」。「ナショナリズムは常にイデオロギー的な批判の対象とされてきた」。「戦後日本に浸潤したナショナリズム忌避の習癖」（二〇〇九年[4]）。

「日本の人文思想の世界に少しでも触れたことのある人にとって、ナショナリズム批判というのはひじょうに見慣れた光景だ。どうやったらここまでみんなの意見が一致するのかと驚いてしまうぐらい、誰もが「ナショナリズムは悪だ」という前提で議論を組み立てている」。「日本の人文思想界では、ナショナリズム批判がほとんど当然の答えであるかのように、猫も杓子もナショナリズムを批判する」（二〇一一年[5]）。

「ナショナリズムとは結局のところ個人の自由や人権やリベラル・デモクラシーと本質的に相容れないイデオロギーと運動であり、つねに戦争と圧政と残忍さを生み出す元凶に他ならず、したがってそれは絶対的な「悪」であり、文明の進化とともにいずれ「乗り越えられる」べき小児病でしかない……という負のイメージに彩られてきた」。「この「ナショナリズム」こそ、この国で長い間イデオロギー的と呼んでよい拒絶反応が示されてきたものだ」（二〇一二年[6]）。

「ナショナリズムといえば、従来は否定的な側面ばかりが強調されてきた」。「ナショナリズムは長いあいだ忌避の対象であった」（二〇一二年[7]）。

「ナショナリズムをひたすら解体・否定すべき対象としてとらえる時期はとうに過ぎ去った」（二〇一三年[8]）。

ここに掲げた一連の議論は、主張を同じくするものばかりというわけではなく、それらのあいだでの見解の隔たりもある（後で取り上げるリベラル・ナショナリズムをめぐっても賛否両様の見解がある）。しかし、いま引用した個所に関する限り、それらの内容は驚くほど似通っている。単純化していうなら、次の二点がその核心だといってよい。

命題A　戦後日本では、一貫してナショナリズムに対する否定的見解が圧倒的に優越していた。

命題B　しかし、そうした見方は一面的であり、ナショナリズムというものを何らかの意味で再評価する必要がある。

この二つの命題は、一方は過去の思想史に関わり、他方は論者自身の規範的主張に関わっていて、論理的には次元を異にする。しかし、心理的には、Aの強い形での提示が逆接の接続詞をはさんでBの説得力を高めるかに受け止められるという関係があるように見える。以下では、先ず第2節で命題Aについて検討し、次いで第3・4節で命題Bについて考えてみたい。

2　ナショナリズム評価の変遷

冒頭で述べたとおり、ナショナリズムはプラス・シンボルと捉えられることもあれば、マイナス・シンボルと捉えられることもあるというのは、本来ごく当たり前のことである。しかし、こ二〇二〇年前後の時期については、そうした一般論には尽きない流れがあるように見える。単純化していうなら、先ず世紀の交の頃から批判的見解が広まり、そして、それが相当優位に達した後に、近年になって、限定的にもせよ擁護論が再登場してきたという流れである。このことをきちんと確認しようと思うなら、戦後日本でナショナリズムに関連して提出されてきた大量の言説を系統的に振り返るという社会思想史的作業が不可欠である。しかし、ここではその準備がないので、とりあえず私自身の記憶に即してざっと振り返ってみたい。これは単なる印象論になってしまうおそれもあるが、一つの試論的な問題提起としての意味をもたせることができないだろうかというのが、執筆に当たってのささやかな期待である。

自分の実感的記憶に即して考えようとするからには、先ずもって、どうして私がこうした問題に関心をいだきだしたのかを述べておいた方がよいだろう。ナショナリズムという言葉が多くの人々にとって肯定的に受け取られているのか、それとも否定的に受け止められているのかという問題に私が眼を向ける一つのきっかけとなったのは、かつてのソ連における用語法がやや特異なものだったという事情が関係している。一九九〇年代に準備していた一連の原稿をもとに二〇〇〇年代に入ってから刊行したある著作で、私は次のように書いた。

「ソ連時代に「民族主義（ナツィオナリズム＝ナショナリズム）」といえば、それは、自民族の文化・伝統などを守ろうとするにとどまらず、他民族を排斥するものという意味――つまり、「排外主義（ショーヴィニズム）」という言葉とほぼ同義――で使われるのが常であり、従って、言葉それ自体に悪いニュアンスがこもっていた。これに対し、「イズム」のつかない「民族的文化の擁護」といった表現は、そうした悪いニュアンスなしに使われ、またこれらと明確に区別される「愛国主義（パトリオティズム）」の語……は肯定的意義を付与されていた。……本書では、ソ連の論者の議論の紹介の中で「民族主義」の語が使われるときには上述の非難用語としてであるが、そうした文脈を離れて、私自身の用語として「民族主義」ないし「ナショナリズム」という場合には、特に悪い意味をもたせているわけではなく、何らかの民族の文化・伝統などを重視する運動・思想全般を広く包括するものとする」[9]。

この文章は、普通の日本人読者にとって「民族主義（ナショナリズム）＝排外主義＝悪」という暗黙の前提は理解しにくいだろうという想定の下、常識的には善とも悪とも決められないこの言葉がソ連では悪として捉えられてきた――但し、それとは別に、「民族的文化の擁護」とか「愛国主義（パトリオティズム）」は善として捉えられていた――ということを説明したものである。いまから思えば、この本が刊行されたのは既に日本でも「ナショナリズム＝悪」という発想が広まりつつあった時期であり、この文章は私が時代の変化に十分ついていくことができていなかったことを物語るのかもしれない。とにかく、冷戦期に自己形成した私――そして、おそらく多くの同世代の人々――にとって、ナショナリズムというのは場合によって良くもあれば悪くもあるものであって、最初から悪だという発想はあまり馴染みがなかったというのが実感的記憶である。

ところが、まさにこの文章を書いた頃から、日本でも「ナショナリズム＝悪」という発想が広まってきたらしいということを私は感じだした。社会意識の変化というものは、どこかの時点で一挙にドラスティックに起きるものではないから、そうした変化はそれよりも前から始まっていたのだろうが、それがかなり強まってきたということを感じる機会が増えてきた。それ以来、私は折りにふれて学生たちに、「ナショナリズムという言葉を君たちはどう受け止めているか。それは基本的に良いものというイメージか、悪いものというイメージか、あるいは場合によって良かったり悪かったりするものか」という質問を出してきた。あまり明快な返事が来ないことも多かったが、ごく大まかな趨勢としていえば、「ナショナリズム＝悪」という発想が次第に常識化しつつあるというのが二〇〇〇年代の状況だったように思う。前節で紹介した一連の言説は、まさにそうした状況を前提に、それに対する批判として、二〇〇〇年代末から二〇一〇年代にかけて急増したものと言える。

最近の情勢については後で考えることにして、かつては一義的に評価の定まっていなかったナショナリズムへの視線が世紀の交の頃から否定論優位へと傾斜したことの理由を先ず考えてみたい。そこには、いくつかの時代背景があった。

再び旧著を引き合いに出させてもらうが、一九六〇―七〇年代くらいまでの時期においては、

「国民国家」の形成およびナショナリズムを肯定的に評価する見解はごくありふれたものだった。もっとも、あらゆるナショナリズムが肯定されてきたわけではなく、ファシズムと結びついたような現われ方については批判的見解が多かったが、いわゆる「小国」のナショナリズムや民族解放運動に対しては同情的な見方が優勢だったと言えるだろう。ヴェトナム戦争期におけるヴェトナム民族運動が世界中の多くの人々の共感をかきたてたのはその代表例である。もう少し最近でも、たとえばソ連からの独立回復を目指すバルト三国の民族運動や、ソ連の覇権からの自立を求める東欧諸国のナショナリズムなどについて、それらを肯定的に捉え、共感を表明する見解は、広い範囲の人々に共有されていた[10]。

しかし、冷戦終焉後、多くの条件が変わった。「民族自決」達成の代表例ともいうべきユーゴスラヴィア解体と一連の独立国家形成の直後にボスニア＝ヘルツェゴヴィナやコソヴォで悲惨な内戦が起きて、人々を戦慄させたのは最も象徴的な例である。「ソ連帝国」の解体およびそれに伴う一連の独立国家の形成も、その時点で期待されていた楽観的展望を裏切り、民族自決への悲観的見解増殖のきっかけとなった。かつて大多数の部外者によって熱烈に支持されていたバルト諸国の民族運動が、独立回復後、国内に居住する少数派——主としてロシア語系住民——に対して排他的・差別的な態度をとっているのではないかという懸念をいだかせるようになったのはその一例である[11]。さらにまた、冷戦期に封印されていた諸国間のナショナリスティックな対抗感情が、冷戦後の新しい情勢下で再浮上してきた。第二次大戦終結五〇年とか六〇年とかいう記念日が来るたびに、その歴史が改めて振り返られ、「歴史認識論争」が各地でかまびすしくなってきた（日本では東アジアの事例が身近だが、中東欧諸国および旧ソ連諸国でも、ある程度これと類似した「歴史認識論争」が展開している）。こうして、一九九〇年代から二〇〇〇年代にかけて、感情的でとげとげしいナショナリズムのぶつかり合いが各地で見られるようになった。言論界で「ナショナリズムというのは危険なものだ」という見解がその頃に強まったのは、そのような背景をもっていると考えられる。

こう振り返ってみるなら、先に提示した命題Aは、「戦後一貫して」という個所を「ここ二〇年前後の時期」と置き換え、「圧倒的に」という修飾語をやや弱めるなら穏当なものといえるが、そうした修正抜きでは極論かつ不正確だと思われる。[12] 過去の経緯に関する理解が性急かつ過度に単純化されているなら、そのことは現在に関わる規範的主張にも影を落としかねない。ある時期の議論が一方の極に振れすぎたなら、バランスをとるためにやや逆向きの議論を出すというのは自然なことだが、だからといって単純に他方の極に走ってしまうのでは議論を深めることができない。私は命題AもBも全面的に否定すべきだと考えるわけではないが、いずれについてももう少しきめ細かく丁寧に考える必要を感じる。本節ではAについて検討してきたので、以下ではBについて、いくつかの角度に分けて考えてみたい。

3　ナショナリズムとリベラリズム

ナショナリズム評価が一方に揺れたり他方に揺れたりするのは数多くの要因によるだろうが、理論のレヴェルでいうなら、ナショナリズムとリベラリズムがどういう関係に立つのかという論点が重要な位置を占めている。ナショナリズムに批判的な論者は「ナショナリズムはリベラリズムに反するからいけない」と論じる傾向があるのに対し、擁護論者は、「いや、そうではない。ナショナリズムはリベラリズムと両立するのだ」と論じるという対比がしばしば見られる。そのことと関係して、近年の一つの流行として、「リベラル・ナショナリズム」論が盛んに論じられるようになっている。もっとも、全てのナショナリズム再評価論者がそうだというわけではなく、中には異なる立論をする論者もいるが、とにかく「リベラル・ナショナリズム」論が一つの重要な主題となっていることは確かである。

ナショナリズムないし愛国主義[13]とリベラリズムが相反するものではなく、むしろしばしば手を携えているという指摘は、最近になって急に現われたものではなく、古い起源をもっている。しかし、近年の日本で「リベラル・ナショナリズム」の系譜に属する著作が相次いで邦訳刊行されているのは[14]、先の命題Bの強まりと符節をあわせるもののように感じられる。あるいはまた、実証的な歴史研究の分野でナショナリズムとリベラリズムとの共存・両立を指摘する作品も目立つようになってきた[15]。実証的歴史研究と規範的政治理論とは別個の次元に属するから、両者を安易に直結することはできないが、緩やかな意味ではある種の呼応関係があるように思われる。

この問題は、いわゆる「リベラリズムvsコミュニタリアニズム（共同体論）論争」とも関わっている。コミュニタリアニズムとナショナリズムとはぴったり重なるわけではないが、ネイションも一種の共同体と考えられる限りでは、共同体重視の考えの一例としてナショナリズムを位置づけることもできる[16]。この複雑な大問題にここで深入りするわけにはいかないが、行論にとって必要と思われる範囲で、いくつかの論点に触れておきたい。コミュニタリアニズムの立場からの古典的リベラリズム批判の一つの要点として、「負荷なき自我」論批判がある。古典的なリベラリズムが理性的な個人による自由な選択を重視するのに対し、それは一種のフィクションに過ぎないのではないか、理性的で自由な選択と想定されているものの基礎には、共同体の歴史と伝統の中で形成された文化が潜在しているのではないかという問題提起は、興味深い論点を含んでいる。しかし、問題はここで終わるわけではなく、むしろその先にある。人間が「負荷なき自我」をもつわけではないとの指摘は、それ自体としていえば正当である。だが、問題はその「負荷」をどのようなものとして捉えるか——それ自体が可変的で開放的なものとして再形成されていく余地をもつのか、それとも特定の形態に固定化されるのか——という点こそが問題である[17]。

古典的リベラリズムを批判する論者は、論敵をあるときは個人主義、あるときはコスモポリタニズムと見立てて、それに何らかの共同体——その例としてのネイション——への帰属を対置する。裸の個人（アトムとしての個人）と全人類を両極とし、その中間に何らかの共同体をおいて考えるなら、純然たる個人だけに関心を集中する、いわば我利我利主義ともいうべき発想は社会の存立を危うくするし[18]、逆に、もっぱら全人類のことを考えるべきだとするコスモポリタニズム（徹底した博愛主義）は非現実的だというのが、多くの人の感想だろう。アダム・スミスの「共感」にせよ、ゲーム理論で想定される「ルールの共有」にせよ、抽象論としてはどの範囲の人々を念頭におくかに関わらない議論であり、特定共同体と結びつく必然性はないが、実際問題としては、何らかの意味で接触が深く、共通感覚をもちやすい人たちのあいだで相対的に成り立ちやすいと考えるなら、共同体重視論に接近するようにも考えられる。こう考えるなら、我利我利主義でもコスモポリタニズムでもなく、共同体を重視する発想は一定の説得力をもつように見える。もっとも、この種の議論は批判の相手を戯画化することで安易な勝利を博している観がなくもない。リベラルな観点からナショナリズムを批判する人たちの多くは、なにも我利我利主義を説いているわけでもなければ、百パーセントのコスモポリタニズムを説いているわけでもない。とすれば、この種の批判は相手の主張を正確に捉えていないということになる。

より重要なのは、中間の共同体が重要だというところまではよいとして、具体的にどのような共同体を想定するかという問題である。中間的な共同体には多種多様なものがあるが、それらのうち特定のネイションという単位が他の共同体をさしおいて特に重視される必然性はどこにあるのか、という問いである。これに対しても、とりあえずの回答ができないわけではない。実際問題として、国民国家というものは種々の変容を遂げた今日でも、法律制定および公行政の基本的な主体であり、さまざまな領域で人々の生活環境を規制する上で大きな役割を演じている。だから、それが相対的に重要な位置を占めているのは確かである。だが、それはあくまでも相対的な重要性ということであって、絶対的とまでは言えない。ナショナリズム批判論者の多くは、国民国家を無にすべきだと説くというよりは、むしろその相対化を説いている。これに対して、もしナショナリズム擁護論者がネイションを絶対視すべきだと説くなら偏狭に過ぎるし、絶対視するわけではないがとにかく重要だと説くのなら、穏健なナショナリズム批判者とそれほど大きくは異ならないようにも思える。

もう一つの論点として、「公共性」という概念に注目し、これを維持するためには何らかの意味での愛国主義あるいはナショナリズムが必要ではないかという議論がしばしば提起されている（ここでも前注13参照）。この種の議論にはいろいろなパターンがあり、それらを丁寧に分類するのは大変な作業になってしまうが、とりあえず私の関心を引くのは、ヤエル・タミールが重視している「慈善は足下から始まる（Charity begins at home）」という考えである。「公共心」を抽象的一般論として考えるなら、恵まれない状況にあるあらゆる人に対して同じように配慮すべきだということになってもおかしくないが、むしろ自分に近しい人々からなる「私の共同体」の成員への配慮が先ずもって優先されるというのがその核心だろう[19]。これは、「そうあるのが自然だ」という意味では理解しやすい議論である。もっとも、「だから、そうあるべきだ」ということになるかといえば、そう簡単には結論できない。一つの分かりやすい説明は教育的配慮に基づくものである。子供に公共心を教えようとするとき、はじめから「人類一般」への博愛などを説いても、あまりにも茫漠としていて現実性がない。そのようなやり方で他者への思いやりを涵養しようとするのは実効的でなく、結果的にはむしろ、建前としてだけ口先の博愛を唱え、実際には我利我利主義的に振る舞うような人間を育てることになりかねない。ということは、我利我利主義とコスモポリタニズムは一見したところ正反対のようでいながら、後者の安易な主張は結果的に前者をもたらしかねないという意味で、両極が合致しがちだということを物語る。これに対し、中間的な共同体を重視し、その中で身近に感じられる人への思いやりを説くのは、より自然で、分かりやすく、上手に教えれば十分な成果をあげることができる。だから、先ずもって身近な人への配慮を重視するのがよく、そのような身近な人たちの総体としての同国民に視野が広がったとき、それが「愛国心」と呼ばれる、というわけである。おそらく「慈善は足下から始まる」という格言は、「先ず足下から始めなければならない」という意味と同時に、「やがてはそれ以外にも広がっていく」という含意をもっているだろうし、だとするなら、それは偏狭な「身内主義」を超える可能性をもっている。

この考え方は一応の説得力をもっている。だが、よく考えてみると、若干の留保をつける必要があるようにも思える。一つには、「足下から」始めて徐々に視野を広げていくという場合、その拡大は連続的なスペクトルになるから、どの共同体を特に重視すべきかを特定することができない。ネイションがひとつの重要な結節点だということまでは言えても、それが絶対的なものとは言えないという点は先に触れたとおりである。

もう一つの問題として、身近な人の重視論と同国人優先論は同じ方向をもつもののように考えられがちだが、実際には常に重なるわけではない。分かりやすい例として、次のような状況を考えてみよう。目の前で二人の人が溺れかけている。両方を助けることはできそうにないが、どちらか一人だけなら助けられそうだ。では、どうするか。どちらを選んでも、他方を見捨てることになるという意味で、これは苦渋の選択だが、だからといって選択せずにいるなら、どちらも助けないということになってしまうから、とにかく決断しないわけにはいかない。さて、溺れかけている二人のうち一方は、日頃から親しくつきあっている外国籍の人であり、もう一人は見ず知らずの同国籍の人だとしよう。この場合、どちらを優先するのが自然だろうか、またそうあるべきだろうか。どちらを選んでも苦渋の選択だという前提を思い起こすなら、どっちの方が正しいなどということを軽々しく言うことはできないのではないかというのが私の感覚だが、それはともかくとして、ここには二つの原則の競合があるという点だけは確認しておかなくてはならない。悩みながら、あるいはためらいながら、とにかく一方を選ぶ——逆に言えば、他方を見捨てることを選んでしまう——という決断は、どちらについても了解できる。だが、もし「一方を助けるのが正しく、そうでない選択は不当だ」と主張する人がいるなら、それは偏狭というものではないだろうか。

4　現実的な背景

前節では、やや理論的な観点からナショナリズム再評価論について考えてきた。しかし、近年のナショナリズム再評価論の波は、そうした理論面での再考だけでなく、より現実的な動向に突き動かされている側面もあるように思われる。体系的分析を試みるいとまはないが、とりあえず重要と思われるいくつかの要素を挙げてみたい。

先ず、グローバリズムの強まりとそれへの反撥が挙げられる。国境を越えた経済活動や人の移動それ自体は最近になって急に出現したものではなく、見方によってはグローバリゼーションの起源をかなり古い時代にまでさかのぼらせることもできる。それにしても、冷戦終焉後、かつての社会主義圏が——旧ソ連・東欧諸国の他、「社会主義市場経済」を掲げる中国、あるいはまた狭義の「社会主義」とは別に独自の社会主義的傾斜をもってきたインドが自由経済主義へと舵を切った例をも含めて——グローバルな市場に引き込まれる中で、グローバル化の波が一段と強いものとなってきたのは誰もが認めるところだろう。国境を越えた経済活動が急激に拡大するなかで、そうした活動への障壁となる各種規制を排除しなくてはならないとする「規制緩和」論やネオリベラリズム的な経済政策が声高に唱えられるようになってきた。そのことは各国の社会経済状態に深い波及効果をもち、貧富の格差拡大や底辺における貧困の固定化、これまで安定装置として機能していた共同体的紐帯の弱化などをもたらし、社会的不安のもとともなっている。こうした中で、社会秩序の解体や「公共心」の喪失への不安感が広まり、それを食い止めるために「愛国心」の涵養が必要ではないかという問題意識が広がっているように見える。もっとも、社会秩序の解体とか「公共心」の喪失とかいった現象を定量的に測ることは難しく、それが近年特に強まったのかどうかも議論の分かれるところである。「最近の若者の公徳心欠如」を年長者が嘆くというパターンはいつの世でも同じように繰り返されてきたのかもしれない。それにしても、グローバル化の進展によって公共性が揺らいでいるのではないかという危機感は、実際問題としてかなり広い範囲で分かちもたれているように見える。

　こういう背景のもとで、グローバル化への反撥もまた増大している。明確に「反」のスローガンを掲げるラディカルな民衆運動やそれを鼓吹する思想があるのは周知のところだが、それだけでなく、各国政府レヴェルでも、グローバル化に一面で適応しつつ、他面でそこに埋没しないための対応を――その成否は別として――考えざるをえない状況がある。グローバル化進展は国民国家のとりうる政策――とりわけ経済政策――の幅を制約しており、その全面的な排撃は考えにくいが、だからといって国民国家の役割が無になるわけではない。むしろグローバルな競争が強まるにつれて、その中で各国がどのように生き延びるかという問題が、政治家や官僚にとっても大きな問題として意識されるようになっている。単純にいって、グローバルな経済競争熾烈化はナショナリスティックな対抗を強める要因ともなっている。同じことだが、「ボーダレス化」は国境の敷居を相対的に引き下げるものであるとはいえ、境界をなくすものではなく、むしろある面では改めて強めたりもする[20]。こう考えるなら、グローバル化の強まりとナショナリズムの再興隆は相反するものではなく、むしろ相伴った現象と考えられる。

　もう一つの問題として、福祉国家の危機にどう対応するかという論点がある。徹底した市場主義の見地に立つなら、公的財政によってまかなわれる社会福祉などというものは社会主義の脅威に対抗するためにやむなく採用された「必要悪」に過ぎず、社会主義圏が崩壊した以上は捨て去るのが当然だというのが、一つのありうべき考え方である。これはこれなりに筋の通った見解かもしれないが、そこまで徹底した見解をあからさまに表明する人はあまり多くない。それに、セーフティ・ネットの崩壊は人道的見地から問題であるにとどまらず、社会不安のもとになると考えれば、統治者の観点からもこれは放置できない問題となる。とすれば、福祉国家の維持はその立場に関わりなく多くの人々にとって追求せざるを得ない目標ということになる。ところが、長期不況の持続および少子高齢化の進展という現実は、福祉の拡充どころか現行水準の維持も不可能にしつつあり、これにどう対処するかが大きな論点となっているのは周知の通りである。

維持困難なものを、なんとかして――ということは、結局何らかの負担をさまざまな社会層に配分して――維持していこうとする際、大きな問題となるのは、それは社会的連帯感――それも、国民国家単位での連帯感――を不可欠の前提とするのではないかという点である。自分の納める税金が見ず知らずの人の福祉に使われることに対して、「それが本当に適切な支出のあり方なら」という条件付きにもせよ納得することができるのは、見ず知らずの人と自分とのあいだに連帯感があるからであり、それがなければ公的福祉は成り立たなくなる。そして、国際的福祉政策などというものが今のところ現実的なものになっていない以上、それを担うのは国民国家であり、その単位における連帯感なくしては福祉は崩壊するのではないか。とすれば、福祉を維持するためにも、国民国家という対象への一体感――みんな同じ国民共同体に属しているのだから、お互いの負担で福祉を支え合おうという意識――が必要であり、それは一種のナショナリズムを意味するのではないか。これは、近年のナショナリズム擁護論の中で重視されている一つのポイントである。

これはこれで一応の説得力ある議論であるように見える。だが、ここでもいくつかの留保が必要であるように感じる。一つには、福祉というものを国民国家の枠内でだけ考え、他国の人々を視野から排除してよいのかという問題である。これは深刻な論点だが、この小文で取り組むには大き過ぎる問題であり、立ち入らないことにする。[21] もう一つには、福祉財源に限らず、多くの国の国家財政を困難な状況に追い込んでいる重要な要因として、国際的な税の引き下げ競争という現実がある。所得税の累進性を強めようとか法人税を引き上げようという意見は、「そんなことをしたら富裕層や企業が海外に流出してしまう」という反論によって直ちに却下される。そうした状況に歯止めをかけるためにも、国際的な協力を考えないわけにはいかない。国民国家を一挙に飛び越えて国際連帯を説くのは非現実的だろうが、何らかの形で国際的協力を進めていかない限り、この点を超えることはできないのではないか。

近年におけるナショナリズム肯定論登場——伝統的な右派ナショナリズムではなく、広い意味でリベラルな立場からのものを含む新しいナショナリズム論——のもう一つの背景として、TPP（環太平洋経済連携協定）問題も挙げられる。TPPが国民の生活を脅かすものだという観点からの反対論がナショナリズム再評価論の一つの柱となるのは見やすい理である。二〇一四年現在、もはや日本のTPP交渉への参加は既成事実となっており、その上での交渉の進め方が議論の的となっているが、二〇一二ー一三年頃にそもそも交渉に参加すべきか否かが論じられていたとき、自民党も民主党も内部に積極論者と消極論者の双方を抱えており、統一的な態度を示すことがなかなかできなかった。つまり、政界主流は賛成論と反対論に引き裂かれつつ、ためらいを残しながら参加に踏み切ったように見える。そうした中で、当時から今日に至るまで一貫して反対論でまとまっているのは共産党だが、このことは、見方によって奇妙だとも自然だとも見ることができる。自然だというのは、この党が戦後ほぼ一貫して「対米従属への反対」を唱えてきた、その意味でナショナリスティックな党であることと符節をあわせているからだが、奇妙だというのは、「左翼の本家」を自認する政党と右派ナショナリストの主張が区別しにくいという皮肉な状況があるからである。

　皮肉ついでに言えば、かつて「ブルジョア・ナショナリズム」vs「プロレタリア・インターナショナリズム」という対抗図式が重視された時期があった。しかし、昨今では、かつてとは打って変わって、「ブルジョア・インターナショナリズム（もしくはグローバリズム）」vs「プロレタリア・ナショナリズム」ともいうべき構図があるように見える。資本が国境を越え、グローバルに活動するのに対し、社会的弱者の多くはそう簡単に国境を越えることができず、国民国家の枠内での再分配や福祉政策を必要とすることを思うなら、後者の構図の方が自然なのかもしれない。もっとも、これは事態を際立たすために敢えて極端化した構図で、これを絶対視しようというわけではない。いずれにせよ、かつてなら「左翼的」とか「革新」「反体制」などと呼ばれたような発想が、今日の情勢の中でグローバリズム反対を唱え、そこからある種のナショナリズムに傾斜するのはそれなりの根拠がある。そのことを認めた上で、それは一体どういう意味のナショナリズムなのかについて考えていく必要があるだろう。

やや羅列的にいくつかの論点を挙げてきたが、こう見てくると、近年の情勢の中でナショナリズムの再評価――ないしはグローバリズムへの反撥――が広まっているのにはそれなりの根拠があると言えそうである。と同時に、そこに簡単な解決はないこと、ナショナリズムの再評価は問題提起のきっかけにはなるとしてもそれ以上ではないことも、また見えてくるように思われる。グローバル化やネオリベラリズムが多くの人々に各種の被害をもたらしているのは確かだが、それをにわかに全否定することはできそうにない。またそれらの政策の犠牲となっている社会的弱者は、あまり前向きの展望をもつことができず、むしろ他者へのバッシング――排他的なナショナリズムはその一例――に傾斜しがちだという現実がある。そうしたことを思うなら、少なくとも「リベラルなナショナリズム」がどこで「排他的なナショナリズム」と袂を分かつのかを明確にする必要があるように思われる。

5　結びに代えて

よく指摘されるように、ナショナリズムは両刃の剣である。それはある範囲の人々のあいだの連帯、相互扶助、公共心などを育てるが、ときとして、その範囲外の人々に対する排他性をもたらす。ナショナリズムを「良きもの」とする見解と「悪しきもの」とする見解が並列しているのは、ある意味で自然なことである。

ただ、昨今の現実世界の動向を見ると、東アジアにおけるナショナリズムのぶつかり合い、第二次安倍政権の一連の政策に代表される「上からのナショナリズム」鼓吹、そして嫌韓・反中本の氾濫や「在日特権を許さない市民の会（在特会）」に象徴される「下からのナショナリズム」が同時に展開し、それぞれに勢いを強めているという情勢がある。そのことを思うなら、あらゆるナショナリズムが一般に危険で「悪しきもの」というわけではないにしても、どちらかというと危険なタイプのナショナリズムが高まりつつあるのが現状だといわざるを得ない。

ここ数年来、一連の論者たちが「ナショナリズムは否定面だけではない」という趣旨の指摘をしているのは、それ自体としては妥当な面をもつし、一時期単純な否定論が強まりすぎたことへの反動としては理解できるものがある。ただ、そうした議論の登場がまさに現実世界において危険なタイプのナショナリズムが高まりつつある時期に合致してしまったというのは歴史の皮肉だろうか。

注

1 「ナショナリズム」「ネイション」「国民」「民族」「エスニシティ」等々の用語については、それぞれにニュアンスを異にする種々の用法がある。それらの交通整理の試みとして、塩川伸明『民族とネイション――ナショナリズムという難問』岩波新書、二〇〇八年、第I章参照。なお、「民族主義」は「ナショナリズム」の訳語であり、基本的に同義とされてきた。本章では原語のカタカナ表記か漢語式の訳語かという選択を問題にするのではなく、どういう表記にせよそれらの言葉にどのような含意が込められるかという点に主たる関心を寄せるので、「民族主義」と「ナショナリズム」のどちらの表記をとるかについてはこだわらないことにする。

2 『民族とネイション』二〇一二一、一八二頁。

3 黒宮一太『ネイションとの再会――記憶への帰属』NTT出版、二〇〇七年、一五頁。

4 施光恒・黒宮一太編『ナショナリズムの政治学――規範理論への誘い』ナカニシヤ出版、二〇〇九年、ii、四、一九五頁。

5 萱野稔人『新・現代思想講義――ナショナリズムは悪なのか』NHK出版、二〇一一年、九、四八頁。

6 富沢克編『「リベラル・ナショナリズム」の再検討――国際比較の観点から見た新しい秩序像』ミネルヴァ書房、二〇一二年、iv、三二頁。

7 白川俊介『ナショナリズムの力――多文化共生世界の構想』勁草書房、二〇一二年、iii、一一―一三頁。

8 先崎彰容『ナショナリズムの復権』ちくま新書、二〇一三年、九頁。

9 塩川伸明『民族と言語――多民族国家ソ連の興亡I』岩波書店、二〇〇四年、一一―一二頁、注6。

10 『民族とネイション』一八二―一八三頁、また塩川伸明「歴史社会学とナショナリズム論の新地平――鶴見太郎『ロシア・シオニズムの想像力』」(初出は『思想』二〇一二年五月号、一〇六―一〇七頁だが、本書第9章の三一五―三一七頁)。戦後初期の日本で「革新」の立場からのナショナリズム論が盛んだったことについては、小熊英二『〈民主〉と〈愛国〉』新曜社、二〇〇二年参照。

11 この問題については多くの文献があるが、さしあたり、塩川伸明「国家の統合・分裂とシティズンシップ――ソ連解体前後の国籍法論争を中心に」塩川伸明・中谷和弘編『国際化と法』(「法の再構

築」第二巻）東京大学出版会、二〇〇七年参照。

12 もっとも、ナショナリズム再評価論者が命題Aを常に極端化して提起しているというわけではない。たとえば黒宮一太はある個所で、「注意深く見てみると、戦後の日本においてもナショナリズム全般が否定されてきたわけではない」と指摘している。黒宮一太「「リベラル・ナショナリズム」という問題」富沢克編『「リベラル・ナショナリズム」の再検討』所収、三三頁。しかし、同じ黒宮は、ナショナリズムは常に批判されてきたと各所で書いているし、右の引用個所は特定の論者への批判という目的のためだけに書かれているように見える。

13 「ナショナリズム」と「愛国主義（パトリオティズム）」はともに多義的な概念であり、両者を対置する議論も少なくない（『民族とネイション』二六―二八、一八八―一八九頁参照）。しかし、それらの用語法が一義的に確立しているわけではないこと、また両概念は個人主義に対置される限りでは共通の面があることを念頭におき、とりあえずここでは両者の緩やかな共通性に注目しておく。文脈次第では両者を峻別すべき場合があることはいうまでもない。

14 代表例として、Y・タミール『リベラルなナショナリズムとは』夏目書房、二〇〇六年、D・ミラー『ナショナリティについて』風行社、二〇〇七年、W・キムリッカ『土着語の政治』法政大学出版局、二〇一二年。やや文脈を異にするが、マイケル・ウォルツァー『寛容について』みすず書房、二〇〇三年、M・ヴィローリ『パトリオティズムとナショナリズム――自由を守る祖国愛』日本経済評論社、二〇〇七年なども参照。これらのうちキムリッカについては本書第1章で検討する。

15 たとえば、今野元『マックス・ヴェーバー――ある西欧派ドイツ・ナショナリストの生涯』東京大学出版会、二〇〇七年、鶴見太郎『ロシア・シオニズムの想像力――ユダヤ人・帝国・パレスチナ』東京大学出版会、二〇一二年。鶴見著への書評として、前注10の拙稿（本書の第9章）がある。

16 これらの相互関係を解きほぐすのは込みいった作業になるが、整理の一例として、井上達夫『普遍

の再生』岩波書店、二〇〇三年、第五章参照。

17 井上達夫『他者への自由――公共性の哲学としてのリベラリズム』創文社、一九九九年、第二部参照。

18 もっとも、各人が自己の利害だけを心がけていても、それらは「見えざる手」あるいは市場の自動調節機能によって調和されるから、社会の存立は危うくされるどころか、下手な統制よりもずっとうまくいくという考え方もありうる。しかし、アダム・スミスもその理論の基礎に「共感」をおいていたのは周知のところである。ゲーム論的発想に基づいて、利己的なプレーヤーたちも「しっぺ返し戦略」をとれば協調解に至るはずだとする議論もあるが、この場合も、参加者たちがルールを共有し、ゲームを無限に繰り返すという合意が前提として必要であり、ルール無視の行動や一回限りの「裏切り」戦略でボロ儲けしてから姿をくらます――いわば「食い逃げ」する――ようなアクターが跋扈するなら、協調解が優位になるとは期待できないだろう。

19 タミール『リベラルなナショナリズムとは』二三〇―二三三、二五〇頁。タミールについては多少踏み込んで論じる必要を感じるが、ここで立ち入ることはできない。

20 塩川伸明・中谷和弘編『国際化と法』への序文参照。

21 トマス・ポッゲ『なぜ遠くの貧しい人への義務があるのか――世界的貧困と人権』生活書院、二〇一〇年、井上達夫『世界正義論』筑摩選書、二〇一二年、リチャード・シャプコット『国際倫理学』岩波書店、二〇一二年など参照。

第1部　色とりどりの理論との対話

第1章　リベラル・ナショナリズム理論の再検討

――ウィル・キムリッカの場合

1　はじめに

ウィル・キムリッカは世界的に著名なカナダの政治理論ないし政治哲学研究者である。著作の日本語訳もかなりあるし、彼の政治理論について解説したり論評した論文もいくつか出ているので[1]、日本での知名度も比較的高いといってよいだろう。彼の著作は多数にのぼるが、主要なものとしては次のものが挙げられる（いくつかの訳書には、より包括的な著作目録がつけられている）。

【単著】

Contemporary Political Philosophy, Oxford University Press, 1990（『現代政治理論』日本

経済評論社、二〇〇二年）

Multicultural Citizenship: A Liberal Theory of Minority Rights, Oxford University Press, 1995（『多文化時代の市民権――マイノリティの権利と自由主義』晃洋書房、一九九八年）

The Future of the Nation-State ／「国民国家の未来を考える」（和英対訳、第五回神戸レクチャー、日本法哲学会ほか、一九九八年）

Politics in the Vernacular: Nationalism, Multiculturalism and Citizenship, Oxford University Press, 2001（『土着語の政治』法政大学出版局、二〇一二年）

Contemporary Political Philosophy, Second edition, Oxford University Press, 2002（『新版・現代政治理論』日本経済評論社、二〇〇五年）

【共編著】

Will Kymlicka and Magda Opalski (eds.), *Can Liberal Pluralism Be Exported?: Western Political Theory and Ethnic Relations in Eastern Europe*, Oxford University Press, 2001

多岐にわたるキムリッカの理論の概要を敢えて乱暴にまとめるなら、基本的にリベラリズムの立場に立ちつつ、古典的リベラルが軽視しがちだった集団的アイデンティティの問題を正面から見据えることでリベラリズムを豊富化しようとするものといえるだろう。種々の民族・エスニシティ論、共同体論、フェミニズムなどからの挑戦を条件つきで吸収しつつ、リベラルな多文化主義論を構築するのが彼の課題である。この試みの成否はともかく、これが魅力的な企図であることは多くの人の認めるところであり、大きな影響力を誇っているのもうなずけるものがある[2]。本章はキムリッカ理論の全体像に取り組もうとするものではないが、その中で大きな位置を占めている民族・エスニシティ・言語・ナショナリズムといった諸領域に関する議論について考えてみたい。近年、日本でも「リベラル・ナショナリズム」への関心が高まっているが（本書の序章参照）、その代表者の一人であるキムリッカについて考えることは、この問題に関する一般論にもある程度貢献するのではないかと期待される。

キムリッカは元来、自国カナダおよびそれと類似性の高い欧米諸国の事例に即した考察を基礎におきつつ、それを一般化する形でその理論を構築していたが、ある時期以降は、それ以外の地域への適用についても考えるようになっている。『多文化時代の市民権』および『土着語の政治』が前者の代表例であり、共編著 *Can Liberal Pluralism Be Exported?* および講演「国民国家の未来を考える」が後者の代表例である。以下では、先ず前者についていくつかの角度から検討し、その後で後者についても考えることとしたい。

2　キムリッカ理論の骨格

民族・エスニシティ・言語・ナショナリズムといった諸領域に関するキムリッカの議論は、先ず『多文化時代の市民権』において体系的に提示されている。その数年後に出た『土着語の政治』では、前著へのさまざまな批評への応答を通して自己の主張の鮮明化が図られており、オパルスキとの共編著でも部分的な補強ないし微修正が試みられているが、これらの著作における主張は、大筋においては『多文化時代の市民権』で提示されたものを引き継いでおり、骨格に関わる立論変更はないように見える。だとするなら、キムリッカ理論を検討するに際して、これらの著作を一つ一つ分けることなく一まとめにして考えても、彼に対してさほど不公正ということにはならないだろう[3]。

古典的（正統派）リベラルは個人主義的発想に立ち、民族・言語・文化・アイデンティティなどは私的領域に属するものであって国家が関与すべきものではないと考え、それらの問題を軽視してきたが、キムリッカはそうした個人主義的発想の限界を指摘する。たとえば、国家には公用語というものが必要だが、だとすれば特定言語の習得が市民生活を送るための要件となる。そうである以上、どの言語を公用語とするかの決定は社会生活の基本条件に関わるものであり、これを単純に私的領域の問題とみなすことはできない。また、市民が市民であるためには、その国の基本的な制度——憲法に代表される——を受容していることも必要とされる。こうして、国家の存立にとって、言語および基本的制度からなる「社会構成的文化（societal culture）」の維持・促進が不可欠であり、そうである以上、純粋のシヴィック・ナショナリズムというものはありえないと彼は指摘する。それと関連して、ネイション・ビルディングとかナショナリズムというものを全面的に否定するのは非現実的だとされる。問題は、多数派主導のネイション・ビルディングが内部の少数派に対して抑圧的で非リベラルなものになるのを避けるにはどうしたらよいかにある、というのが彼の問題提起である。

このように言語や文化のような集団的アイデンティティの問題を重要視する一方、彼は、さまざまな民族やエスニック・グループの要求をすべて認めるのは不合理であり、またリベラリズムの原則に背くことがあることを認める。そこで、文化的アイデンティティに関わる要求を私事とせず公的に認めるのはどういう場合に、どのような範囲においてなのかが問題となる。このような問題設定に、リベラルな多文化主義――その一例としてリベラルなナショナリズム――を志向する彼の姿勢があらわれている。

この問題に取り組むに当たって、キムリッカはさまざまな概念の区別論を提出し、それによって、認められるべきものとそうでないものとの区別の基準を立てようとする。先ず、上述のように、リベラルな国家でも市民は社会構成的文化を共有していなくてはならないというのが彼の考えだが、そこでいう文化の共有とは、いわば「薄い（thin）」共同性であって、より広い意味での文化・宗教・生活習慣その他多様な要素の共有まで含む「濃い（thick）」共同性ではないという。[4] 図式化するなら、「薄い」共同性に基づくナショナリズムはリベラルたりうるが、「濃い」共同性まで要求するナショナリズムは非リベラルになるという考えであるように見える。ナショナリズムをシヴィック・ナショナリズムとエスニック・ナショナリズムとに分けて、前者を良しとし後者を非とする発想はありふれたものだが[5]、キムリッカの議論はそうした二分法の欠陥を指摘し、それに取って代わろうとする狙いを込めたものといえる。もっとも、ここでいう「濃い」共同性を要求するナショナリズムはエスニック・ナショナリズムと合致するし、「薄い」共同性に基づくリベラル・ナショナリズムはシヴィック・ナショナリズムに近い――シヴィック・ナショナリズム論者の多くも、言語を中核とする「薄い」共同性の必要まで無視するわけではない――と考えるなら、従来の一般的な区分とキムリッカの区分はそれほど決定的に違うわけではないようにも見える。

キムリッカの提起するもう一つの区別は、権利要求の主体および性質に関わる。リベラルな価値を重視するキムリッカは、権利の主体は集団ではなく個人だと考え、「集団的権利(collective rights)」という言葉を避ける一方、それに代えて「集団別市民権(group-differentiated citizenship)」という概念を提唱している。「集団的権利」と「集団別市民権」の区別は微妙だが、後者は、権利主体はあくまでも個人だとしつつ、その内容を各集団のおかれた条件に関わらせることで古典的リベラルの限界を補おうとする考えを反映している。このような権利観に立脚して、彼は文化的要求には「対外的保護」の性格をもつものと「対内的制約」の性格をもつものとがあるとし、前者は認められるが後者は認められないと主張する。前者は集団間の公平の見地から必要であるのに対し、後者は集団内の個人の自由の見地から認められないというのである。ここにも、ナショナルな主張はリベラルな価値と両立する限りで認められるべきだという考えを見て取ることができる。これは巧妙な議論であり、一般論としては共感を呼ぶものだが、実際問題に即して考えたときにこうした区別論がどこまで通用するかについては疑問が残る。この点については次節以下で立ち返ることにしたい。

マイノリティ問題への対応の難しさの一因は、「少数派の中の更なる少数派」という厄介な問題——あるマイノリティに特定の権利を認めると、その内部に存在する「更なるマイノリティ」の権利が抑圧されるおそれがある——にある[6]。この難問をキムリッカは明晰に意識しており、彼なりの回答を用意している。その重要なポイントは、ナショナル・マイノリティ（national minorities）とエスニック集団（ethnic groups）——後者は主として移民からなる——を区別し、自治の権利をもつのは前者のみとする——但し、後者にも、自治権と区別されるエスニック文化権および特別代表権は認められる——という二分論である[7]。これは一見したところ鮮やかな議論である。この区別が成り立つなら、肯定されるものとそうでないものとを見分けることができるということになるからである。もっとも、この区別論が実地にどこまでうまく適用できるかを考えると種々の疑問が出てくるが、その点も後で取り上げることにしよう。

ここで用語法について補足しておくと、英語のnationおよびそれに該当するヨーロッパ諸語の表現は、同系の言葉でありながらそれぞれの歴史的文脈によって微妙に異なった使われ方をする[8]。たとえば、アメリカ英語では「ネイション」の語にエスニックな含意は全くなく、したがってこれを「民族」と訳すことはできず、「国民」と訳すしかない。アメリカで「ナショナル」といえば「民族的」ではなく「全国的」の意であり、「多民族的」と言いたいときにはmultinationalではなくmultiethnicとなる（multinationalといえばアメリカ英語では「多国籍」といった意味になる）。これに対し、イギリス英語や他のヨーロッパ諸語では「ネイション」ないし同系語に大なり小なりエスニックな含意が込められることがあり、「国民」とも「民族」とも訳される両義性がある。したがって、イギリス英語では「多民族的」というときにmultiethnicとmultinationalの双方が用いられる。キムリッカの場合、ネイションとエスニシティを峻別する点ではアメリカ風だが、一つの国家の中に複数のネイションがあり得るという点を重視する――通常のアメリカ的概念だと一つの国には一つのネイションしかないとされるのに対し、彼はアメリカにもマイノリティ・ネイションがいると捉えている――点に特異性がある。そのことと関連して、彼は「複数ネイション国家（multination state）」と「多エスニシティ国家（polyethnic あるいは multiethnic state）」という別々の概念を出している（小さなことだが、multinationalという表現を避けてmultinationと表記している）[9]。こういうわけで、通常の日本語で「多民族国家」と呼ばれる対象は、彼の用語法では「複数ネイション国家」と「多エスニシティ国家」に分かれることになる。また彼が「ネイション」に言及する場合、特にそのアイデンティティを問題にしているような文脈では、アメリカ英語と違って「国民」だけでなく「民族」のニュアンスが加わる。以下では、広義の「民族」はネイションとエスニシティの双方を指すこととし、その中でのキムリッカ的な区別を念頭におくときは英語表現のカタカナ表記をとることにする。

さて、こうした区別論に立つなら、「多エスニシティ国家」では分離独立の余地はない――エスニック集団には自治権はなく、ましていわんや分離する権利はない――が、「複数ネイション国家」ではその可能性があるということになる。その可能性を否定せずに、それでもそうした国家の統合を維持しようとする際に有力な道とされるのが「複数ネイション連邦制（multination federalism）」である（各所で論じられているが、最もまとまっているのは、PVの第五章）。キムリッカによれば民主的な複数ネイションン連邦制はナショナリズムの力を飼い慣らすことに成功してきた(CLPE, p. 31)。連邦制国家においては全国政府と地方政府の力のバランスによって統合と分権が調和的に両立させせられるが、それは全国レヴェルのマジョリティとマイノリティの関係を調和させるだけでなく、地方レヴェルにおいても、その地方での多数派(=全国レヴェルでは少数派)とその中でのマイノリティ(=少数派内の更なる少数派)をバランスさせる仕組みともなり得る、というのが彼の考えである(CLPE, pp. 50-52, 351-355)。

民主的な複数ネイション連邦制は分離独立運動をなくすことはできないし、マイノリティに国家への無条件忠誠を要求することもできない。だが、だからといって連邦制が無力だと考えるのは目標を過度に高く設定するものだと彼はいう。たとえマイノリティの分離独立運動がなくならないにしても、それが過激なものにならず、国家への条件付き忠誠を取りつけることができるなら、民主的な複数ネイション連邦制は持続しうる、というのである(PV, pp. 116-119; 邦訳一六二―一六五頁)。分離独立運動を根絶しようとするのではなく、それがあってもなんとか国家の統合が存続していけるならそれでよいという判断は穏当なものといえそうである。だが、それがどういう場合にうまくいき、どういう場合に破綻するかの条件は明らかにされていない。連邦制を機能させるためには、「かなりの工夫や善意、それどころか幸運さえ必要になる」と彼は言うのだが(PV, p. 118; 邦訳一六四頁)、「工夫」はまだしも理論的考察の対象になるとしても、「善意」の有無や度合いをどうやって図るのか、「幸運」がどういう場合にやってくるのかは、分からないとしか言いようがない。

以上見てきたように、キムリッカの議論は重要な問題提起としての意味をもっており、その構想には魅力的なものが多々含まれている。ただ、それだけに、その実地の適用においてそれがどこまでうまくいくかという疑問を無視することもできない。以下、これまで後回しにしてきた疑問について考えてみたい。

3　いくつかの疑問

ナショナル・マイノリティとエスニック集団（主に移民）を分けて考えるというキムリッカ流の二分論がどこまでうまく適用可能なのかという問いは、これまでにも多くの論者から提示されてきた（注1・2に挙げた多くの文献がその点に触れている）。キムリッカ自身もそのことを意識して、遅い時期の作品ではこの二分論に一定の修正を施そうとしているが、それはあくまでも部分的な補足に過ぎず、基本的な構図自体を変えたわけではない。キムリッカ流の二分論が明確に適用できる事例はともかくとして、特定事例がどちらのカテゴリーに属するのかの判断が難しい場合はどうだろうか。そうした集団が自治権や分離権を主張し、その是非をめぐって論争・紛争が起きている場合、この理論だけでは答えを出すことができない。キムリッカはある個所でこの問題に触れて、あらゆる政治的概念はハード・ケースとグレー・ゾーンを含むが、だからといって無意味ということにはならないと論じている（CLPE, pp. 407-408）。

確かに、一般論としてどのような分類も万全ということはあり得ず、「万全でないから駄目だ」というような批判の仕方は生産的ではない。だが、ここで問題となっているのは、そのような一般論ではない。現に深刻な争いを生んでいる事例をみるならば、その多くにおいて当事者たちは、当該集団はナショナル・マイノリティなのかそれとも移民集団か——したがってまた、自治権をもつかどうか——という点を争っている。旧ソ連諸国の例でいえば、グルジアと南オセチアのあいだ、モルドヴァとガガウス人地域のあいだの紛争が典型的である。いずれの例においても、当該集団を移民とみなし、だから自治権をもたない——せいぜいのところ文化的自治を認められるのみ——とする主張と、移民などではなく、古くから住んでいたマイノリティ・ネイションであり、したがって自治権を認められて然るべきだという主張が対峙する形で紛争が展開し、それは時として大量流血まで含む深刻な様相を呈してきた（ガガウス人地域はモルドヴァ内の自治で一応の決着をみたが、南オセチアの場合、今なお深刻な紛争が続行中である）。こうした例を思い起こすとき、キムリッカの図式が有効なのは、あまり深刻な紛争がない場合ではないかという疑問が湧いてくる。この点を無視して、「どのような分類にも限界があるから」といった一般論で正当化することはできない[10]。

もう一つの主張たる「対外的保護」「対内的制約」の区別論も、一見したところ鮮やかだが、実際問題としてどこまでうまく線が引けるかという疑問がある。「保護」のためにこそ「制約」が必要だと主張されるような局面もありうるからである。相対的弱小集団を「保護」しようとするなら、自由競争の論理に歯止めをかけ、何らかの「制約」を課すほかないという主張はいろいろな場合に提起されうるが、特にこれが目立つのは言語紛争の場合である。相対的に優勢な言語と相対的に劣勢な言語が並存しているとき、人々が後者から前者に乗り換えていく――成人が母語以外の言語を主に使うようになるという意味での乗り換えは珍しいにしても、子供を幼児から多数派言語で育てるのは決して珍しいことではない――傾向が進み、それが強まっていくうちに少数派言語はますます衰退していくのではないかとの危惧をいだく人は多い。そうした観点から少数派言語を維持しようと思うなら、まさしく「対外的保護」の見地から「対内的制約」を課すほかないという論理が、カナダのケベックでも、ペレストロイカ期以降のウクライナやバルト諸国でも出されてきた[11]。そのことを思えば、この論点の重要性は明らかである。

ケベックの言語問題はキムリッカ自身にとって近しい事例なので、彼は各所でかなりの程度踏み込んだ議論をしている。その中でも特に注目すべき個所で、彼は以下のように述べている（かなり長い個所なので、彼の言葉をそのまま紹介するのではなく、私なりに要約するが、趣旨は曲げていないつもりである）。

ケベックでは戸外の商用看板でフランス語以外の言語の使用を禁止する法律が制定された。こうした政策は非リベラルだと批判されることがある。おそらくその通りだろう。ここには真のディレンマがある。ナショナル・マイノリティが移民を成功裡に統合するためにはこうした非リベラルな政策が必要とされるかもしれないからである。移民がマイノリティの言語を学ぶのはその言語に「威信」があり、経済的成功、政治的上昇、上流文化などの言語とみなされている場合に限られる。労働者階級や農民の言語とみなされているようなマイノリティ言語を移民は学ばないだろう。だからこそ、ケベック政府はフランス語の「威信」を上昇させるために系統的に努力してきたのだ。こうした政策はしばしばエスニック・ナショナリズムのあらわれと解釈されてきた。だが、実際には、むしろこれはケベック・ナショナリズムを脱エスニック化させることに貢献してきた。ここには興味深いディレンマがある。学校や広告に関する非リベラルな政策こそが、まさにケベック人のネイション観をポスト・エスニック化させることに貢献したのだ。だとすれば、われわれはマイノリティ・ナショナリズムのシヴィック化を促すために、リベラルな規範からのある限度内での逸脱を認めるべきではないだろうか？　この問いへの決定的な答えはない。リベラルな規範からのどの程度の逸脱なのかが問題だろう。しかし、自分としては、非リベラルな政策をある程度利用することを条件付きで擁護することにしたい（PV, pp. 286-288; 邦訳四〇六－四〇九頁）。

これは興味深い議論である。他の多くの個所でキムリッカは自己の処方箋をリベラルなものとして提示している。それに対して、ここでは、部分的にではあれ「非リベラル」な要素を含むことを認めた上で、それでも条件付きで擁護できるのだという形で論が提示されている。限定された非リベラルな政策が究極的にリベラル化を促すという議論は、あるいは当たっているのかもしれない。だが、こういうことを言い出すと、他の人たちもそれぞれに、われこそは究極的なリベラル化のために部分的・一時的にやむを得ず非リベラルな手段に訴えているのだと主張し出すかもしれない。そうなると、論争はリベラルか非リベラルかという明快な選択ではなく、より複雑な様相を帯びることになるだろう。この厄介な問題にここでこれ以上深入りすることはできないが、とにかく彼の議論は百パーセントのリベラリズムということではなく、時として条件付きで非リベラルな要素をも認めるものだということを、ここで確認しておきたい。

先の個所に関わってもう一つ気になるのは、移民がマイノリティ言語を学ぶのはその言語に高い威信が備わっている場合だけだということを無造作に述べている点である。フランス語というのは、英語に相対的に押され気味であるとはいえ、世界的・歴史的に見れば高度の「威信」をもつ言語、一種の「特権」的言語である。では、これよりもずっと「威信」の低い言語――「労働者階級や農民の言葉」とみなされている言語――を使う集団はどうなるのかという問題意識が、ここでは完全に欠落している。この点も後で立ち返ることにしよう。

4 「民族」という問題系

前節で挙げた一連の疑問は、突き詰めていくと、「民族」というものをどのように捉えるかという大きな問題につながっていく。キムリッカはこの点を正面から論じてはいないが、立論の暗黙の前提に一定の民族観が伏在しているように思われる[12]。というのも、彼は「民族的アイデンティティ」に言及する際に、どちらかというと変わりにくい「所与」ないし安定性の側面に主として注目しているからである（たとえば、MC, p. 184; 邦訳二七六頁、CLPE, p. 26）。もっとも、民族的アイデンティティが絶対に変わらないとまで述べているわけではなく、いわゆる「本質主義」の立場に立っているわけではない。にもかかわらず、相対的には変わりにくい側面を強調することによって、結論的には事実上本質主義に近づいている観が否めない。そして、そのことは、帰属意識自体が流動的であるような事例――これは世界的にいえば決して珍しいものではない――に対して鈍感になるという結果をもたらしている。歴史上、多くの少数派集団／言語が隣接する大きな集団に吸収され、消滅してきたが、彼はそうした経緯を知らないわけではないにもかかわらず、相対的に軽視している観があり、主たる論及対象は、今日まで残っている相対的に大きな集団／言語のみになっている。もっとも、過去の歴史的経過に触れる文脈では、西欧のネイション・ビルディングがしばしば内部の少数派に対する強引な同化政策を伴い、マイノリティ・ネイションを破壊してきたことを彼も認めている。しかし、それはあくまでも過去のことと位置づけられ、現代を考える際には考慮の外におかれている。その結果、現代の新興国家が過去の西欧諸国でとられたような非リベラルな政策をとるとき、それをどのように批判することができるのかという厄介な問いは立てられていない。

複数ネイション国家におけるマジョリティ主導のネイション形成を是認しつつ、それをマイノリティの権利尊重と結びつけようとする考えは、その前提として、「マジョリティ・ネイション」とか「マイノリティ」とかいった概念が予め確定したものとして存在することを前提している。しかし、ネイション形成プロセスの渦中においては、「マジョリティ・ネイションと近い文化をもっているが、その一員として統合されきっていない」という中間的な存在が多数おり、彼らをどのような存在とみなすかが大きな問題となる。彼らを「マジョリティ・ネイション」の一員とみなすなら、統合が進むことは進歩として是認されるが、「マジョリティに近い関係にあるとはいえ、別個の存在（＝マイノリティ）」だとみなすなら、同化はその存続を掘り崩すものだとして批判されることになる。

このことは「同化」の評価にも関わる。強制的同化政策が個人を束縛するものとして批判されるのは当然だが、それと区別される「自然な同化」というものがありうると考えるか、それとも「自然」と見えるプロセスが実は秘かな強制・誘導の産物だという側面を重視するかは、簡単には片づけられない問題である[13]。そうしたプロセスを促進する政策は、それを自発性に基づいたものとみなすならネイション形成の一環として肯定されるが、「事実上の強制」と捉えるなら批判の対象となる。実際、この問題は多くの事例において激しい論争点となってきた。キムリッカは、マイノリティ・ネイションに対する「強制的同化」と移民の「自発的同化」の峻別を当然視しており（MC, p. 66; 邦訳九六頁）、何が「自然的同化」で何が「強制的同化」かが論争的であるようなケースは全く念頭においていない。その一因は、彼の論及対象がマジョリティ主導のネイション形成が完了した諸国に限られているからではないだろうか。

この点と関連して、全国政府のネイション・ビルディングにマイノリティの権利が歯止めをかける一方、地方政府レヴェルにおいても、その地方での多数派によるネイション・ビルディングとその中でのマイノリティの権利が対峙してバランスをとるべきだというキムリッカの議論が成り立つのは、いくつかの条件を暗黙の前提としているのではないかという疑問がある。それぞれのアクターが確固として存在していることが前提となるのは先に述べたとおりだが、問題はそれだけでない。それらのアクター間の力関係は、通常は、「全国レヴェルの多数派」>「地方レヴェルの多数派（＝全国では少数派）」>「地方内の少数派（少数派内の更なる少数派）」という順になると想定されるが、そうした格差がありながらもそれらのあいだに適切なバランスが成り立つのは、どういう条件の下でだろうか。

先ず、アクター間に力関係ないしヘゲモニーの差異があるにしても、それは極度に大きなものではなく、妥協的均衡がなんとか成り立つ程度の差異にとどまっているということが必要だろう。ということは、この議論は、ある程度以上の「強さ」をもつマイノリティを念頭において初めて成り立つものであり、それを超えた一般性をもつとは言えないということになる。

また、どのアクターにしてもリベラルな価値と寛容を基本的な価値として受容しているということが前提条件とされているが、これ自体、さまざまな条件の下で初めて可能になるものである。その条件を列挙するのは複雑な作業になりすぎて本書の枠を超えるが、とりあえずここで問題としておきたいのは、次の点である。即ち、「全国レヴェルでの多数派」は自己の存続に自信をもっていることが多く、そうであればマイノリティに対して寛容な政策をとることが相対的にできやすい――「金持ち喧嘩せず」――のに対し、「全国レヴェルでの少数派（＝地方レヴェルでの多数派）」は、そうした自信をもたないために硬直した態度をとり、内部の「更なる少数派」に対して不寛容な政策をとることが珍しくない。これは規範論的に望ましくないことだということはできても、実際問題としてどう対処したらよいのかはきわめて深刻な問題である。リベラルな考えを広めればよいという教科書的な回答は、自らの存続に危機感をいだいて硬直化している集団に対しては、あまり有効でないように思われる。

5 言語への着目

民族・エスニシティについて考える際に、その重要な契機としての言語に着目したのはキムリッカの卓見といえる。だが、ここでも突っ込んで考えていくと、いくつかの疑問にぶつかる。そして、それはリベラリズム自体の限界ともいうべき難問にも通じていく。こう書いただけでは何を言いたいのか分かりにくいかもしれないが、念頭においているのは以下のようなことである。

言語（標準語）や文化は学校をはじめとする社会制度によって継承される。そこには、「正しい」形と「誤った」形の区別に基づいた強制の要素――学校の試験で「正しい」形から逸脱した形の言葉で答案を書けば低い評点がつけられ、そのことはその後の社会的上昇に影響していく――が不可避にはらまれる[14]。つまり、ある一定の「型」をもった言語・文化を後続世代に伝えていくこと自体が、個人主義的な意味でのリベラルな原則だけで割り切れないところがある。そもそも言語や文化の基本部分は、まだ主体性の確立していない幼児に対して大人（親や教師）によって教え込まれるものであって、そこには主体的選択の余地はほとんどない。「自分の文化」「自分の言語」と呼ばれるものは、もとをただせば、幼い時期に大人たちから覚え込まされたものであって、最初から自分で選んだものではない。

「社会構成的文化」の概念、とりわけその重要な構成要素として言語を挙げているのも重要な指摘だが、ここでいう「言語」とは言語一般ではなく、「標準的な文章語」として確立し、それによって公的制度が書き表わされているような言語だけを指している。キムリッカが言語を重視する理由は、公共の事柄に関わる議論（熟議）は万人に開かれているべきだが、それが言語を介している以上、言語を同じくする人々のあいだでの方が意思疎通が成り立ちやすいという考えによっている。翻訳には限界があるし、主流派言語を母語としない人が主流派言語を習得して公的議論に参加するのは、それをもともと母語としている人たちに比べて重荷となってしまう。そこで、民主的な政治の基本単位は言語を同じくする人たちの集団すなわちネイションとなるのが自然だ、というのが彼の主張である（『土着語の政治』、特に第一〇章）。

これは重要な問題に触れているが、そもそも何をもって「言語を同じくする」というのかという前提問題には立ち入っていない。現実の言語使用というものは多彩な地方的・職種的・世代的等々のヴァラエティをもつが、それらの境界は連続的であり、どこかで明確な線を引くことはできない。ある人たちの使っている言語と、それと地域的・社会的・世代的に隔たりがありながら近接している人たちの言語とは、見方によって「同じ」とも「異なる」ともいえるというのが口語の世界である。これに対して、ある範囲で「標準」とされる形態——基本的に文章語——が選択され、それが規範として定着していくなら、たとえその範囲内に多様な変種が存在しても、それらは「同じ言語」の中のヴァリエーションだとされるようになる。こうして「標準語」と「方言」の区別が確立され、前者を共有する人たちは、後者においてかなりの隔たりをもっていても「言語を同じくする」とみなされるようになる。キムリッカが暗黙に前提しているのはそのような言語状況である。だが、このことが明快に言えるのは、既に「標準語」が確立し、それが教育やマスメディアなどの力による平準化作用――「国語」のブルドーザーによる舗装工事[15]――を広く及ぼした後のことであって、その過程が進行途上だったり、どの言語変種をもって「標準語」とするか自体が争点化している状況には当てはまらない。つまり、「社会構成文化」が人々にとって親しいものでありうるのは、その前に「舗装工事」が完了し、そうした言語がネイション全体に習得されていることを所与とすることができるという条件下のみである。欧米諸国および日本ではこの「舗装工事」が近代化の過程で確立したが、特にアフリカ諸国などでは、一部の例外を除き、公的生活では英語やフランス語の方が優越してしまい、人々の母語によってではそれらを表わしきれないという現実がある[16]。

ネイション形成の一環として「印刷資本主義」の重要性を強調したアンダーソンは、無限に多様な口語のすべてを出版で利用しようとするなら、それぞれはごく小さな市場しかもつことができないことに注目し、「ラテン語より下位、口語の俗語（spoken vernacular）よりも上位」の水準で、出版に用いられる言語が作り出されたと指摘している[17]。原語を示したのは、vernacularの概念がアンダーソンとキムリッカで異なっているからである。アンダーソンは「行政俗語（administrative vernaculars）」と「口語俗語（spoken vernaculars）」とを区別し、先ず前者がラテン語に代わって行政語として使われるようになり、それがやがて「出版の言語（print languages）」となるなかで、「国民の（national）」言語が生み出され、その際に「方言（dialects）」と標準的出版語の近さによって諸言語間の階層分化が進むと論じている[18]。つまり、ヴァナキュラーな言語には多様な種類およびレヴェルがあり、それらのうち一部だけが出版向けの標準語としての位置を獲得したということである。ところが、キムリッカのいうヴァナキュラーとは、標準化された文章語がネイションに共有されたものを指しており、より下位の口語ヴァナキュラーを含むアンダーソンよりも狭い用語法になっている。社会言語学で「土着語（vernacular）」とは、書かれた規範によって固定された高級言語が支配している社会において個人が話している第一言語を指すとされるが[19]、この観点と高級言語を念頭におくキムリッカとのあいだには明らかなズレがある。

「ヴァナキュラー」という概念を重視したもう一人の論者としてイリイチがいるが、彼にとってのヴァナキュラーな言語とは「人々が日常の必要を満足させるような自立的で非市場的な行為」を指していて、標準化・規範化された印刷用言語は「人工語」と呼ばれているから[20]、後者をヴァナキュラーと呼ぶキムリッカの用語法とは明確な対照をなす。イリイチ的な反近代思想に対してはその非現実性を指摘することもできるし、キムリッカはそもそもイリイチには全く触れていないから、イリイチ的用語法と食い違うこと自体は異とするに足りないかもしれない。ただ、「ヴァナキュラー」という言葉が広く使われて注目を集めるようになった一つの契機がイリイチにあるとしたら、それと全く違う概念がこの言葉で言い表わされているのは混乱や誤解のもとになりやすいということだけは指摘しておきたい。

6　キムリッカ自身の応答と更なる疑問

いくつかの疑問点を挙げたが、キムリッカはそうした疑問に全く気づいていないわけではない。『多文化時代の市民権』への種々の批評への応答として書かれた『土着語の政治』では、この種の疑問ないし批判への反論と目される叙述が各所に見られる。中でも注目されるのは、次のような主張である（ここでも長文であるため、そのままの引用ではなく、私なりに要約する）。

この個所で彼は、自分の理論では十分な回答を与えられない事例があることを認める。だが、彼はそれらは少なくとも西洋民主主義諸国（Western democracies）では「例外」だという。視野を西洋民主主義諸国に限るなら、諸条件に恵まれて相対的に解決しやすい事例が多いのはある意味で当然であるようにも見えるが、では、どうして「うまくいっている事例」を重視し、「全くうまくいっていない事例」にあまり注目しないのか。それは、どうやって改革したらよいかを思いつくことができないからである。ある種の事例は、真の改革への政治的障害が非常に大きいため、意気消沈しないわけにはいかない。自分が懸念するのは、そうした失望感から敗北主義的感覚が広まることだ。このような敗北主義的感覚に抗するには、現実の重要な成功例の強調が必要だ、というのである。移民とナショナル・マイノリティという二分論への批判に対する反論もこれと似ている。両類型のあいだに明確な線など引けないではないかという意見に対し、もしこの両類型を流動的な連続体とみなすなら、あるマイノリティへの権利付与が次々と他の集団から同種の要求を噴出させるおそれがあるという考え――「滑りやすい坂」論と名づけられている――が出てくるが、これは現実政治的に有害であり、だから両者の区別を強調すべきだ、というのである(PV, pp. 56-59; 邦訳八〇―八五頁)。

見られるように、ここにおける反論は理論的なものというよりも、「悲観論に陥るのを避けるため」という実践的な理由に基づいている。この点に限らず、キムリッカの著作には実践的姿勢が顕著である。そのことが、問題の難しさばかりを指摘して悲観論に走るのではなく、とにかくある程度前進可能な側面を強調しようという発想につながっているように見える。おそらくそのことと関係して、『土着語の政治』では、「西洋民主主義諸国では」あるいは「自由民主主義国では」という言葉がくどいほど各所で繰り返され、またこれらの国々では比較的うまくいっているということが強調されている。初期のキムリッカは、実例としては西欧やカナダを主に取り上げるにしても、立論の構成としてはどの国の事例かということにあまりこだわらずに一般論的な語り方をしていたが[21]、自分の図式が当てはまりにくい例を意識するうちに、とりあえず「西洋自由民主主義国の範囲内では」ということを強調するようになったように見える。これも、上記の実践的姿勢と関係して、悲観論よりは楽観論を強調しようという発想のあらわれと見られる[22]。

アナロジーをするなら、医術があらゆる病気を治せるわけではなく、途方もなく困難な病気もあるが、だからといって、とりあえず治せる病気について治そうとする努力まで無になるわけではない。ペシミズムはそうした努力を怠らせるおそれがあることを思えば、とにかく治せそうな病気に注目を集中する態度は正当化される、といった考えであるように思われる。これはその通りといえばその通りだが、逆に言って、とりあえず治せる病気に集中するあまり、より深刻な病気についての考察が怠られてしまうという問題が残るように思われる。そうした難病については、いくら考えても解決策はないという自明の結論しか出てこないかもしれない。しかし、少なくとも不適切な治療法によって事態をより悪化させることを防ぐことくらいはできるかもしれない。そうした配慮は、相対的に解決の容易な事例に集中する発想からは出てきようがない。

　キムリッカが出発点とするカナダとりわけケベックの事例の特殊性については第3節でも触れたが、改めて確認するなら、先ず、そもそも社会全体としてリベラルな価値が一応定着しており、その共通前提の上で個々の問題に取り組もうという態度が共有されている。それを支える一つの要因として、社会経済的に比較的安定した状況にあり、命がけで切迫した闘争を展開するという情勢はあまり起きそうにない。また、先に触れたとおり、フランス語というのは英語に比べれば相対的に劣勢だとしても、全世界的にいえば押しも押されぬ大言語であり、文学的著作の厚みも非常に大きく、これが滅亡するなどというおそれは先ずない。こうした事例を主に念頭におくなら、そこにおける紛争が相対的にうまく処理されやすいのは自明のことのように思えてくる[23]。

　先に、「連邦制を機能させるためには、かなりの工夫や善意、それどころか幸運さえも必要になる」という彼の言葉を引用したが、カナダや西欧諸国は「幸運」に恵まれた事例ではないかという風に思われてならない。では、それほど「幸運」に恵まれなかった事例はどうなるのかという疑問がわく。そこで、彼自身が議論の適用対象を広げようとしている二つの著作に眼を向けることにしたい。

7 キムリッカ理論の射程——旧ソ連・東欧諸国への応用

以上、いくつかの疑問点を提示してきた。とはいえ、そのことはキムリッカの議論の問題提起としての意義を否定するものではない。それどころか、いくつかの論点に関しては、彼の議論はきわめて興味深く、魅力的なものだといえる。ただ、それが有意義なのは特定の対象——基本的に「西洋民主主義諸国」——に限られるのではないか、だとすれば他の事例についてはどうなのか、というのが最大の疑問となる。この問題に彼自身が取り組んでいるのは、一つは東欧諸国を扱った共編著 *Can Liberal Pluralism Be Exported?* であり、もう一つはアジアへの適用可能性について論じた神戸レクチャーである。ここでは、私自身の専攻と関連して、基本的に前者に関心を絞ることとしたい[24]。

オパルスキとの共編著は、キムリッカが自己の理論の東欧諸国——ここでいう「東欧」は旧ソ連諸国をも含んでいる――への適用可能性を探ろうとした試みである。書物の構成は、キムリッカによる長大な導入論文、一五人の論者――その過半が旧ソ連・東欧の内部の人――によるコメント、そしてキムリッカのこれまたかなり長いリプライとなっている。多人数の筆者たちによる論集の通例とは違って、あくまでもキムリッカ個人の理論を中核におき、それをめぐる討論という形をとった作品である。それ故、以下の論評も書物の全体をなぞるのではなく、キムリッカの所説に集中することにする[25]。私はかねてからキムリッカの理論に、一定の疑問をもちながらも惹かれるものを感じていたので、この論集も大きな期待をもって読み始めた。だが、期待が大きすぎたせいか、多くの点で失望させられたことを先ず告白しておかねばならない。とはいえ、このような「大物」が旧ソ連・東欧の問題に目を向けたこと自体は歓迎すべきことであり、たとえそれが結果的に失敗作であろうとも、どうしてそのようになったのかを検討することには意義があるだろう。

この論集へのキムリッカの寄稿には、彼が対象地域の事情にあまり通じていないため、事実認識の不正確な個所が多々あるが、そのことはある意味で当然であり、そうしたことを一々挙げつらうのは不毛だろう。より大きな問題は、事情に通じていないにもかかわらず、「分かっている」と思いこんで、さまざまな提言を高みから説教しようとする姿勢の感じられる点である。

彼の提言は多岐にわたるが、基調をなしているのは、ナショナル・マイノリティの権利とりわけ自治権――場合によっては自決権を含む――を認めるべきであること、また国家体制として複数ネイション連邦制が好ましいことの主張である。この主張はそれだけとって抽象的に見れば穏当な提言であるかに見える。問題は、そのような「望ましい処方箋」がなぜ現実には採用されていないのかの理解にある。

キムリッカは、東欧諸国の人々がマイノリティの自治・自決権や複数ネイション連邦制について不当な偏見をもち、それらを頭から峻拒しているという風に理解し、そうした偏見を解き、これらがよき解決策であることを納得させようと努めている。そうした啓蒙的論調がこの論集における彼の議論の大部分を占めている。だが、そこには大きな前提的誤解がある。旧ソ連・東欧諸国で今日、民族自決権や複数ネイション連邦制がどちらかというと不評——キムリッカがいうほど全面的に峻拒されているわけではないが——なのは、それらの観念が知られていないからとか、あるいは抽象的原則として拒否されているということではなく、むしろ一般論としては正当なお題目でも、具体的条件下での適用如何では意図と食い違った結果をもたらしうることへの危惧にある。それなのに、そうした具体的条件下での適用についてはごく軽く扱い、ひたすら一般原則としての正当性を強調するのでは、全くのすれ違いというほかない。

ソ連史研究者にとっては言わずもがなのことだが、旧社会主義国では七〇年余にわたって「民族自決」がイデオロギー的に強調され続けてきた。そして、今日それが不人気なのはそうした過去への反撥、一種のアレルギーに由来する。ところが、驚くべきことに、キムリッカはそのことを完全に等閑に付している。これは、「現存した社会主義」がどのような社会だったかの認識のほぼ完全な欠落であり、致命的といわなくてはならない。

キムリッカは社会主義時代について正面から論じることはしていないが、あちこちの軽い言及からは、マイノリティの権利が完全に無視され、大民族――ソ連でいえばロシア人――への同化政策がとられてきたという認識をもっていることが窺える。たとえば、『多文化時代の市民権』には、民族的忠誠心を根絶しようとする共産主義諸国の政府の努力は失敗したという趣旨の記述がある(MC, p. 185; 邦訳二七七頁)。欧米のソ連民族政策史研究では、ある時期まで、社会主義政権の自画自賛における虚偽性を暴露するために「民族破壊」の側面を強調する議論が盛んだったが、近年はむしろ、ソヴェト政権は独自な形で「民族形成」を進めた――それは必ずしも「民族破壊」と矛盾するものではなく、むしろ両者はコインの両面である――ことを指摘する研究が増えつつある(ここで「民族」はネイションを指している)[26]。キムリッカはそうしたことには完全に無頓着である[27]。『土着語の政治』の一節に、「ネイション形成」と「ネイション破壊」は表裏一体の関係にあると指摘した個所があるが(PV, p. 230; 邦訳、三二三頁)、これがまさしくソ連について当てはまることも無視されている[28]。

「ネイション形成」と「ネイション破壊」のディレンマからの脱出路として彼は複数ネイション連邦制を推奨するが、ソ連・ユーゴスラヴィア・チェコスロヴァキアではまさしく社会主義時代にそれが実践されてきたのであり[29]、今日、ロシア以外の諸国が連邦制を拒否しているのは、そのような歴史的記憶によるところが大きい。ところが、そうした経緯を知らずに、複数ネイション連邦制をあたかも新奇な説であるかのごとくに教示しようとする姿勢は、滑稽にさえ映る。

地域的自治と非領域的・文化的自治に関する彼の議論についても、社会主義者のあいだでの議論を追ってきた者には既視感が拭えない。彼は、ある個所では、地域的自治に一方的に与するものではなく、ただ偏見をなくすべきだというにとどまると述べ、中立的なポーズをとっているが、議論の全体としての力点は明らかに地域的自治擁護に傾いている（CLPE, pp. 361-369)。そして、そこに述べられている論拠は、レーニンやスターリンのバウアー批判によく似ている。にもかかわらず、そのことの自覚が彼には完全に欠けている（自説がレーニン、スターリンそっくりだといわれたら、彼は目を白黒させることだろう）[30]。

このように対象への内在的理解を欠いたまま、キムリッカは旧ソ連・東欧諸国の人たちに向かって、「君たちは知らないだろうが、西側では近年、リベラル・プルラリズムというすばらしい理論が開発されているから、それを教えてあげよう。君たちもこの処方箋をとりたまえ」という御託宣を垂れている[31]。このような態度は、押しつけがましいパターナリズムとの印象を免れない。

冒頭で述べたように、キムリッカは政治理論の分野で多くの優れた業績をあげている論客である。そのリベラル・ナショナリズム論も、いくつかの疑問点があるとはいえ、大きな問題提起としては興味深いものである。それでいながら、こと旧社会主義諸国に関する限り、その議論は率直にいってお粗末としか言いようがない。そのことをキムリッカのために惜しまないわけにはいかない。

注

1 例えば、石山文彦「訳者解説」(キムリッカ『多文化時代の市民権』晃洋書房、一九九八年所収)、同「多文化主義理論の法哲学的意義に関する一考察——ウィル・キムリッカを中心として」一―六『国家学会雑誌』第一一三巻第一・二号―第一一五巻第九・一〇号(二〇〇〇―二〇〇二年)、飯田文雄「多文化社会におけるリベラリズム——ウィル・キムリカの場合」一―五『神戸法学雑誌』第四九巻第一号、第五一巻第四号、第五二巻第一号、第五三巻第四号、第五四巻第四号(一九九九―二〇〇五年)など。次注も参照。

2 キムリッカに好意と批判を交えつつ関心を表明した議論の例として、井上達夫「リベラル・デモクラシーとアジア的オリエンタリズム」今井弘道・森際康友・井上達夫編『変容するアジアの法と哲学』有斐閣、一九九九年、同「多文化主義の政治哲学——文化政治のトゥリアーデ」油井大三郎・遠藤泰生編『多文化主義のアメリカ——揺らぐナショナル・アイデンティティ』東京大学出版会、一九九九年、同「国民国家の生成と変容」『二〇世紀の定義』第四巻(越境と難民の世紀)岩波書店、二〇〇一年(これらの作品は、その後、加筆修正の上、井上『普遍の再生』岩波書店、二〇〇三年に収録された)、杉田敦「寛容と差異——政治的アイデンティティをめぐって」『新・哲学講義』第七巻(自由・権力・ユートピア)、岩波書店、一九九八年(その後、杉田『境界線の政治学』岩波書店、二〇〇五年に収録)、早川誠『政治の隘路——多元主義論の二〇世紀』創文社、二〇〇一年、第四章などがある。

3 複数の著作のあちこちでほぼ同趣旨のことが述べられているので、以下では、個々の個所に細かい典拠注をつけることは省略し、いくつかの重要な個所についてのみ、本文中の括弧内に、以下の略号を用いて該当個所を示すことにする。

MC: *Multicultural Citizenship.*

PV: *Politics in the Vernacular.*

CLPE: *Can Liberal Pluralism Be Exported?.*

4 「薄い（thin）」共同性と「濃い（thick）」共同性という概念については、Michael Walzer, *Thick and Thin: Moral Argument at Home and Abroad*, University of Notre Dame Press, 1994（『道徳の厚みと広がり——われわれはどこまで他者の声を聴き取ることができるか』風行社、二〇〇四年）参照。キムリッカとウォルツァーは共通するところとそうでないところがあるが、その点の腑分けは別個の課題となる。

5 塩川伸明『民族とネイション——ナショナリズムという難問』岩波新書、二〇〇八年、一八九—一九七頁（キムリッカとの関わりについては一八八頁）。

6 やや古く、未熟なところを多々残した問題提起だが、私がはじめてこの問題を意識したのは、塩川「集団的抑圧と個人」江原由美子編『フェミニズムとリベラリズム』勁草書房、二〇〇一年、所収である。

7 後の共編著では、この二大集団以外にいくつか別の類型——孤立したエスノ文化集団（アーミッシュなど）、不法移民、アフリカ系アメリカ人——も挙げられており、あわせて五類型となっている（CLPE, pp. 21-47）。旧ソ連・東欧の事例に即した議論の中では、分類困難なハード・ケースとして、ロマ、バルト・ロシア人、クリミヤ・タタール人、コサックが挙げられている（*Ibid.*, pp. 73-82）。だが、これらは簡単な補足に過ぎず、基本は依然として当初の二分法が維持されている。同様に、『土着語の政治』の各所でもこの二分論への補足が試みられているが、基本線自体は変わっていない。

8 塩川『民族とネイション』第I章、また『現代社会学大事典』弘文堂、二〇一二年における「民族問題」の項目も参照。

9 『多文化時代の市民権』の邦訳書では multination state は「多民族国家」と訳されているが、『土着語の政治』の邦訳書では同じ言葉が「複数ネイション国家」と訳されている。後者は日本語としてややこなれていない観があるとはいえ、キムリッカにおけるネイションとエスニシティの区別がよりよく分かるという利点があり、本章ではこの訳語をとる。

10 補足になるが、上記と同じ個所でキムリッカは、概念をめぐる論争があっても、それが真摯な討論における意見不一致なのか自己利害に基づいた言葉のシニカルな操作なのかを区別することで問題解決に近づけるはずだと述べている（CLPE, pp. 407-408）。しかし、何が「真摯な討論」であり、何が「シニカルな言葉の操作」かを見分けることも決して容易ではなく、それどころか、その点自体がまさしく大きな争点となることがある。

11 早い時期の問題提起は、塩川伸明「帝国の民族政策の基本は同化か？」『ロシア史研究』第六四号（一九九九年）、二七頁。より詳しくは、『民族と言語——多民族国家ソ連の興亡Ⅰ』岩波書店、二〇〇四年参照。

12 用語法の問題については先に触れたが、キムリッカの場合、ネイションとエスニシティの峻別論に立っているので、両者をまとめた一つの概念で考えることはしていない。しかし、これも前述したように、純然たるシヴィック・ナショナリズム論には立たず、ネイションの中に部分的ながらエスニックなニュアンス——「薄い」共同性——が含まれるとしていることから、彼が national identities という場合には、それを「民族的アイデンティティ」と訳すのが適当と考える。

13 ソ連民族政策史における「強制的同化」と「自然な同化」をめぐる問題については、『民族と言語』三七—三九、四七、五九—六一頁参照。

14 もっといえば、これは「標準語」の普及だけでなく、「標準語支配に抗して方言を守ろう」とする文化運動についても当てはまる。そうした運動は、「○○方言」の「純正な」形と「崩れた」形――後者はしばしば「標準語」に汚染されたものとみなされる――を区別し、前者を「正しい」もの、後者を「誤った」ものとする規範を伴うからである。

15 砂野幸稔「近代のアポリアとしてのリテラシー」『ことばと社会』第一四号、二〇一二年、一三頁、砂野「多言語主義再考」同編『多言語主義再考――多言語状況の比較研究』三元社、二〇一二年、一六頁参照。「舗装工事」という比喩は、ダニエル・バッジオーニ『ヨーロッパの言語と国民』筑摩書房、二〇〇六年、四〇―四三頁。

16 もっと広げていえば、近代市民社会の自律的主体、「市民的公共圏」(ハーバーマス)の担い手としての理性的・自律的個人は、その基盤に「国語」リテラシーをおいているが、それが可能になるためには、標準化された「正しい国語」が規範として定着している必要があった。しかし、それを前提することができるのは世界の中の限られた地域であり、それ以外の多くの諸国ではその前提自体が問い直される必要がある 砂野幸稔「近代のアポリアとしてのリテラシー」一一―一二頁。この問題につき、『多言語主義再考――多言語状況の比較研究』および同書への私の書評(本書の第5章)も参照。

17 B. Anderson, *Imagined Communities*, the revised and extended edition, Verso, 1991, pp. 43-44;『増補・想像の共同体』NTT出版、一九九七年、八三―八四頁。

18 *Ibid*., pp. 41-45; 邦訳、八〇―八六頁。なお、この個所の後ろの方にソ連への簡単な言及があるが、この記述は不正確である。

19 バッジオーニ、六五頁。

20 イヴァン・イリイチ『シャドー・ワーク』岩波モダンクラシックス、二〇〇五年、九三、九九―一〇一、一〇五―一〇八、一一八―一二〇頁など。

21 『多文化時代の市民権』の「日本語版への序文」で、彼は自著が直接に論じているのは西洋民主主義諸国の事例だが、それは他の地域にも適用可能と期待すると述べている。

22 同様の観点からのキムリッカ——およびテイラー——批判として、砂野「多言語主義再考」一六頁および四三頁の注16。

23 ついでに触れておくなら、ネイションとエスニック・グループという区別論において、移民は基本的に後者と位置づけられている。しかし、カナダにおける相対的マイノリティであるフランス語系住民はもとより、マジョリティである英語話者たちも、もとをただせば移民の子孫のはずである（カナダに限らずアメリカ合衆国でも）。ところが、キムリッカの議論においては、彼らがネイションであることは自明であるかのように扱われている。

24 神戸レクチャーでも、自己の一般論を前提して、それが北米・西欧だけでなくアジアでも適用可能だという観点からの提言がなされているが、議論の進め方には東欧に関する共編著と違いがある。共編著では「東欧もヨーロッパのうちだ」ということが強調され、西欧・北米と同じ処方箋の適用可能性が重視されるのに対し、神戸レクチャーでは、「アジアはヨーロッパとは違う」という前提で一定の修正が提唱されている。こうした差異はあるが、「ヨーロッパ」と「非ヨーロッパ世界」という二元論的枠組みから出発する点には共通性があり、そうした二元論そのものを問い直そうという発想は見受けられない。

25 なお、論集の共編者たるオパルスキの寄稿は不正確な個所が多く、旧社会主義諸国への偏見に満ちた論文となっている。共編者がそのような人だということがキムリッカの論旨にも影響を及ぼしているのかもしれない。

26 それぞれに立論を微妙に異にするが、Ronald Grigor Suny, *The Revenge of the Past*, Stanford University Press, 1993; Yuri Slezkine, "The USSR as a Communal Apartment, or How a Socialist State

"Promoted Ethnic Particularism," *Slavic Review*, vol. 53, no. 2 (Summer 1994); Rogers Brubaker, *Nationalism Reframed: Nationhood and the National Question in the New Europe*, Cambridge University Press, 1996; Jeremy Smith, *The Bolsheviks and the National Question, 1917-23*, London: Macmillan, 1999; Terry Martin, *The Affirmative Action Empire: Nations and Nationalism in the Soviet Union, 1923-1939*, Cornell University Press, 2001（邦訳『アファーマティヴ・アクションの帝国』明石書店、二〇一一年）など。私自身の関連作品は、『現存した社会主義』勁草書房、一九九九年、『多民族国家ソ連の興亡』全三巻、岩波書店、二〇〇四―〇七年、『《20世紀史》を考える』勁草書房、二〇〇四年、第八章、マーチンの邦訳書解説（本書の第6章に収録）など。

27 この論集に寄稿している論者のうち何人か――ヴァラディ（ヴォイヴォディナのハンガリー人）、コルスト（ノルウェーのソ連研究者）、ジュマエフ（ウズベキスタン）など――は、社会主義時代の民族政策がそれなりに少数派に権利付与する方向のものだったことを指摘している（もちろん、社会主義体制そのものを価値的に肯定しているわけではない）。しかし、キムリッカはリプライでそうした指摘に全く応答していない。

28 Martin, *The Affirmative Action Empire*, chapter 8（特に邦訳の三八五頁参照）。「ネイション形成かネイション破壊か」という定式の先駆的提起は、Walter Connor, "Nation-Building or Nation-Destroying?," *World Politics*, vol. 24, no. 3, 1972.

29 ソ連をはじめとする社会主義的連邦制は単なる欺瞞的な外観に過ぎなかったという批判をすることも可能ではある。キムリッカ自身、そのような考えを示唆した個所もある（CLPE, p. 64）。しかし、彼は別の文脈で、少数派の権利尊重の法律はなかなか文字通りに履行されないかもしれないが、たとえ当面紙上にとどまるにもせよ、象徴的なものとして存在するだけでも有意味だという趣旨のことを述べている（*ibid.*, p. 360）。もし彼が紙上の法律は全く無意味だと考えているなら、その観点からソ連の政策の建前を無視するのも筋が通るが、このように紙上の法制でも象徴的意義を評価すべきだと考えているのなら、ソ連はまさしく紙上で諸民族の権利を保証していたのだから、それを重視しないのは辻褄が合わない。

30 ついでながら、彼自身の言葉ではないが、キムリッカ的な観点をある研究者が要約した言葉として、「形式においてナショナル、内容においてリベラル」というものがある。『法哲学年報（一九九六年度）』有斐閣、一九九七年の「シンポジウム要略」一一三頁。これがスターリンの有名な「形式においてナショナル、内容において社会主義的」と酷似していることはいうまでもない。

31 キムリッカが欧米諸国の歴史的経験に対して無批判に肯定的な態度をとっているわけではないことについては六三頁で前述したが、そこでも指摘したように、それはあくまでも過去のこととされ、今日の「西側」ではリベラル・プルラリズムの考えが広まっているから、それを東欧にも当てはめるべきだというのが彼の論じ方である。

第2章　オリエンタリズム論再考
——サイードへの問いかけ

1　はじめに

エドワード・サイードの著作『オリエンタリズム』は、原著初版が一九七八年刊、邦訳初版が一九八六年刊だから、前者からは三六年、後者から数えても三〇年近い年月が経っている。今日に至るまで、原著も邦訳も何度となく版を重ねており[1]、議論も絶えないことからして、一種の「現代の古典」ということができるだろう。

西欧における「東方（オリエント）」観が差別的ステレオタイプや偏見に満ちていること、そこには支配・被支配という政治的関係が関与しており、《支配者たる西欧＝見る者、被支配側の東方＝見られる側》という構図が底にあること、それだけでなく、およそ認識というものは——あたかも「客観的」「公正」であるかにみえる学問も含めて——何らかのフレームに沿ってつくりあげられるものであり、そこにおける偏りは個々人の良心とか学問的姿勢といった次元だけにはとどまらない深い根拠に根ざしていること——こういった風な指摘は、サイードが最初とはいえないにしても、この著作を重要なきっかけとして、多くの人々の注目を引き、数十年にわたる議論を通して、今では相当広い範囲に浸透していると言えるだろう。

サイード著の影響が広く行き渡った結果として、露骨なオリエンタリズムそのものは、今ではそれほど優勢ではなくなってきている。少なくとも、公的な発言で露骨に表明するのは「政治的に正しくない（politically incorrect）」といった感覚は相当広まっているだろう（それが単なる建前論にとどまることで、かえって深層の差別感覚を温存してしまっているという面もあるかもしれないが）。とするなら、この書物はその役割を果たしたと言えるかもしれない。

もっとも、形を変えたオリエンタリズムともいうべきものは、今でも完全に姿を消したわけではない。たとえば、「西側（the West）」とか「ヨーロッパ」といった言葉を、文明・市民社会・民主主義・自由などとイコールのものであるかのごとくに使う用語法はごくありふれたものであり、そのような意味での「ヨーロッパ」と対比して、「ロシアのアジア的な性格」などといった言葉で後進性・非民主性をイメージさせる用語法も、これまたありふれている。そういう言葉遣いをする人たちの中には、「進歩的」で「リベラルな」知識人——主観的には「オリエンタリズム」を克服したと感じている人たち——が多数含まれる。そうした例を思い浮かべるなら、形を変えたオリエンタリズムは今なお健在であり、その問題性を指摘する作業はまだ意味を失っていないようにも思える。

こういうわけで、サイードの問題提起は今でも意味を失っていないが、それと同時に、彼の記述がややもすれば強すぎる断定調の文章で書かれている――「すべて」とか「常に」といった全称命題が至る所に出てくる――ことから、「大まかな結論としては理解できるが、やや極論に走っているのではないか」とか、「肌理の細かさを欠いた暴論に傾斜してはいないか」、「一種の教条主義ではないか」といった疑問や批判がさまざまな論者から提起されてきた。私自身の感想もそれらと似たところがあるが、古典的な大著であるだけに、そうしたあっさりした感想でとどめることなく、もう少し立ち入って考えてみたい。

2 『オリエンタリズム』という書物との遭遇――最初の出会いから再見へ

『オリエンタリズム』という著作の存在を私が初めて知ったのは、確か一九八〇年代半ばのことだったと思う。原書刊行から数年経っていたが、まだ邦訳も出ておらず、少なくとも日本ではそれほど話題になってはいなかった。そのときに簡単な紹介に接した私の第一印象は、「正当な問題提起だが、それほど新鮮というわけではないな」というものだった。そう感じたせいか、それから少しして邦訳が出て、日本でサイードの名および「オリエンタリズム」という言葉が有名になってからも、それほど強く食指が動くことはなかった。「一応は納得がいくし、基本的には正しい指摘なのだろうけれど、そんなに大騒ぎするほどのことでもないのではないか」という気がして仕方がなかったのである。

はじめて紹介に接したときにいだいた「それほど新鮮ではない」という不遜な印象は、ようやくはじめて読んだ一九九六年の時点でも、大きく修正はされなかった。その意味で、この読書は私にとってそれほど成功ではなかったということになる。あまり成功しなかった理由の一つは、著者が検討対象として取り上げている題材の多くが英仏の東洋学者の著作であり、それらに私が馴染んでいないため、細部に立ち入った吟味をする能力がなく、大まかな全体的構図を見ることしかできなかったという点にある。そして、全体的構図に関する限り、欧米の「東方」への眼差しが差別的で、ステレオタイプに基づいたものだという程度のことなら、それこそ当たり前すぎて、およそ新鮮ではないように思われた。

もっとも、これが「当たり前すぎる」と映るのは、まさしくサイードの著作の影響力が大きく、原著刊行の年月のあいだに常識化したからではないか、その意味でやはり先駆的な問題提起だったのではないか、という風に考えることもできないわけではない。しかし、私が「それほど新鮮ではない」と感じたのは、一九八〇－九〇年代のさまざまな議論——いわば「ポスト・サイード的言説」——によってというわけではなく、もう少し前からの背景があった。というのも、戦後の日本では、竹内好をはじめとする一連の知識人によって「脱亜入欧」的心性への鋭い批判が蓄積されており、単純に欧米のオリエンタリズムに追随するような論調ばかりが排他的に支配してきたわけではなかったからである（ここには、「量的にはともかく、少なくとも私が尊敬してきた上質の知識人のあいだでは」という留保を付けておくべきだろう)。具体的な「アジア論」の対象としては、日本との近接性から主として東アジアが念頭におかれており、サイードが主として取り上げるアラブ・イスラーム世界については一九七〇年代くらいまで関心が低かったという違いがあったが、そうした対象地域の問題を別として基本構図に関する限り、同様の問題は既に提起されていたのではないかと思われた。

あるいはまた、欧米の文化人類学においても、かつて「未開民族」とされてきた人々の文化を内在的に理解すべきだという考え——いわゆる「文化相対主義」——があり、西欧的エスノセントリズム(自文化中心主義)への批判的視角が提起されてきた。もっとも、もともと人類学は植民地主義と切り離せないのではないかという問題提起もあり、「文化相対主義」をめぐっても種々の議論が絶えないから、人類学がオリエンタリズムから免れているなどという単純な主張ができるわけではない。さらに、これは今回『オリエンタリズム』を久しぶりに再読して気づいたことだが、サイード自身、「これまで重点的に描いてきた類の学問ほどには堕落していない学問」として人類学に言及し、「その見事な一例がクリフォード・ギーアツの人類学である」と書いたりしてもいる(p. 326; 下、二八二頁)。そうした点は改めて検討する必要があるが[2]、とにかく西欧的エスノセントリズムへの批判という視角自体は、サイードに先立つ時期に、徐々に日本にも紹介されたり、あるいは独自に提起されたりしてきたように思う。

こういうわけで、西欧中心主義的偏見への批判ということだけを問題にするならば、それはとりたてて新しいものではない。それなのに、サイードの議論がずば抜けて強い影響力をもち、「オリエンタリズム」という言葉が流行語となって世界中で通用するようになったのはなぜかという疑問が湧く。敢えて極端な言い方をするならば、内容的な説得力・新奇性によるというよりもむしろ、同じ主張を手を変え品を変え繰り返し述べ、大著に仕立てあげたというあくの強さによるところがあるといったら暴論だろうか。アメリカ合衆国の一部の学者によくみられる傾向、というと私の偏見かもしれないが、中味の説得力よりも、あくの強さと売り込みにおける押しの強さで、人々の注目を引きつけるという面がなくはないような気がしてならない。

しかし、こういう風にいっただけでは、あまり建設的ではない。問題は、サイード著のあれこれの欠陥をあら探しするといった点にあるのではなく、その批判的再検討を通してどのような新たな視角を獲得するのかという点にこそあるだろう。この書物はいくつかの重要な問題を出している反面、それがやや雑然たる提起にとどまっているために、どう受け止めてよいのかに戸惑いが生じるのではないだろうか。先にも述べたように、私は本書の主たる題材となっている英仏の東洋学者の仕事について不案内であるため、立ち入った論評をすることはできないが、個々の内容よりもむしろ立論の仕方に関して、多少感じるところがある。一九九六年にはじめて読んだときに熟さない読書ノートを「電子版ディスカッション・ペーパー」として書いてホームページ上で公表したのは、その点の吟味を通して何がしかの新しい展望への手がかりがつかめるのではないかと期待したからである。それから二〇年近く経ち、久しぶりに再読した印象は最初のときと全面的に違うわけではないが、多少は前回よりも丁寧に読むことができた。英仏の東洋学にあまり通じていないという事情自体は変わらないが、かつて書いた読書ノートをある程度下敷きとしながらも、大幅な加筆を施して新稿とすることを試みたい。

3　主題の多義性

先ず、主題としての「オリエンタリズム」が何を指すのかという点について考えてみたい。この言葉は、「オリエント（東方）」への何らかの認識・表象一般という広い意味で用いられる一方、「東洋学」と訳される特定の学問分野という狭い意味でも用いられている。どちらかというと後者が主要テーマではあるが、各所で前者についても論じられ、両者があまり区別されることなく一体視されている観もある。学問の問題については後で立ち返ることとして、ここでは、主題の特定に関わるそれ以外の問題に触れておきたい。

表象一般であれ学問であれ、そこでいう「東方」が具体的にどういう地域を指すのかも一義的ではなく、文脈によって異なった地域が念頭におかれている。広い「東方／東洋」――オリエントというよりも、the East と言い表わされることもある――ないしアジア全域を包括する場合もあれば、狭義のオリエントとして、中東イスラーム圏――その中でもさらに絞るならアラブ地域――が念頭におかれている場合もある。もしこれらがほぼ同じようなものだという観点に立つならば、広義の「東方」を念頭におきつつ、具体例としては狭義の「東方」を主に取り上げるという手法が正当化されるだろう。だが、それはあまりにも大雑把な議論ではないか、広義の「東方」はもっと多様かつ多彩な存在であり、その多様性を軽視するのは、それ自体「オリエンタリズム」的なステレオタイプではないか、といった疑問も浮かぶ。

西欧にとって身近な「東方」が中東イスラーム世界であるのに対し、日本にとって身近な「東方」はむしろ中国や韓国などの東アジア世界だという差異もこの問題と関連する。西欧にとって中東イスラーム世界は直接に隣りあった地域であるのに対し、例えば極東ははるか遠くに位置する。ヨーロッパの人が、極東に対してしばしばエキゾチシズムを感じるのは、そうした遠さによるところが大きいだろう(一九世紀末フランスで流行したジャポニスムなどには、そうした側面があったのではないだろうか)。だとすると、西欧のイスラーム世界への視線と極東への視線とはかなり異なったものということになるはずである。この関係は、日本にとってはちょうど逆になる。日本にとって東アジア世界はごく近い世界であり、古い歴史をたどれば明らかに日本が中国・朝鮮よりも劣位にあった。そのことの裏返しとして、虚勢を張るような中国・朝鮮蔑視が近代日本では見られた(悲しいことだが、これを単純に過去形で書くことのできないような情勢が、近年にわかに強まっている)。これと比べ、東アジアよりも西に位置するアジア諸地域は、比較的最近まで日本にとって遠い世界であり、単純な知識の欠落が特徴的であり、時にはエキゾチシズム感覚で受け取られたりしてきた(シルクロードとか古代ペルシャ文化への漠然たる憧れなど)。このように考えるならば、西欧にとってのオリエンタリズムの構造と日本にとってのオリエンタリズムの構造は大きく異なることになるはずである。中東イスラーム世界と東アジア——そしてまた、西欧から見たそれらと、日本から見たそれらのイメージ――のあいだには、ある抽象のレヴェルでは大まかな類似性をいうことができるにしても、より立ち入ってみるなら、そこには無視できない差がある。どういう抽象のレヴェルで見るかは論者の関心によって異なるから、どの見方が絶対に正しいとか間違っているということはできないが、とにかくそれらの相互関係をつきあわせて考察していくことが重要だろう。しかし、サイード自身にせよ、その影響下の多くの議論にせよ、そうした問題にあまり深く立ち入っているようには見えない。

この点は、単にどの地域を取り上げるかということだけでなく、その地域をどのような角度から見るのかという問題とも関連する。かつて植民地として支配されていたという側面を強調する視角もあれば、「オリエント」こそはかつて「ヨーロッパ文明」の淵源だったのではないかとか、ある時期には「ヨーロッパ文化の好敵手」だったという側面を重視する視角もある。日本と東アジアの関係についても、近代における植民地支配の関係を重視するか、それよりもずっと前にさかのぼる長期的な交流――そこにおいては日本がむしろ相対的劣位に立つ文明受容者だった――に着目するかという問題がある。ロシア帝国およびソ連における非ロシア地域も、ある地域・ある時期に注目すればロシアが支配者だったが、別の地域・時期に注目すればむしろロシアが劣位だったというケースは珍しくない。こういう複合性は、おそらく他のさまざまな例についても言えるだろう。サイードはかつてのオリエントが西欧に対して優位な立場から影響を及ぼしてきたことに何カ所かで触れてはいるが、全体としては、《西欧＝支配者、東方＝被支配者》という関係をひたすら強調している。これは複合的で両義的な関係を一刀両断的に割り切るものではないかとの疑問を禁じ得ない。

この問題は、西欧の人々の「東方」への視線が「オリエンタリズム」と特徴づけられるようなものになる理由の理解とも関わる。単純化するなら、二通りの理由が考えられる。第一は、ヨーロッパ人にとって「東方」が遠い存在、もしくは単純に見下すことのできる位置に置かれた存在であり、それゆえに無知に基づく差別的偏見が発生し、温存されるという解釈である。これに対して第二の解釈としては、西欧と「東方」のあいだには隣接・交流・対抗の長い歴史があり、その歴史の中では西欧の方が劣位に立った時期もあったりして、深層ではかなり深く知っているからこそ、いわば過去における劣位の記憶を必死に打ち消そうとするために敢えて蔑視するということが考えられる。サイードは何カ所かで、第二の解釈を示唆する叙述をしており、これは非常に興味深い指摘だが、その観点が一貫して深められることはなく、むしろ単純な優劣関係からの説明に傾斜している個所の方が多いように感じられる。

念のために、サイード自身が「オリエンタリズム」という語をどう説明しているかを見ておこう。代表的と思われる個所で、彼は次のように述べている。


「オリエンタリズムとは、オリエントを扱うための同業組合的制度として論じたり、分析したりすることができる。つまり、オリエントについて何かを述べたり、見解を権威づけたり、描写したり、教えたり、そこに入植したり、そこを支配したりするもの、簡単にいうなら、オリエントを支配し、再構成し、その上に権威をふるう西欧のスタイルということとである」(p. 3; 上、二二頁)。

この文章は一見明快だが、よく考えると幾通りかの解釈が可能である。

①この文章は「オリエンタリズム」に関する一種の定義だととることが可能である。そうだとすると、この定義に当てはまるオリエンタリズムは、定義によって当然そういうものだということになるが、定義に当てはまらない東洋学——ないし、より広く東洋観——もあり、それはここでの対象外ということになる。

②「およそ東洋学はみなこうしたものだ」という全称命題と受け止めることもできる。本書全体から浮かび上がる大まかな印象は、そういうものだろう。その場合、こうした性格をもたない東洋学は全くあり得ないということになる。

③同じ言明を、「これまでの東洋学の多くはこうした傾向をもっていた」という事実認識の表明と解釈することもできる。この場合、多数派とは別に例外もありうるし、今後はそれが増えるだろうと考えることもできる。

いくつかの解釈の型を挙げたが、問題はサイード自身がこれらのうちどの解釈に立っているのかがはっきりしない点にある。③は穏当な言明であるのに対し、②は行き過ぎた一般化と言わざるを得ない。また①はそれなりに成り立つ命題だが、定義によって明らかなことを確認するだけのトートロジーになってしまう。一つの推測としては、厳密に考えるときには③なのだが、しばしば情熱が勝って②的な表現をとってしまうということなのかもしれない。しかし、これは読者の推測に過ぎず、サイード自身が明確な説明をしているわけではない。

4 専門知への批判的眼差し

サイードが「オリエンタリズム」という語を多義的に用いているのはいま見たとおりだが、最も中心におかれているのが《学問としての東洋学》であり、彼の主要関心が学問論――ないし「専門知」への批判的眼差し――にあることは明らかである。そこで、この問題について、やや丁寧に考えてみたい。

学問としての東洋学を専門としない多くの西欧の人々――たとえば文学者とか政治家・行政官など――が、「東方」について差別的なステレオタイプをもっているというのは、大いにありそうなことだが、これはある意味で当たり前すぎる話で、そうした自明のことを指摘しても、あまり深みのある議論にはならない。これに対し、専門の学問としての東洋学について考える場合は、そうした偏見一般ということを超えて、「制度化された知」としてのアカデミズムないしディシプリンへの批判という作業が必要になる。専門研究者なら素人よりも深く適切な認識をもっていてもよさそうなものだという予想に反して、彼らも同種の偏見にとらわれているとしたら、それはどうしてか。これは重要な論点であり、刺激的な問題提起でもある。そのことを認めた上で、もう少し突っ込んで考えてみたい。

先ず、ここで問題とされているような角度からの学問批判は、何も「東洋学」に限らず、他のどのような学問分野についても同様に当てはまるはずである。とすれば、ここには、「オリエンタリズム批判」というものと「アカデミズム批判」というものとが、はっきり区別されないままに同居しているのではないかという疑問が生じる。サイードの議論の一つの特徴は、フーコーのディスクール——邦訳書ではフランス語風にこの表記が使われているが、以下では、分かりやすさの観点から英語風の「ディスコース」をとる——論およびディシプリン（訓練＝規律）論を援用している点にある（典型的には、p. 3; 上、二一—二二頁など）。これは確かに興味深い議論だが、フーコーのディスコースとかディシプリンという概念は、オリエンタリズム以外の多種多様な領域にも当てはまる。オリエンタリズムはそれらと同じだというのか、それともオリエンタリズムこそ際だってそういう性格をもつというのか。後者だということが論証されているようには思えない。他方、前者だとすると、あまたあるディシプリンのうちオリエンタリズムの特徴は何なのかという疑問が出てくる。

学問一般を問題にする観点から言うなら、ディシプリンがある枠を認識に科し、そのことによってあるものを見えやすくすると同時に、見えなくなってしまうもの——いわば死角に入るもの——を生み出すことは明らかである。このような角度からのアカデミズム批判ないしディシプリン批判に学者が謙虚であるべきだということは、フーコー以降の時代に生きる研究者にとっては当然のことである。しかし、厄介なのはその先にある。認識というものがある枠組みによるものである限り、その枠組みが認識を助けると同時に妨げもするという構造は、どのような認識の努力についても一般的に当てはまることだろう。だとすると、このような角度から既成のディシプリンへの批判をするのはよいとして、それに代わって新しく提起された議論自体がまた別の死角を生み出しもするということになるはずである。「古くさく」「権威ばっていて」「抑圧的な」既成の学問を批判して、さっそうと登場した「ラディカル派」「新潮流」が、いつのまにか自分自身も別種の「権威」と化してしまっているという構図は、いくらでも例に事欠かない。ほかならぬ「オリエンタリズム論」自体もその例であるし[3]、別の例でいえば、フェミニズムやジェンダー学も同様の陥穽から自由でないように思われてならない。多数派に対抗する少数派が、それ自身ある種の排他的なコミュニティーをつくって自己満足に陥ってしまうという傾向はある程度までやむを得ないものかもしれないが、それにとどまっていてよいのかという疑問も消えない。オリエンタリズム論の流行に対して、私がその問題提起には同感しつつも、微かな違和感のようなものを覚えてきたのは、おそらくこの点にかかわるだろう。

いま述べたことと関係するが、サイードの学問論の一つの重要な構成要素として、知識や学問の党派性の指摘がある。知識は非政治的であってほしい——つまり、知識は学問的・純理論的・中立的であって、党派心の強い狭量な教条主義的信念を超越したものであってほしい——という願望を鋭く批判し、学者もその生活諸条件、階級や信念体系、社会的地位と無関係ではあり得ないと指摘した個所はその典型例である（pp. 9-10; 上、三五頁）。似た趣旨だが、学問的著作も文学作品も、それらが用いる形象・仮定・意図は限られており、決して自由ではないという指摘もある。

アカデミックな形態をとっている学問的成果も、われわれが信じたがるほど客観的な真理ではない。偉大で独創的な人間にとっても、その文化の中に潜む作品の可能性というものは決して無限にあるわけではない。オリエンタリズムのような分野は、累積的・集合的な一体感（アイデンティティ）をもっており、それは特に伝統的な学習形態と結びついて強固になる。その結果、オリエンタリズムに一種のコンセンサスが生じた、というのである（pp. 201-202; 下、一二一一四頁）。

これらの指摘はかなりの程度当たっているが、二つの問題がある。一つには、既に述べたことだが、これは学問一般の問題であって東洋学固有の問題とはいえない――つまり一般論に過ぎる――のではないかという疑問がある。第二に、知識や学問が「純理論的・中立的」でありうるかどうかという二者択一的な問いの立て方はいささか性急に過ぎるように思われる。完全に「純理論的・中立的」な認識などあり得ないというのはその通りだが、少しでもそれに近づこうと努めるのでない限り、学問の営みはあり得ないし、立場を超えた討論も不可能になる。これまでの東洋学の大半がサイードの指摘するような偏りを帯びていたのが事実だとしても、それを超克しようとする新しい学問もまた党派的・政治的だというなら、すべては政治に還元されてしまい、およそ学問とか対話とかいったものが成り立たなくなってしまう。

この問題をもう一歩進めて考えるなら、差別的・抑圧的でない東洋学というものがありうるのかという問いにつながる。本書の多くの個所で全称命題が頻出することからすれば、そんなものはあり得ないという結論が出てきそうに思える。しかし、実はサイード自身、それとは異なった方向を示すかに見えることをところどころで書いてもいる。そうした個所は、『オリエンタリズム』の初めの方と終わりの方に集中している。

たとえば序論の中のある個所では、他者を抑圧したり操作したりしない自由擁護的な観点から他者の文化や民族を研究することはどうすれば可能か、という問いが提出され、それに続く個所には、本書ではこの課題を果たすことはできなかったとある（p. 24; 上、六五頁）。自らの限界を認めているのは率直な態度だし、どのような著作にも限界があるのは当然のことで、とがめ立てするには当たらない。ただ、この問いが本書で答えられていないのは、本書の中心部分における記述が全称命題を多用しすぎていて、あたかも固定的で絶対的なものであるかの印象を与えるからなのではないかという印象も免れがたい。

全巻の大半を通じて、あらゆる東洋学は差別的ステレオタイプを再生産するものばかりだったという印象を与える記述を繰り広げた後、終わり近い個所では、ややトーンを異にする記述が出てくる。「私がこれまで主に描いてきた類の学問ほどには堕落していない学問、少なくともそれほどには人間の現実に盲目ではない学問の存在」への言及とか、「古いイデオロギーの拘束衣から自由になった」例を挙げた個所がそれである（p. 326; 下、二八二―二八三頁）。「二〇世紀になって澎湃として起こった、地球上の数多くの人々の政治的・歴史的自覚を正しく生かすことができるなら」オリエンタリズムの世界的覇権は挑戦されうるだろう、とも書かれている（p. 328; 下、二八六頁）[4]。これ以前の個所では全称命題が多用されていたのに対し、ここでは重要な例外の存在が注目され、それがさらに発展する可能性への期待が表明されている。これは重要な論点である。だが、問題は、中心部分での全称命題と末尾近い個所での例外への着目との関係が明らかにされていない点にある。

この問題をもう少し広げていうなら、学問に限らず、権力関係は一般に固定的なものか、それとも流動的で変革可能なものかという問題にもつながっていく。オクシデントとオリエントのあいだの関係は、権力関係、支配関係、そしてさまざまな度合いの複雑なヘゲモニー関係だという指摘（たとえば、p. 5; 上、二六―二七頁など）は、歴史上のかなり長い期間、多くの場合においてそうだったという趣旨でなら、その通りである。しかし、サイードの書き方には、あたかもそうでしかあり得ないかに受け取れるところがある。そのことは、ヘゲモニーを変えていく展望を見失わせることになりかねない。権力関係＝支配関係は「政治上の主人＝奴隷関係」とも言い表わされているが（p. 96; 上、二二九頁）、ヘーゲルの「主人と奴隷の弁証法」と違って、「主人」が逆に「奴隷」に拘束される側面には一切触れられず、ひたすら一方的関係として捉えられているように見える。

5　表象の問題――「見る者」と「見られる者」

前節で取り上げた学問的認識の問題と密接に関わるのが「表象」の問題である。誰かが何かを「表象する」――これは represent の訳であり、「代表する」とも訳せる――とはどういうことなのだろうか。そこには、認識する側とされる側、またその認識を表現する側とその表現の客体とされる側、簡単にまとめていえば「見る側」と「見られる側」という二項関係がある。この二項は抽象的原則論としては対等で相互的な関係にあってもよいかに見える。だが、実際にはそうではなく、そこには力関係における上下・優劣関係を含む一方的な関係があり、そればかりか表象によってその関係が再生産され、固定化されているのだという主張が、『オリエンタリズム』の全巻を貫く基調となっている。

こうした考えを象徴するものとして、全巻の冒頭のエピグラフに、「彼らは自分で自分を代表することができず、誰かに代表してもらわなければならない」というマルクス『ルイ・ボナパルトのブリュメール一八日』からの引用があり、この言葉は各所で繰り返されている (pp. xxvii, 21, 293; 上、一六、五九頁、下、二二二-二二三、三一一頁)。ついでながら、マルクスのこの言葉は、サイード自身は断わっていないが、訳者の補足にあるように、元来フランスの分割地農民について語られたものである。マルクスのさまざまな著作が「一般教養」のカタログから外れて久しい今日、そのことを知らずに読む読者も増えているのではないだろうか。それはともかくとして、「自分で自分を代表することができず、誰かに代表してもらわなければならない」という言葉は、フランスの農民についても、「オリエント」についても、さらにまた他の各所でしばしば言及されている女性についても、同じように当てはまる。知的ヘゲモニーにおいて劣位におかれている人たちは、自ら語ることがなかなかできにくく、他の人々――西欧の男性知識人たち――が代わって語るということになりがちである。「サバルタンは語ることができるか」という問題提起もこれと同様の意味をもつ[5]。それはその通りなのだが、こういうだけではあまりにも一般論に過ぎるとの印象を免れない。フランスの農民、女性、「オリエント」、「サバルタン」は、決して単純に同じ存在であるわけではない。それぞれの置かれた具体的な状況を個別に論じた上で、それらのあいだに意外な共通性があると指摘するなら有意味な議論となるだろうが、サイードはそうした作業を行なっているわけではなく、どちらかというと十把一絡げの把握に傾いている観を否めない。

その上、知的ヘゲモニーの優劣・強弱という問題は確かに見過ごせない重要性をもっているとはいえ、それをこのように断定的に書くのは、かえって格差の固定化に通じかねない。西洋人のみが東洋人を語りうるし、白人だからこそ有色人種を指示し命名することができるとか、そこには克服しがたい距離感があり、決して逆は成り立たないといった書き方（p. 228; 下、六八—六九頁）は、そうでしかあり得ないという運命論的な印象を引き起こしてしまう。オリエンタリストとは書く人間であり、オリエンタル（東洋人）とは書かれる人間である、後者の役割は受動性であり、前者の役割は観察したり研究したりすることだ、といった個所（p. 308; 下、二四四頁）も同様である。

かつて自ら語ることの困難だった人たちが、今では次第にそれぞれの自己主張を始めているのは周知の通りである。そういうことが可能なのは、知的ヘゲモニーの優劣・強弱関係が絶対的・固定的なものではなく、そこに揺らぎや変容の余地があるからこそではないだろうか。サイードはこの本の終わりの方でオリエンタリズムを超える新しい議論の登場に触れているが、それを可能にした条件についてはほとんど語られておらず、いわば突然変異的に登場したかのような書き方になっている。

《西欧＝見るもの、「東方」＝見られるもの》という図式――あるいはフェミニズム論の文脈でいえば、《男性＝見るもの、女性＝見られるもの》という図式――は、個人の意識を超えた社会構造に由来している。「見るもの」としての西欧なり男性なりが、「見られるもの」としての「東方」なり女性なりを常に見下しているとは限らず、高く評価したり、あるいは正当な認識を目指して努力することも個別例としてはあり得るが、その場合にも、それだけでは「見る」「見られる」関係が根本的に変わるわけではない。これを変えようとするなら、西欧や男性の論者に「ものの見方を変えよ」というだけでは済まず、「東方」なり女性なりの中から、「見る」主体――ただ単に「見る」だけでなく、相手を評価したり、その認識や評価を表出したり、定式化したりする行為を含む――が輩出することが必要とされる。これは長期的な過程であり、現在はまだサイードが問題を提起した時点から多少の変化があるにとどまるかもしれない。ただ、ともかくもある程度の前進があるとするなら、それは《見る者、見られる者》の関係が絶対に固定されたものではなく、流動性や揺らぎの余地を本来的にもっているからではないだろうか[6]。

なお、ジェンダー論との関係で一つの細部を取り上げておくなら、「アラブに対し、女教師的な、あからさまに反動的な態度」という表現を使った個所がある（p. 303; 下、二三四頁）。何の気なしに慣用句を使っただけかもしれないが、「女教師的（schoolmarmish）」という言い方は性差別的という批判を免れない。

6　おわりに

最後に、全体の文脈とは別に、私の注意を特に引きつけた文章を一つ引用しておきたい。

「故郷を甘美に思う者はまだ嘴の黄色い未熟者である。あらゆる場所を故郷と感じられる者は、すでにかなりの力をたくわえた者である。だが、全世界を異郷と思う者こそ、完璧な人間である」（アウエルバッハの引用する聖ヴィクトルのフーゴー）（p. 259; 下、一三八頁）。

別に「我が意を得たり」と思ったわけではない、と先ず断わっておこう。というのも、私はまさしく「全世界を異郷と思う」タイプの人間なのだが、だからといって、自分が「完璧な人間」だとうぬぼれる気には到底なれないからである。ただ、「異文化理解の重要性」という場合に、多くの人が主張しているのは、「故郷を甘美に思ってばかりいてはいけない。あらゆる場所を故郷と感じられるようになるべきだ」ということであるように思われ、それに違和感をもっていたので、この文章に目を引かれたのである。[7]

ロシア研究者としては情けないことだが、私はロシア人の心性とか文化とかいうものを――もちろん、さまざまな機会をとらえて観察したり、理解しようと努めてはいるのだが――心の底から理解できたという気持ちになかなかなれず、違和感にとらわれることがよくある。そういうときに、自分はロシア研究者として失格ではないかと思いつつ、居直り的に考えるのは、「ロシア人についてだけでなく、日本人の心性や文化だって分からないのだから」ということである。実際、私は日本人の中にいるとき、ロシア人の中にいるのと同様の疎外感と孤独を感じることがよくある。アメリカ人とつきあっていても同様である。男性である私は女性のことを理解するのが難しいが、それだけでなく、多くの男性のことも理解しがたい「他者」だと感じることがよくある。こうした「全世界を異郷と思う者」の存在は、通常、まるで問題にもされないので、ともかくもそういうタイプの人間もいるのだということに触れた文章を見て、ホッとするものを感じた。

異文化に接するとき、相手を何か劣ったものとみなし、それ故に馴染めないものと感じるのは差別的観念のあらわれだというのはよく指摘されるところである。だが、では異文化をもっとよく理解し、親近感をもつように努めさえすればよいのだろうか。そしてまた、自己の属するはずの文化に違和感をもつということはないのだろうか。

注

1　いま私の手許にあるのは、Edward W. Said, *Orientalism*, Penguin Books, Reprinted with a new preface, 2003および『オリエンタリズム』平凡社ライブラリー（上下二分冊）、一九九三年である。本章で『オリエンタリズム』に言及する場合、これらの版の該当頁を括弧に括って示す。訳文は邦訳書を参考にしたが、必ずしも常にしたがってはいない。

2　本文で言及した個所に関する検討は本章の第4節で行なう。また、人類学をめぐる議論に関しては、本書の第3章を参照。

3　「オリエンタリズム」の語を、当初の文脈から敢えて引き離して、より広く解釈するなら、何らかの対象を内在的に立ち入って理解しようとせず、自分がもともともっていたステレオタイプの枠に押し込めた理解で満足する心的態度という風にでも言い直すことができるだろう。このようなものとして「オリエンタリズム」を広義に解釈するなら、「西欧やロシアのアジア理解はみなオリエンタリズム的なものだ、そこにあるのは全て差別と蔑視ばかりだ」という公式を、個々の具体的事例に立ち入った内在的検討の作業を省いて振り回すのも、それ自体がオリエンタリズムの一種ということになる。一例を挙げるなら、カルパナ・サーヘニー『ロシアのオリエンタリズム』（柏書房、二〇〇〇年）には、そうした態度——いわば、裏返され、ロシア・ソ連に対して向けられたオリエンタリズム的視線——が濃厚である。なお、これと同じタイトルをもつデイヴィド・シンメルペンニンク・ファン＝デル＝オイエ『ロシアのオリエンタリズム——ロシアのアジア・イメージ、ピョートル大帝から亡命者まで』（成文社、二〇一三年）は、サーヘニー著よりもはるかにまともな研究書である。

4　邦訳書に付録として収録されている「オリエンタリズム再考」にも同様の個所がある。下、三〇三頁、三二四―三二六頁など。

5　G・C・スピヴァク『サバルタンは語ることができるか』みすず書房、一九九八年。この問題については本書の第3・4章でも論じる。

6 「見る者、見られる者」関係の問題について、本書第3章一三六－一三八頁も参照。

7 念のため、『オリエンタリズム』におけるこの言葉の文脈を確認しておく。サイードによれば、アウエルバッハにとって重要だったのは、自己の属す文化や文学とは異なった異民族の文化・文学の中に分け入っていこうとする人文主義的伝統だった。続く個所で、サイードは次のように論じている。人間は自分の文化的故郷を離れれば離れるほど、真のヴィジョンに必要な精神的超然性と寛容性とを同時に獲得し、その故郷と全世界とを一層容易に判断するようになるし、自分自身に対しても異文化に対しても、同様の親近感と距離感を組み合わせをもって、一層容易に判断を下すことができるようになる。「疎外感の必要性というアウエルバッハの考え方がなにがしかの有効性を保っている他の人文科学の学問分野」は、オリエンタリズム的イスラーム研究とは顕著に異なる（pp. 259-260; 下、一三八－一四〇頁）。

第3章　人類学・ポストコロニアリズム・構築主義

——杉島敬志編『人類学的実践の再構築』をめぐって

1　問題提起

人類学という分野——ここでは自然人類学はさておいて、文化人類学ないし社会人類学を念頭におく[1]——は、言語・エスニシティ・ネイション・ナショナリティといった一連の問題について考える上で、無視することのできない重要な位置を占めている。私は人類学について本格的に学んできたわけではないが、さまざまな機縁で民族問題の諸相について考える中で、この分野における研究蓄積を——近年における革新を含めて——どのように吸収したらよいのかという問いがずっと気になってきた。

本章では、この問題を考える手がかりとして『人類学的実践の再構築』という本を取り上げてみたい[2]。同書は人類学の領域において「ポストコロニアリズム」の衝撃をどのように受け止めるかという問題意識を共有する人々による論文集である。私自身は人類学そのものに不案内である上、ポストコロニアル理論なるものの流行に対してもやや距離をおいて眺めている人間だから、この論集の内容を内在的に理解し、論評する十分な資格があるわけではない。ただ、文化人類学／社会人類学というものには昔から興味を懐いてきたし、ポストコロニアル理論なるものをどのように受け止めたらよいのだろうかということも、それなりに気にはしてきた。外在的な論評に終わるおそれがあるにもかかわらず、敢えてこの論集を素材に自分なりの感想をつづってみようと思い立ったのは、そうした事情による。

私が人類学に関心を懐くのは、《「異文化」／「他者」を理解するとはどういうことなのか》という問題意識を共有するからである。歴史学は現在と異なる過去の時代を理解しようとする営みだし、外国研究は自分たちの住む国と異なる国を論じる。そして、比較体制論――この分野は「社会主義体制」という対象が過去の存在となることで、学問自体が過去のものとみなされるようになっているが、現在と過去のつながりという論点を意識する限りでは、今でも無意味とは言えないはずである――は、自分たちの住む体制（資本主義）とは異なる体制としての社会主義について考察しようとしてきた。具体的な対象や方法には大きな違いがあるにもかかわらず、ここまで抽象して考えれば、「異／他なるものの理解の試み」――それは翻って、「自己」「自文化」とは何かという反省を迫るものともなる――という点での共通性があることになる。

次に「ポストコロニアル理論」についていうと、私は民族・エスニシティ問題には昔から関心があったし、近年では、旧ソ連各地の民族問題を主要な研究課題としている。そして、そのような私自身の課題と、ポストコロニアル論議で触れられている事柄とのあいだには、いろいろな接点があるはずだが、その接点が具体的にどのようなものなのかと問うなら、とても一言では答えられそうにない。「ポストコロニアル」という言葉が流行語になってからかなり経つが、その中身がどういうものなのかを正確に理解すること自体、そう簡単なことではない。「帝国主義」「植民地主義」「民族差別・抑圧」などであれば、古くから多くの人によって論じられてきた。それらが一見過去のものとなったかに見える現代的状況の中で、実はなお共通する問題状況が持続していることの指摘が眼目のようだが、植民地が政治的に独立したからといって直ちに従属状態が変わるわけではないのは当然だから、この指摘はごく当たり前のことを言っているような気もする。一九六〇年代の植民地独立ブームの後、「新植民地主義」とか「従属」とかいう言葉が盛んに使われたのも、そうした事情と関係しているだろう。ひょっとしたら、古くから提起されていたものの、形を変えた「新装版」にすぎないのではないかという気がしないでもない。

ポストコロニアル理論の元祖と目されているフランツ・ファノンは、今から四〇年ほど前に大流行し（私自身、御多分に漏れず、その頃かなり熱心に読んで影響を受けたことがある）、それから忘れ去られ、近年リヴァイヴァルの兆候があるようである。サイードのオリエンタリズム論が大流行してから久しいのはいうまでもないが、これについても、その内実の丁寧な批判的検討は意外なほどなされていないのではないかという疑問がある（この問題については、本書の第2章参照）。一部の理論家に刺激を与えているらしいグラムシに至っては、もっとずっと昔から、いろいろな人によってそれぞれに受け止められ、咀嚼されてきたが、それがどうして最近こと改めて取り上げられているのかも、よく分からないところがある。「古臭い」から意味がないなどというつもりはないが、ともかく長い年月のあいだに流行の盛衰を経てきた議論を改めて取り上げるに際しては、どういう事情で流行から一時去り、どういう事情で再発見されようとしているのかをきちんと論じる必要があるだろう。ところが、そうした説明も管見の限りではあまりなされているようには見えない。もう一つ気になる点として、ポストコロニアル理論家を含む広義の「ポストモダニズム」の系列に属する人々の言説には、しばしばやや奇をてらった表現があり、実質的な意味を離れて、漠然とした雰囲気でもって読者を幻惑するところがあるような気がしてならない。[3] だからといって、ポストコロニアル理論そのものが無意味だと性急に決めつけるのではなく、その問題提起を受け止めつつ、それを皮相な流行にとどめず、じっくり考えることが必要ではないかと思う。

杉島敬志の編になるこの論集は、論文集の常として、必ずしも一貫した論理で組み立てられているわけではなく、体系性をつかむのが難しいところがある。先に触れたように、「他者」「異文化」を認識しようとする営みは歴史学・外国研究・比較体制論などに共通するところがあるが、この論集ではそうしたことはあまり意識されず、ひたすら人類学の内部での議論を進めているように見える。もっとも、「人が何ごとかを認識するとはどういうことなのか」という根本問題に関わって、哲学者の議論はときおり参照されている。哲学にまで立ち戻って認識論を鍛え直そうという態度自体は共感できるが、「専門分野としての人類学」と「専門分野としての哲学」が接合されただけでは、この二分野を専門としない読者には、取っつきが悪い印象を与える。あちこちで、「これは、話を広げると、いろんな方向につながる可能性があり、私自身の研究と結びつくかもしれない」と感じさせられるものの、そのような印象を与える一節にすぐ続く個所では狭い専門の議論に戻ったりしているため、読み進めながら著者たちと対話するということがなかなかできない。

こういった事情があるため、各論者の議論を十分内在的に理解することができないという限界があるのだが、ここでは敢えて自分の問題意識に引きつけて論じてみたい。このような論じ方が我田引水の危険をはらむことはよく承知している。だが、敢えて居直り的に弁明するなら、中途半端な「内在的」理解のポーズは、実は、往々にして相手の「他者性」の消去になってしまうのではないだろうか。それよりもむしろ、どこまで自分の側に引きつけられるかを検討することにより、どうしても引きつけられない「他者性」を明確にすることもできるのではないか。

この論集は私にとって専門外の分野に属する書物という意味で一つの「異文化」の実例ともいえるが、本章は、自分にとって「他」「異」であるものを、その「他者性」を消去することなく、「他」「異」のままにとどめながら論じようとする一つの試みである。

2 「他者」とは何か

――杉島敬志編『人類学的実践の再構築』をめぐって

他者を理解し、論じるのが難しいということは、どのような「他者」を相手にしても同じように成り立つ[4]。だが、人類学の場合、そうした一般論に尽きない特殊事情があるのかもしれない。現在はともかくかつての人類学は、西欧から見て「未開」とされる地域の社会・文化を観察対象としてきた。先に私は、歴史学も外国研究も他者を理解しようとする点では同じだと書いたが、「文明国」を対象とする歴史学や外国研究の場合、研究者が属する文化とは異なる文化を研究する作業であっても、それが「人類学」の一種とされることは従来なかった。「文明国」とは異質で、一段劣った文化が「未開」の地にはあるという了解が初期にはあっただろうし、その後、「劣った」「野蛮」というようなレッテルが使われなくなってからも、今度は、「文明国が失ってしまった自然の健全さ」のようなものがあると想定されたりして、いずれにしても、「文明国」とは異質の存在があるという想定のもとで、その地を観察する作業が人類学の課題をなしてきた。そしてまた、複雑な分業に基づく「近代文明」が発達していないので、法律・政治・経済などの分化した諸側面をそれぞれの側面ごとに固有の論理（ディシプリン）で分析する――「文明国」を相手にするときはこれが普通のやり方となる――のではなく、「フィールド・ワーク」ということをほとんど唯一の武器として対象に迫るということがなされてきたように見える。

ところが、時代の進展につれて、かつて「未開」とされてきた国・地域も近代化の波に洗われ、

「近代的」な法律・政治・経済などがそれらの地にも持ち込まれるようになった。その結果、アフリカであれ、アジアであれ、ラテンアメリカであれ、政治学とか経済学とかいった分野の研究対象でもあるという風になりつつある。もし、「近代西欧文明とは異質の文化」――「未開」「野蛮」などの言葉はもはや使わないにしても――ということを前提にするのが人類学だとすれば、もはやそのような対象は、少なくとも純粋形としては過去のものとなりつつあり、ひょっとしたら博物館に保存されるのみとなっているのかもしれない。とすると、人類学固有の対象はどこに残るのかという疑問が人類学者に生まれても不思議ではない。

もう一つの問題点として、人類学という学問自体が欧米帝国主義・植民地主義の共犯者だったのではないかという糾弾にさらされ、それをうけた倫理的反省の問題をかかえているという事情も、現代の人類学が「転機」意識をもつ大きな契機になっているのだろう。こういう風に見てくるなら、最近の人類学が種々の面で深刻な反省を迫られているという自己意識をもっていることはそれなりに理解できるように思われる。

まず、何を「自己」とし、何を「他者」とするのかという点から考えてみよう。おそらく、かつての人類学は、《近代西欧文明＝自己》、《アジア・アフリカなどの社会＝異文化＝他者》という確固たる図式を前提して、前者の側から後者を理解しようと努めてきたのだろう[5]。その理解がどのくらい浅いか深いか、またあからさまに差別的かそれともむしろ差別克服を目指しているかは、場合によってさまざまだとしても、ともかく先の図式に立って前者の側から後者の側に接近しようとする姿勢自体は共通していたと思われる（ついでながら、この図式において日本の人類学者がどちらの側に属すかは微妙な問題である)。とすれば、その図式自体を反省し、何が「自己」で何が「他者(異文化)」か——これはまた、誰が「見るもの」で誰が「見られるもの」かという問題と関係する——について考え直す作業は、人類学にとって一つの根本的な自己点検を要しただろう。たとえば稲賀繁美の次のような文章に、そうした感覚が窺えるように思われる。

「国際化時代における異文化理解の促進といったお題目の背後には、自国の文化を自明なものとし、それと異質なものを弁別する二分法が、厳然として存在する」(七九頁)。

ここで批判されているのは、「自文化は容易に理解可能、異文化は理解不能」といった図式である。その上、「自文化／異文化」の区分はしばしば国民国家レヴェルでなされ、「自国」＝自文化、「外国」＝異文化という等式が自明視されがちである。このような区分が固定化されるなら、いくら「異文化を理解しましょう」などと呼びかけられても、「自分たち」＝「自分の国家／国民」＝「互いに分かり合える間柄」という構図自体は不動の前提として温存されるし、「国民」という軸が特権化されることで、他の軸——ジェンダーや宗教——が見失われてしまう(日本にもムスリムはいるのに、ムスリム＝異文化とされてしまう)、こういった風なことが、先の引用に続いて指摘されている。このような指摘は、私にとっては比較的納得しやすい。実際、私がときおり人類学的な文章を読んで興味をそそられるのは、そうした文献を読むうちに、いつの間にか「自文化」と思っていたものの自明性が失われるといった経験をすることがあるからである。「他／

異」を認識するということがどういうことなのかについては後で立ち返るとして、とにかくそれが有意味なのは、その作業を通して、自/他の区別が揺らぎ、自明性が疑われるからこそ、認識が深まったと感じるのだろう。

「異文化」という言葉には、たとえ相手を理解しようという善意に発する場合でも、「文化」を固定的に捉え、自己/他者関係も固定した上で、一方から他方への理解を追求しようという姿勢が暗黙のうちにつきまといがちである。これに対し、自己/他者の境界であれ、「文化」という言葉で表現される集団的な行動様式の特徴であれ、もっと流動的に捉えるべきではないかという発想が、この論集の執筆者の多くに共有されているように見える。たとえば、関根康正論文は、「異文化理解」から「他者了解」へと説く。これは、上記の文脈の中で考えるなら、共感できる発想である。

ただ、私のように最初から「他者」理解の問題に関心をもち、その一例として人類学に素人的関心を懐いていた者にとっては、ただこういうだけでは、あまり問題解決を助けてくれないのではないかという不満も残る。確かに、「文化」というと、特定の社会に固有のものがあるかの印象があり、固定化されたイメージになりやすいから、それを「他者」と言い直すことにはそれなりの意味があるだろう。また「理解」に代えて「了解」――「自己変容を伴う他者の受け止め」と説明されている(三三五頁)――と表現するのも一応分かる。しかし、では、「他者了解」はどのようにして可能なのか、この根本問題は依然として残る。まして、「我が事として感応しようとする」などという表現にぶつかると(三四〇頁)、まさか神秘的な交感でもなかろうに、一体どういうことを指しているのだろうかと、不可解の印象が残る。いずれにせよ、問題は、「他／異なるものを理解する」とは実際問題としてどのようにして可能なのか、という点にたどりつく。

他者／異文化を深く、内面的に知るということは、認識対象とする人々の感覚を我がもののように理解することだとすると、仮にそのことに成功したとして、もう一つの難問が待ちかまえている。というのも、そこまで達したとき、「自己」の側で変容が起きて、いわば「自分」が「向こう側」に行ってしまったために、かつての「自分たち」から離れてしまい、もはや「自分たち」の仲間への伝達ができなくなってしまうのではないかという問題が起きてくる。稲賀繁美論文に紹介されているイスラーム神秘主義の譬えは、ひょっとしたらそうしたことと関係しているのかもしれない。

「蛾は炎の中で焼け死ななければ炎の「真実」を知ることはない。だが、真実を知った蛾には、もはやその「真実」を仲間に伝える術もない」（九三頁）。

では、どうしたら、「他者」を理解し、なおかつそれを「自文化」の仲間たちに了解可能な形で表現することができるのか——いくつかの角度から、この問題を考えてみたい。

3 「他者」理解の困難(1)——「本質主義」批判とその限界

伝統的な人類学——に限らず、「先進国」知識人による「他者」認識一般——を批判したり、自己反省したりする際の重要な論点として、相手を特定の鋳型に押し込め、「本質」を勝手に想定することの傲慢さの指摘がある。何ごとかについて、その「本質」が固定的・絶対的なものとして与えられているかのごとくに想定する発想は「本質主義」と呼ばれるが、そうした本質主義の批判が、この論集の各所で問題にされている。

「本質主義」批判という論点は、人類学に限らず、他のさまざまな分野でも一種の流行になっており、それに対置して「構築主義（構成主義）」というような考えがしばしば唱えられている。[6] と同時に、「構築主義（構成主義）」は、通俗的に広まっている「本質主義」的発想の批判という限りでは鋭利な武器となるが、より突っ込んで考えてみると種々の困難にぶつかるのではないかという疑問もまた、しばしば提出されている。[7] そうしたことを考えると、ただ単に本質主義をやっつけて構築主義に立つと宣言すれば、それでもってすべてが解決するというほど簡単な話ではないということになりそうである。実際、この論集の寄稿者たちのあいだでも、本質主義を批判するのは当然として、それと構築主義を対置して後者をとるという立場にもあまり与したくないという感じの発想がわりと強いように見える。そこまでは分かるのだが、ではどこに活路を求めるのかという点になると、あまりはっきりしない。

たとえば、杉島敬志による序論には、「本質主義と構築主義を対比させる議論からえられるものは少ないことが予想される。フェミニズムにおいても人類学においても、すでに多くの論者がさまざまな論拠に基づいて、それがかならずしものりこえがたいジレンマではないことを指摘しているからである」というような記述がある（一九頁）[8]。これは一応はうなずける指摘だが、疑問の余地も残る。「かならずしものりこえがたいジレンマではない」ということは、裏を返せば、「結構のりこえるのが難しいジレンマ」だということを意味する。とすれば、その乗り越え方について、「多くの論者」によって論証済みとあっさり片づけるのではなく、その内容を具体的に展開してほしいという気持ちを懐く。それ抜きにこのように断定するのは、むしろ難しい問題をごまかすものではないかという気さえしないでもない。

本質主義批判（実在論批判）のディレンマは、固定的・絶対的な「本質」「実在」の安易な想定を退けるのはよいとして、その後に何が来るのか、「本質」の退場の後に来るのは、ひょっとしたら果てしない相対主義ではないのかという疑問にある。このような疑問を杉島自身も意識しているが、その対応は、いわば門前払いの態度で退けようとするもののように見える。たとえば、次のような文章である。

「実在論の放棄が正しいことと正しくないことの区別をうしなわせ、相対主義的な混沌をもたらすという考えは虚妄である。多くの場合、この種の見解は、研究上の前提となる枠組みの選択を実在論的に正当化し、その無謬性を主張する態度に由来する」（一三頁）。

この引用文の第一センテンスは、「虚妄である」という強い断定で終わっているが、どうして虚妄なのかという理由は示されていない。実在論（＝本質主義）批判が相対主義になってはいけないのだという決意のようなものがあり、それを問答無用の形で表明しているように見える。気分としては分からないではない。だが、理由づけ抜きに「虚妄」だと断定するのは、かえって論理的な確信の欠如を露呈してはいないだろうか。続く第二センテンスは、「多くの場合」という限定句で始まる。確かに、このセンテンスでいわれていることは「多くの場合」正しいだろう。だが、「常に」そうだとはいえない（そのことを著者自身が意識するからこそ、この留保を付けたのだろう）。では、そうでない（少数の）場合、つまり「無謬性を主張する態度」からではなく疑問が提起されたなら、どう答えるのか。この点に杉島は立ち入っていない。これでは、議論がはぐらかされたような印象を受ける。

　これと似た論点に触れている大塚和夫の議論は、私にとってはより分かりやすい印象を受ける。大塚は、言葉を用いて世界を論じる学問は「言語論的転回」を踏まえないわけにはいかないと述べ、その趣旨を敷衍して、言語は現実＝実在と考察主体のあいだにおかれた「透明なガラス板」などではなく、色や歪みも伴った「曇りガラス」であることを承認し、媒体＝ガラスこそが検討されるべき対象だとする発想のことだと説明する。その上で大塚は、しかし同時に人類学は経験的実証科学でもある以上、できるだけ透明な概念によって世界を記述・分析していかなければならないとする。「おそらく他の経験主義的学問分野でも同様であろうが、人類学・民族誌学で用いられる言葉は、このように不透明さを自覚しつつ透明性を希求するという、パラドクシカルな性質をもたされる」というのである（六八─七二頁、傍点原文）。

この「おそらく他の経験主義的学問分野でも同様であろうが」という言葉に、私は賛成する（小さな言葉遣いの問題として、「経験主義的」でなく「経験的（empirical）」といった方がよいように思うが）。言語が「透明なガラス」でなく「曇りガラス」だというのは、およそどのような認識についても同様にいえることだろう[9]。と同時に、媒体＝ガラスだけを論じていればよいというのは、哲学・言語学・記号論・文芸批評などのようなジャンルだけであり、何らかの対象を経験的に捉えようとする学問はすべて、「曇りガラス」を通してではあっても「対象」に迫ろうと試みないわけにはいかない。しかし、問題はそれをどのように実現できるかにある。

4 「他者」理解の困難(2)──翻訳としての他者理解

異文化／他者が「分かる」という態度を安易にとることは、他者の独自性を軽視し、「自分には何でも分かっている」と思いこむ傲慢さにつながる。このことはよく指摘される通りである。だが、だからといって、「しょせん分からない」と言い切ってしまったのでは、理解へ向けての努力そのものを放棄することになるし、「あの人たちは訳の分からない連中なのだから、分かろうとしてもしようがない」といった差別的偏見を放置することにも通じる。つまり、他者が「分かる」というのも「分からない」というのも、ともに安易な態度でありうる。では、どう考えたらよいのか。

「自己」にとって「異」「他」なるものがそう簡単に分かるといえないという事情は、何もアジア・アフリカ・ラテンアメリカなどの諸国の人々を相手にしたときだけでなく、どのような「他者」についても同様のはずである。身近な人が悩んでいるとき、「君の苦しさはよく分かるよ」と言ったら、「あんたなんかに分かるはずがない。分かった風な顔をしないで」と反撥されるといった経験は、ごくありふれたものだろう。そして、「他者」理解が難しいと同時に、だから完全に不可能というのでもなく、何とかして理解しようと試み、その努力の果てに、「心が通じた」――少なくとも、以前よりはよりよく「分かった」という気になれる――と感じることがあるというのも、すべての場合に共通である。

他者認識は確かに難しくはあるが、完全に不可能ということでもない。それがともかくも可能だということは、純粋の論理で論証できることではなく、むしろ生の条件をなしている。というのも、至る所に「他者」がいて、彼らとの関係において生が成り立っているのであり、もしあらゆる他者認識が不可能なら、そもそも生きていくことができないからである[10]。

杉島の紹介によると、E・R・リーチは異文化理解を翻訳になぞらえたという。

「言語学者はわれわれにあらゆる翻訳が困難で、完全な翻訳などはたいてい不可能であることをしめした。しかし、その一方で、われわれは実用的な目的のためならば、オリジナルの「テキスト」がきわめて難解な場合でも、そこそこ満足できる翻訳が常に可能であることを知っている」(一九頁)。

翻訳の比喩はいろんなことを考えさせる。あらゆる翻訳に誤訳は付き物だと、よく言われる。誤解のない翻訳などあり得ず、むしろ「創造的誤解」こそが有意義なのだなどという言い方さえもある。だが、だからといって、「正しい」翻訳というものがおよそ一切不可能だとまで説く論者はいない。誤訳・誤解を伴いつつも、何とかして原文の意に近づこうとする営みが翻訳であり、それは「完全」ということはありえないにしても、「そこそこ満足できる」ところまでは到達できるというのが一般的な感覚だろう。そもそも「誤解」という言い方自体、どこかに「正解」の物差しが——それ自体を手に入れることはできないにしても、そこに近づこうとする目標として——あるという想定を前提しており、「正解」が絶対にあり得ないと考えるなら、「誤解」を云々することも無意味になってしまう。

では、どうして、そんなにも難しいこと——翻訳であれ他者理解であれ——が、にもかかわらず、大なり小なり不正確さを含みながらも、何とか可能になってしまうのか。ここに問題の核心がある。

おそらくこの問題にかかわって、浜本満は、あらゆる翻訳は比喩的な等置のプロセスだと指摘する。ある言葉(現地の)を別の言葉(われわれの)に等置し、ある対象を何かに見立て、ある現象を何かになぞらえる。その際、比喩とりわけ隠喩は、差異の存在を暗黙に前提した上で、その差異を無視して行なわれる同一性の主張である。恋人を白鳥に喩える青年は、その恋人には羽毛も水掻きもないという事実を無視し、あるいはわきまえた上で同一性を主張している（二〇七－二〇八頁）。違っているものを、違いをわきまえつつ、それでも「なぞらえられる」として把握する。そこでは、差異は無視されているというよりも、承知の上で敢えて不問に付すことのできるものと捉えられている。では、何が不問に付すことのできる差異であり、何がそうでないのか。あるいは、何か（未知のもの）を何か（既知のもの）に「なぞらえる」ことで理解するというとき、前者と後者は完全に同一ではあり得ないのに、それでも「なぞらえられる」――そのことによって、前者を「理解した」と思える――のはどうしてか。

他者理解を「翻訳」になぞらえるとして、翻訳には比較的容易な場合とそうでない場合とがある。アメリカにも日本にも地下鉄があり、どちらの国でも大多数の人はそれに乗った経験があるという前提条件の下で、subwayという単語を「地下鉄」という単語に置き換えるのはやさしい。というのも、それがどういう場面でどういう風にわれわれに立ち現われてくるかの理解が予め共有されているからである。だが、地下鉄というものを見たり、それに乗ったりしたことのない人に、subwayという単語を含む文章を説明するのはより難しい。まして、議会とか選挙とかいう政治制度を体験したことのない人たちにとって、それらにかかわる言葉を含む文章の翻訳は、単に「それに当たる言葉」を探すだけではすまない。そもそも「それに当たる言葉」がないし、それ以上に、そうした言葉を成り立たせるような経験も発想もない。このことは、明治期に大量の西欧起源の観念が流入したとき、それらをどのような日本語に移すかをめぐる苦闘が展開されたといった例に鮮明に示されている[11]。

浜本の出している例に戻ると、たとえば「時間を無駄使いする」という表現は、時間が消費したり節約したりできる何かであるかのように眺める観点、そしてさまざまな行為を時間と生産という観点で振り分ける独特の分類法を伴う生活の特殊な体制化と切り離してはあり得ない（二二〇—二二二頁）。ここで明らかになるのは、他者理解をしようとするときに、何か（被説明項）を何か（説明項）に当てはめるという作業以前に、その暗黙の前提となっている世界の構図の理解が必要だということである。そして、その作業は、翻って自分自身の世界についても、暗黙に前提しているために説明不要と思いこんでいるものがあるのではないかということを反省させるきっかけとなる。

人間は多くのことを暗黙のうちに前提し、それを自明の枠組みとして物事を考えている。そして、自分と比較的近い枠組みをもっている相手を理解しようとするときには、あまり大きな困難を感じずにすませているが、自分と遠い相手ほど、理解がますます困難になる。と同時に、そのような相手を理解する試みは、日頃いかに多くの事柄が暗黙裡に前提されているのかを明るみに出すことで、相手方の文化を理解するだけでなく、「自分の側」についても日常的な自明性を解体し、「自文化」とは何かを問いかけ、更には自／他の区別をも揺るがせるような新しい認識の契機となる。この点は、文化人類学における異文化観察であろうと、歴史学における過去の探求であろうと、外国研究であろうと、比較体制論であろうと、原則的にはみな共通している。どの場合にも、自己の物差しを自明のものとして、それで測れないものを「奇妙なもの」「まともでないもの」と片づけるような安易な理解を反省し、「我々のとは異なるが、ここにはこれなりの論理があるのだ」と理解することが、「我々の文化」を反省的に、より深く理解することの助けになる。

いま書いたことは、それ自体としては当たり前のような一般論だが、比較体制論については、やや独自な事情がある。ソ連解体以前の比較体制論（資本主義体制と社会主義体制を比較する）においては、一方の優位を弁証する護教論的な議論ももちろん多数あったが、それだけではなく、両者から距離をおいてそれぞれの特徴を摘出し、その比較の作業を通して、自己がその中に住み、日頃「自明」とみなしがちな体制の特徴について「必ずしも自明でない」という反省的認識に到達しようとするものもあった。ところが、ソ連圏解体を期に、「やはり両者を対等に見る必要はなかったのだ。我々の体制はまともなものであり、奴らがこれまでとってきた体制は異常で珍奇なものだったのだ」という感覚が一挙に広まった。それにはそれなりの根拠があり、無理からぬ面もあるのだが、ともかく自己がその中に住む文化を「当たり前」「暗黙の基準」とみなし、そこからはずれているものを「異常」「劣等」と見る視点は、文化人類学的な発想の後退ではないかという危惧を感じる[12]。

5　学問の倫理

──杉島敬志編『人類学的実践の再構築』をめぐって

「知」「認識行為」が権力関係を含み、一種の政治だということが指摘されるようになって久しい。人類学の場合、主たる研究手法たるフィールド・ワークそのものが「先進国」による植民地支配と密接に結びついていた以上、植民地主義との「共犯」関係が指摘されるのも、当然といえば当然である。たとえば、大塚和夫論文は次のように述べる。

「知と権力の密接な協働（共犯）関係が広く認められている今日では、認識行為そのものがすでに一つの政治的行為であるというべきだろう。ただしそれは……身近な日常世界の中で働く、それとは気づかれにくいミクロ・ポリティクスである場合が多いのだが」（七〇頁）。

これが一般論として正しい指摘だということは、誰もが否定しがたいところだろう。だが、問題はその先にある。「知と権力の共犯」はあらゆる認識の営みについていえるはずであり、そのことを徹底して考えると、「知」の営み自体を放棄しなければならないということにもなりかねない。では、一体どうしたらよいのか。

一つの代替戦略として、「被傷性の人類学」というものが松田素二論文で紹介されている。人の心を揺さぶらない人類学には価値を見いださないという立場に立ち、近代科学の特徴である実証主義と客観主義から敢えて遠ざかり、自分自身を語るような熱情をこめて他者を語り、他者の民族誌を語る距離感で自己を語るものだという(一二九—一三二頁)。「冷静な」実証主義・客観主義を批判し、「人の心を揺さぶる」かどうかに判断基準をおくという発想は、いまから数十年前の全共闘運動の中で提出されたアカデミズム批判を思い起こさせるところがある。その記憶をもつ者としては、分からないではないが、それを言い出したら果てしない泥沼ではないかという気もする。「被傷性」を前面に押し出すことは「人類学者がパンドラの箱をあけたようなものだ」という評価が紹介されているが、まさしくそうだろう。

これとは別に、もう一つの行き方として、過去の人類学の古典的テキストを取り上げて、そこに植民地主義の構造がどのように反映しているかを読み解くという作業も盛んに行なわれているようだ。これは、過去の学者に対する批判――あるいは、人類学に例をとった社会思想史研究――としては有意味な作業だろう。だが、現に異文化に接近しようとしている人類学者にとっては、これだけでは積極的な指針にはならない。それどころか、「昔の学者はこうした問題に無自覚だった。それにひきかえ、自分はその点を自覚しているから、より進歩的だ」という安直な自己満足を生み出すかもしれない。大塚が「フィールドワークという手法が植民地主義支配の枠内で可能となってきたものであることを重々承知しつつ、それでもその手法を人類学の守るべき伝統のひとつであると考えるのなら」と語る(七一頁)とき、そこにあるのは、こうした問題なのではないだろうか。

おそらく、関根康正論文で次のようにして指摘されているのも、これと同様のことだろう。

「西欧近代が覇権を握ってきた世界システムの中では、今だから言えるのだが、人類学の実践が深くオリエンタリズム的構造の中に浸りこんできたことは、いわば避け難いことであったように思われる。しかし、ただ浸りこんでいただけではなく、その中にあっても西欧の人類学自身は内発的な西欧近代の自己批判を積み重ねてきたことも確かな事実である」(三二三頁)。

これに続く個所では、民族誌は「文化的フィクション（「虚偽」という意味ではなく、「創られたもの」の意）だ」とし、民族誌は制度的・歴史的制約のもとで「部分的真実」を明らかにすることしかできないというクリフォードらの指摘が紹介されている。そして関根はそれを一応受け止めつつ、ある疑問を呈示する。というのも、「部分的真実」しか書けないという指摘は、「全体の真実」を僭称する議論への批判としては有効だが、それだけでは、糾弾すべき相手の言説もそれに抗する自分の言説も同じように相対化されてしまい、闘う基盤を定めることができなくなってしまうからである。むしろ、「良くない」暴力的なオリエンタリズム的「部分的真実」と、それに抗して構築されるべき「より良い」「部分的真実」を区別する必要がある、というのが関根の考えのようである(三二五—三二六頁)。

あらゆる認識は限界をもち、「部分的」でしかあり得ないというのはその通りだろう。また、認識の「部分性」の指摘だけではどのような認識も等価になってしまい、「闘う基盤」がなくなってしまうから、なんとかして「良くない」部分性と「より良い」部分性の区別を見いださねばならないという発想も分かる。だが、問題はどうやってその区別を見つけだすかである。この点に関し関根は、次のように書く。

「人類学の中心的方法としてのフィールドワークは、その重要性を減じていない。……現実という「ある世界」の具体相に学ぶ現場主義は、人類学のみならず、社会科学の基本的方法であり続ける。……民族誌はその客観性、科学性が疑われてフィクションの側に引き寄せられたとしてもすべてが恣意的な主観性の中で相対化されるわけではない。「セルフ」〔フィールドワークを行ない、記述を行なう人類学者の「自己」〕の問題意識が探り当てる「事実」という他者性によって突き動かされて書かれている点が見過ごしてはならないポイントである。いつでもどこでも成り立つと主張する客観的実証性は疑ってかかった方がよいが、個別の問題意識と対になった妥当性としての実証性は確かに存在すると考える」(三二七―三二八頁、傍点塩川)。

若干の疑問がないではないが、結論自体には共鳴できるものがある。ただ、最大の問題は、「「事実」という他者性」をどうやって確定するのかという点にある。その点がここでは十分明らかにされてはいない。これはどこまでも難問として残るように思われる。

6　他者の「代表」「代行」可能性

――杉島敬志編『人類学的実践の再構築』をめぐって

これまではやや抽象的に学問の倫理について論じてきたが、もう少し具体的に考えようとするなら、特に問題となるのは、「良心的」であろうとする学者が「第三世界」の人々の代弁者のような顔をして発言するときに、それはどこまで正当化されるのかという点だろう。

かつての「素朴な」人類学者は「文明vs未開」という図式を何の疑問もなく受け入れていたのかもしれないが、今日の人類学者たちは「植民地主義的偏見」を批判されるおそれを最初から意識しており、「ポストコロニアル理論」で武装していたりする。だが、そういう意識さえもっていればそれでもって免罪されるのか、という疑問から自由になるのは簡単ではない。たとえば、本橋哲也は「ポストコロニアル著作家と呼ばれる人々の多くが、英米の研究機関に所属し、「イギリス語」によって教育や出版活動を行うことで世界中に聴衆と読者を獲得する」としたら、「講壇ポストコロニアリスト」は「安全」な位置に身をおくものの偽善でしかないのではないか、という疑問を提起している（三五六―三五七頁）。

大杉高司論文にも次のような指摘がある。抑圧されてきた他者の文化実践や言説を「主体的抵抗」とか「戦略」と名づけるのは、その位置を評価し、高める行為だが、にもかかわらず、それを名づけているのは研究者であるという「ねじくれた関係」がある。そして米国の学者たちがさまざまな種類のサバルタンとの連帯を競って表明するのは「「サバルタン」の神聖化」になっているという（二七四−二七五頁）。つまり、連帯の表明が、サバルタン（被従属者）への無媒介な自己同一化へと容易に横滑りしてしまうということだろう[13]。

こうしたディレンマを考えると、異なる文化のあいだに生きる人——異文化の研究に出かける人類学者であれ、たまたま外国に住むことになった人であれ、通訳・翻訳などに携わる人であれ——は、コウモリのような境遇に陥りがちだということになる。もっとも、そのことを「ディアスポラ」という言葉を使って美化する風潮もあるらしいが、これについては次のような疑問（稲賀繁美の引用するチョウの指摘）がある。

「だがディアスポラとは定義からして、すべての体制から排除され、安住の土地など存在しない境遇のことではなかったか。たとえそれが北米の大学アカデミズムといった人工空間であれ、ディアスポラの共和国といったものが出現した瞬間、そこの住人たちは、もはやディアスポラたる境涯を生きてはいまい」（九〇頁）。

稲賀繁美論文は、「誰がどの文化を表象・代行し、その代表たる権利をもちうるのか」という問題を提起し、「しょせん「西洋人」には「日本」は理解できない」、「「男性」に「女性」が分かるはずはない」、「ムスリムにとってのみ正しくイスラームは理解できる」といった発言がしばしばなされることを指摘している（七八頁）。ここで「西洋人」「男性」の側は、あるディレンマにさらされる。というのも、こういう発言を突きつけられると、現に「ムスリム」でも「女性」でもない人は——特に、「良心的」であろうとするほど——たじろいでしまうからである。だが、こうやって相手をたじろがせてしまうような発言は、党派的なレッテル貼りになりかねない[14]。それにまた、「他人の痛みを理解できないことは非難されうるが、安易に他人の痛みを理解できる、などと言い張るのはかえって傲慢だろう」という問題もある（七八頁）。では、どうしたらよいのか。

ここで使われている「表象（representation）」という言葉は特殊な専門用語で、一般人には分かりにくいが、同じrepresentationを「代表」と訳すなら、代表制（間接）民主主義と直接民主主義の比較といったような文脈で使われる言葉であり、ずっと分かりやすい。誰かが誰かを「代表する」という場合、「代表される」はずの人々の意思や利益がどこまで適切に「代表」されるかといえば、百パーセントの適切さなどあり得ず、大なり小なり「歪曲」の要素が含まれることは当然である（だからといって、「代表制民主主義」をやめて、もっとすぐれた政治制度をつくれるかといえば、これは別問題である）。

あるいは「代弁」と言い換えるなら、もっとどぎつくなる。「代弁者」というものは、往々にして胡散臭い存在である。弱者を代弁すると称する悪徳弁護士とか無責任なジャーナリストが当の本人を食い物にするなどといった話は、ごくありふれたものである（ここでも、そうした「悪しき代弁者」を排除して、「真の代弁者」を探し出すか、あるいは「弱者」本人が自己の意思と利益を直接主張し、実現するというようなことがどうやって実現できるだろうかと問うなら、なかなかの難問であり、「エセ代弁者」を排除すれば済むというほど単純な問題ではない)。

革命運動にかかわる古典的な用語でいうと、「代行主義」という言葉がある。古くから、レーニン的「前衛」論を批判する際に、「代行主義」――プロレタリア大衆の代わりに、「前衛」を自認する少数の知識人革命家が指導権を握る――という言葉を使い、それに対置して、トロツキーなりローザ・ルクセンブルクなりグラムシなりに依拠するといったタイプの議論は繰り返し提出されてきた。しかし、レーニン的前衛党主義を「代行主義」と批判する人もまた、多くの場合、自分自身が知識人であって、結局のところ「もう一つの代行主義」に陥ってしまうというのが、これまでの種々の左翼思想史の示すところだった。左翼知識人が「プロレタリアート」をどのように代表・代弁・代行するかという問題と、「西洋人」の学者が「第三世界」の人々をどのように代表・代弁・代行するかという問題とは、このようにみれば並行関係があることが分かる。どちらの場合についても、既存の代弁者の胡散臭さを暴くのはやさしい。だが、ではどうすればそれを乗り越えられるのかとなると、決定打はなかなか見いだせない。

これと重なる論点を出しているのは、この論集でも引き合いに出されている太田好信の別論文である。その論文で太田は、「異文化を語る権利」について次のように語っている。

「異文化を語る権利は、いったい誰のものなのか。……そもそも他者を語ることは、誰にもできないはずであるから、結局は、その社会内部の人間にも権利はないわけだ。(自らの家族を代弁することすら、大きな問題をはらむことが想像される。)」15。

太田のこの文章を引いた杉島は、「だが、われわれは頻繁に他人について語っている。それは誰にもできないどころか、誰もがおこなっているといっても過言ではない」と反論する(三七頁)。

この応答は難しい論点に触れており、単純に介入することができないが、敢えて的外れになるおそれを承知の上で、私なりの感想をいうと、「誰にも権利がない」という太田の議論は、論理的には徹底性をもっている。確かに、自分の家族のように身近な存在についてさえ代弁には怪しげなところがある。まして、ある民族の人について同じ民族に属する別の人とか、ある女性について他の女性とかが、どこまで代弁の資格があるかと問えば、どの場合も完全な資格を主張することはできないだろう。と同時に、ここまで徹底して考えると、要するに誰も語れないということになり、現実的には無意味なものになってしまう。杉島の反論はその点を衝いているかのようだが、では誰がどのように語ればよいのかということを具体的に明らかにしておらず、十分な説明になっていないように感じる。

いろいろな例を挙げてきたが、これら一連の問題の根底にあるのは、《「先進国」の知識人=見る者、「未開」の地の人々=見られる者》という図式の動かしがたさである。《男性=見る者、女性=見られる者》としても同様であり、「サバルタンは語ることができるか」という議論もこれと関係するだろう(この論点について、本書の第2章および4章も参照)。このような図式が不動であるなら、「先進国」の知識人は――あるいはまた男性は――いくら「良心的」であろうとしても、所詮は、高みから見下ろす形で恩恵的な態度をとるに過ぎないのではないかとの批判にさらされる。この批判は、当たっているといえば当たっている。だが、ではどうすればよいのかといえば、少なくとも個々人のレヴェルでは解決はあり得ない。「先進国」vs「発展途上国」とか、「男性」vs「女性」といった力関係が構造的に変革されない限り、その中における個々人は、その図式から完全に抜け出すことはあり得ないからである。

しかし、こういう風にだけ言い切ってしまうと、力関係を根本的に変える以外に手がないということになり、これは学問の問題というよりも政治闘争の問題になってしまう。革命が来ない限り改良は無意味だという古典左翼の議論を思い出させられる。また、「構造」を固定的に考えると、かえって個人の選択の問題が抜け落ちてしまいかねない。「構造」というものは、一挙に打ち倒したり、転覆したりすることはできず、執拗な拘束力を発揮するものだが、と同時に、常に微妙な揺らぎにさらされているものでもある。個々人が個々の行為でなしうることは、むしろそうした揺らぎへの着目ではないだろうか。

「見られるもの」の側に位置づけられてきた人たちにしたところで、実際には、相手を「見る」ことをしていないわけではない。たとえば、「未開」の地の人々が「先進国」からやってきた文化人類学者を観察して、いろいろと思いをめぐらすこともあるだろう。女性が男性を観察し、内心あれこれと評価する——そして驚くほど鋭い評価を下す——というのは、珍しくも何ともない、ごくありふれた現象である。つまり、「見られる」側とされる人たちも、実は主体性をもって相手を「見て」いるのである。ただ、社会的に劣位におかれた人は、自らの観察を表現するのに適切な概念を持ち合わせていないことが多い。概念やそれらの配置自体が、社会的に優位な人々によって構成されているからである。また、社会的劣者の観察は、たとえ語られたとしても、あまり注意をもって聞き届けられることがない。そうした意味で非対称性は確かに否定しがたいが、ただ、これも絶対的な差異ということではない[16]。

7 対抗戦略とその限界

本章では、これまで主として「先進国」の側に属する学者たちが、たとえ良心的であろうとしても「支配」の構造にはまりこんでしまうのではないかということにかかわる論点を取り上げてきたが、次に、目を転じて、「第三世界」の人々——あるいは、それとアナロジーされうる種々の「被抑圧者」たち（たとえばフェミニズムの議論で論じられる女性）——が、どのようにしてその構造に対峙するのかという問題を考えてみたい。

北米の知識人がこの種の問題にぶつかって模索している分には、その模索のあり方について種々の議論があるにしても、まだしも深刻さが軽いかもしれない。これに対し、在日コリアンが「学者集団やマスコミ共同体から、かれらが自分たちの政治的な正しさを保証するがためのアリバイとなる原稿を依頼され」、その声が「出版媒体や学問市場の健全さを見せびらかすための消費財へと還元され」るというような状況の指摘（九六頁）は、ドキッとさせられるものがある。あるいは、「ポストコロニアル言説は、旧植民地の第三世界を出奔し、欧米のアカデミアで地位を獲得したポストコロニアル知識人「主体」が、自己自身に関するイメージをなぞるようにして世界を構成して見せたものにすぎない」というような指摘もある（二七九頁）。こうした状況についてどのように考えるべきかは難問である。

抑圧とか支配とか差別といった構造があるとき、それにどのような対抗戦略を対置するかというのは、多くの人に共通する問題意識である。一つの考え方としては、これまでおとしめられていた文化の復権という道がある。だが、これは、それ自体がもう一つの抑圧を生みかねないという問題がある。どのような文化であれ、ある人がある文化に属するという見方をした途端に、その人をその文化に縛りつけてしまうからである。

この点に関わって、松田素二論文は、「文化というコンセプトには、人間を一括りに分節し均質化する、抑圧的な力が秘められていたのである」と指摘する（一二五頁）。このことを踏まえ、松田は多文化主義の「まやかし」を次のように批判する。一つは、その前提として文化の境界が画定され固定されることである。ある民族の文化を保護したり政治的自治を与える政策をとる場合、「権利を付与する対象が、流動していたり境界があいまいだったりすることがないように、保護し救済する対象が確定される」が、そのこと自体が固定化によって新しい問題を生むのである。またもう一つは、「差異の尊重」という場合、「一段上位に立って、諸差異をコントロールしジャッジする力を行使する存在が付随している」（一二六頁）という問題もある[17]。

この論点は、「反本質主義」に対する疑問につながる（認識における「反本質主義」の問題については前述したが、ここでは倫理あるいは政治的立場に関わる「反本質主義」が問題になる）。「反本質主義」は何らかの集団をひとくくりにする発想を批判するが、その立場を貫くと、種々の被抑圧者集団も一体の存在ではないのだから、そこでの連帯を生み出すことが難しくなる。その点に注目して、「反本質主義」はポストモダニストによる非政治的な言葉遊びに過ぎないと批判し、むしろ本質主義に回帰しようとする傾向も一部にあるらしい。松田はこれを、「周縁化された人々が防御的な集合的アイデンティティを築き上げる現象」、「アイデンティティ・ポリティクスI」などと表現している（一三七―一四〇頁）。これはおそらく小田亮のいう「戦略的本質主義」につながるだろう。

小田亮論文によれば、被抑圧者の対抗的アイデンティティの形成をどう評価するかをめぐり、ポストコロニアル理論は大きく二つに分かれる。一つは「戦略的本質主義」で、この立場によれば、周縁部の抑圧されてきた弱者が単一のアイデンティティによって抑圧者に対抗するためのアイデンティティの政治学は、従属者たちを抑圧してきたオリエンタリズムとは違い、非難すべきものではなく、むしろ抵抗のための戦略に必要な一段階として評価される。もう一つは「クレオール主義」で、これは単一のアイデンティティはたとえ対抗的なものであっても抑圧的にしか機能しないと批判し、それに代えて文化的な多様性ないし異種混淆性を擁護する立場である。小田によれば、前者の「戦略的本質主義」は、たとえ一時的なものと留保されていても、集団内の異質性や多様性の抑圧を招いてしまうという問題がある。他方、後者のクレオール主義は、現にある支配−被支配関係を隠蔽して美化してしまう危険があり、カリブの知識人にとって批判対象だったはずのコスモポリタニズムないし普遍的市民主義に似てしまうという（三〇一−三〇三頁）。

このような隘路の指摘において小田の議論は鋭い。だが、そこからの活路として、「クレオール主義と戦略的本質主義とのあいだの二者択一のディレンマは、近代性のゲームを拒否するのではなく、そのルールに違反しながら参加することによって、ディレンマではなくなる」（三〇七頁）というのは、どういうことをいおうとしているのか、よく分からない。「ツリー」（樹状非交叉図式、ハイアラーキー的統合、単配列的分類）と「セミ・ラティス」（網状交叉図式、多配列的分類）を対比して、後者を「もっとも有効な抵抗の戦術」とする議論（三一三−三一四頁）も、興味を引かれはするものの、その具体性、またどこまでの有効性をもつのか――「もっとも有効」とまで言い切ってよいのか――については疑問が残る。

この問題は、アイデンティティ・ポリティクスという点で、フェミニズムの議論と重なるところがある。実際、松田素二論文は一連のフェミニストの議論によりながら、「トランスフォーマティヴな戦略」の意義を説いている。そこで紹介されているフェミニストのフレーザーは、マイノリティ集団の固定化とアイデンティティの強化ではなく、「マイノリティを取り巻く文化規範自体の構造を変形させ、それに張り付けられた固定的なアイデンティティを揺さぶる戦略」を説いており、それは「既存の差異を動揺させ、将来の新たな形式の再集団化を可能にする」のだという（一四二−一四三頁）。

確かに、既存の枠組みを前提しつつこれまで劣者だった集団を保護したり再分配を図ったりするという戦略（多文化主義やアファーマティヴ・アクションがこれに該当する）に比べると、枠組み自体を変形させていこうとする戦略は、よりラディカルなものといえるだろう。だが、既存の差異の動揺はいいとして、「将来の新たな形式の再集団化」とは、具体的にどのようなものを追求しようとするのだろうか、それが新たな抑圧に導かない保証はどこにあるのか、という疑問がどうしてもつきまとう。しかも、ここで紹介されているフレーザーは「既存の再分配システムの構造を根源的に見直すトランスフォーマティヴな戦略」として「社会主義的な生産関係の樹立」を唱えるというのだが、「選択肢としての社会主義の内実に関する突っ込んだ検討はなされていない」というのでは、落胆させられる。一体どうして、それが「構築主義のジレンマをめぐる議論を一歩進めたことは間違いない」といえるのか。暫定的なアイデンティティが生成されたり放棄されたりするとか、固定化され構造化される刹那に解体され、流動し始めるものだという説明はそれなりに受け入れられるが、そのように流動的なものがどうして「連帯」の基盤になるのかは、依然として不明である。

とりとめなく、いくつかの感想を書き連ねてきた。私は本章の各所で、論者の提出する問題には共感するが、回答には疑問があるといった風な書き方をしてきた。ことが難問であるだけに、安易な解決がないのは自明であり、どこまでも探求を続けるほかかない。たとえ納得できる回答が呈示されていなくても、考えるべき難問を多数提出しているというだけで、この論集には十分な意義があるといえるだろう。

注

1 教科書的な説明にしたがうなら、「文化人類学」はアメリカ式、「社会人類学」はイギリス式の言い方だが、実質は同じことであり、ヨーロッパ大陸で「民族学」(ethnographyないしethnologyに当たる表現が取られる)と呼ばれるものとほぼ等しいとされる(その他に、「民俗学」という分野もあるが、これは日本特有の発想に基づくもので、ヨーロッパの「民族学」とある程度似たところがあるにしても同一視できないとされる)。もっとも、実際には、必ずしもあらゆる場合にこのような整理が当てはまるとは限らず、具体的な相互関係はさまざまな多様性を示しているが、本書でそこまで立ち入ることはできない。とりあえず本章では、文化人類学・社会人類学・民族学が大まかにはほぼ同様の分野を指すという理解に基づいて、それらを包括する言葉として「人類学」の語を使っておく。これは杉島編著における説明(三五頁、序論の注2)とも一致している。

2 杉島敬志編『人類学的実践の再構築――ポストコロニアル転回以後』世界思想社、二〇〇一年。

3 この問題について、金森修『サイエンス・ウォーズ』についての読書ノートやソーカル、ブリクモン『知の欺瞞』の読書ノートである程度考えてみた(いずれも私のホームページに収録。http://www7b.biglobe.ne.jp/~shiokawa/)。また、テリー・イーグルトン『ポストモダニズムの幻想』大月書店、一九九八年も参照。

4 数土直紀『理解できない他者と理解されない自己』勁草書房、二〇〇一年、および同書への私の読書ノート(前注と同じホームページに収録)参照。

5 もっとも、近年では、かつて観察対象だった地域から欧米に留学し、学問研究の主体になるような人も増えているはずである。彼らが「欧米社会を観察対象とする人類学」をつくりだしているのかどうかについて、私はよく知らないが、少なくとも原則的にはそうしたものがあっておかしくない。ここには、「自己」と「他者」の関係の反転という非常に興味深い理論問題が関連するように思われる。

6 たとえば上野千鶴子編『構築主義とは何か』勁草書房、二〇〇一年参照。

7 この点については、金森修『サイエンス・ウォーズ』についての読書ノート（前注3）で、ある程度考えてみた。

8 杉島はまた、別の個所で、「本質主義と構築主義のあいだに根本的な対立はないのであり」とも書いている（二三九頁）。

9 もっとも、このような「ガラス」の比喩による説明自体、透明なガラスとか曇りガラスとかはどういうものなのかについての共通了解が確固としてあることを前提したものだという点で、認識論を哲学的に深めようとする見地からは批判を免れないのかもしれない。大塚自身の注13（七三頁）参照。10 他者を理解することは不可能だし、そもそも必要ない、「理解しないままでの共生」がありうるのだ、という考えを数土の前掲書は提出している。興味深い議論であり、安易な「他者理解」論よりは深いものをもっているように感じる。ただ、そこでいう「理解しないままでの共生」とは本当に一切の理解を必要としないのか、むしろある種の暗黙の前提の理解を背後に隠しもっているのではないかという疑問も否定しがたい。同書についての読書ノート参照。

11 柳父章『翻訳語成立事情』岩波新書、一九八二年参照。

12 塩川伸明『現存した社会主義――リヴァイアサンの素顔』勁草書房、一九九九年、三八－四八頁で社会主義体制研究にとっての文化人類学的発想の意義について論じ、特に最近の状況でそれが危機にさらされているのではないかと書いたのは、本文に書いたような事情と関係している。その後の試論として、塩川「《成熟＝停滞》期のソ連社会――政治人類学的考察の試み」東京外国語大学『スラヴ文化研究』第九号（二〇一〇年度、二〇一一年三月刊行）も参照。また、渡辺日日「移行期社会の解釈から諸概念の再構成へ――ユーラシア社会人類学の観察」『ロシア史研究』第七〇号（二〇〇二年）は、「移行」の到達点として「資本主義・民主主義」を安易に想定することへの批判、「思惟の冷戦構造」が再生産される危険性の指摘など、興味深い論点を含んでいる。

13 本文に書いたのは、「先進国」の研究者が「第三世界」に共感する場合にはらまれるディレンマだが、それとは別に、「第三世界」の中に、少なくとも外見上「人権抑圧的」とみなされるような現象があって、それを批判したくなる場合に、どのような態度をとればよいのか――「先進国」側にそれを批判する資格があるのか、あるいは安易な介入を抑制すべきなのか――といった問題についても、同様のディレンマがある。たとえば、一部のアフリカおよびアラブ地域における女性性器切除の慣習をめぐって、岡真理「「同じ女」であるとは何を意味するのか――フェミニズムの脱構築に向けて」および大塚和夫「女子割礼および／または女性性器切除（FGM）――一人類学者の所感」（ともに、江原由美子編『性・暴力・ネーション』勁草書房、一九九八年所収）参照。なお、塩川「集団的抑圧と個人」江原由美子編『フェミニズムとリベラリズム』勁草書房、二〇〇一年、所収は直接この問題に取り組んだわけではないが、この議論に触発され、関連するテーマについて考えた個所を含む。

14 同じ稲賀論文は、後の方で次のように指摘している。「人類学者による他文化への介入をおしなべて一方的に犯罪視する立場がある……。権力を握った多数派による少数民族研究を、制度的犯罪として告発する行為に職業倫理的義務を見いだし、そうした事例の摘発・糾弾によってひたすら自らの正義を言い募る論者の勧善懲悪の姿勢そのものには、批判者自らの自己中心的な倫理観（とそれの他者への押し付け）が露呈している」（八六頁）。ここには、「摘発・糾弾」型の発言が陥りがちな問題点が指摘されている。

15 太田好信「ポストコロニアル批判を越えるために――翻訳・ポジション・民族誌的知識」『岩波講座文化人類学』第一二巻（思想化される周辺世界）、岩波書店、一九九六年、二九八頁。

16 「先進国」の男性知識人にしたところで、既成のアカデミズムの作法に則ることなくラディカルに新しいことを表現しようと思うなら、適切な概念がないとか、なんとかして語っても、保守的な無視にあってなかなか真意を聞き届かせることができないといった事情は存在する。そうしたことを考えると、「先進国」か「従属地域」か、「男性」か「女性」かといった二分法だけで全てが割り切れるわけではないということになる。

17 ついでながら、この指摘はソ連の民族政策についても同様に当てはまる。ソヴェト政権は単純に諸民族を抑圧したのではなく、むしろ今風にいえば「多文化主義」に近い発想で民族文化を保護したり自治地域を与えたりしたのだが、まさにそのために、民族境界画定と民族の創出が必要となり、それが固定的な枠と化した。また、そうした政策を実施するためには、諸民族の「一段上位に」立つ存在として、中央権力が恩恵付与者として振る舞うことが必要とされた。このようにみるなら、ソヴェト政権の民族政策の問題点は、多文化主義やアファーマティヴ・アクションがかかえるディレンマと通じるものがあることが分かる。「アファーマティヴ・アクション」との類似性については、本書第6章を参照。

第４章　社会学的ナショナリズム論の冒険

――大澤真幸『ナショナリズムの由来』をめぐって

1　はじめに――理論社会学とナショナリズム論

ナショナリズムという主題は、政治学・歴史学・人類学・心理学等々、さまざまな学問分野で論じられているが、社会学という分野におけるナショナリズム論は、それらの中でどういう位置を占めているだろうか。一口に社会学といっても、壮大な社会理論を構築するタイプのものもあれば、具体的事例に即した実証的社会調査に力点をおくものもある。ナショナリズムという現象の多彩さを思うなら、後者がナショナリズム論にとって重要な位置を占めるのは当然のことであり、改めて確認するまでもない。社会学以外の分野でナショナリズムについて論じる人たちも、このような意味での実証的社会学の成果を参照することが少なくない。では、前者、つまり理論社会学の方はどうだろうか。

どんな学問分野にせよ、抽象理論に力点をおく学派や業績もあれば、個別具体的実証に力点をおくものもある。それ自体は分野を問わない一般論だが、法学・経済学・政治学等の場合、そのディシプリンの特性上、その研究対象は社会のある特定の側面という限定をもっており、抽象理論もその限定を前提している。これに対し、社会学の場合、社会のある特定の側面ではなく《全体社会》を扱うため、抽象的な社会学理論は、言ってみればありとあらゆる社会現象を取り込まねばならないということになる。これは途方もない課題ではないか、果たしてそんな大事業が本当に実現できるのだろうかという疑問も湧いてくる。

こう書いたからといって、理論社会学の意義を否定しようというのではない。私は若い時期に社会学にかなり惹かれたことがあり、理論に力点をおいた社会学者たちの著作も我流にかじったりして、それなりに強い知的刺激を受けた。その後、どちらかというと歴史の方に関心が移り、歴史学と触れあうものをもつ実証的社会学は視野に入れ続けたものの、理論社会学からはいつの間にか遠ざかってしまった。それでも、折りにふれて、理論的な社会学の作品からなにがしかの刺激を得ることがなくなったわけではない。問題は、抽象化という作業の当該テーマへの適合性の度合いにあるのかもしれない。社会現象の中には、相対的に斉一性の高いものもあれば、個別特異性の大きいものもある。前者を抽象理論で扱うのは比較的容易だが、後者はそうはいかない。そして、ナショナリズムというテーマは、他の社会現象に比べて、具体性・個別性が際だって顕著な現象であるように思われる。だとすれば、こういう対象を抽象的な一般理論の中に位置づけるのは、不可能とはいわないまでも、相当な難事業ということになるのではないだろうか。

こういうことを考えたのは、ナショナリズムおよびそれと関連するさまざまなテーマについて、実証的社会調査や歴史社会学の分野ではなく、[1]一般社会学理論という観点から論じた大著『ナショナリズムの由来』を、複雑な感慨をいだきながら読んだことを機縁としている。[2]この書物の著者である大澤真幸は、ある時期、ナショナリズム論に集中的に取り組む社会学者の代表ともいうべきという位置を占めていた。『世界民族問題事典』(平凡社、一九九五年)で「ナショナリズム」という長大な項目を担当しているのも彼であるし、『ナショナリズム論の名著50』(平凡社、二〇〇二年)という編著もある。後者は多数のナショナリズム論について簡潔な解説を集めた便利な本であり、私も多くの恩恵をこうむった。それ以外にも、大澤はいくつかの機会にナショナリズムを論じており、理論社会学におけるナショナリズム論について考える手がかりとしてふさわしい論者と言ってよいと思われる。

ある著作を検討する際に、筆者の側の楽屋話めいたことを書き記すのはあまりよい趣味ではないが、この書物に私が巡り会ったのは非常に特異な条件下だったので、そのことに触れておかないわけにはいかない。この書物が刊行されたのは二〇〇七年夏のことだったが、その当時、私は岩波新書の『民族とネイション――ナショナリズムという難問』という本の執筆準備中だった(二〇〇八年一一月に刊行)。タイトルからするとかなり似ているが、私の方は新書版という性格上、紙数が厳しく制約され、あまり複雑で専門的な議論を盛り込むことはできないことが最初から明らかだった。そういうものを書こうとしている矢先に、似たタイトルの大著(九〇〇頁に迫る)が出たとあって、私は平静ではいられなかった。ひょっとして、自分の書こうと思っていることが全てこの大著に盛り込まれているかもしれず、もしそうだとしたら私の本は出す意味がなくなってしまう。自著の準備そのものを完全停止するか、あるいは少なくともこの大著との関係において自分の小著の位置づけを明確化するか、いずれにしてもかなり大きな路線変更を余儀なくされるのではないかと、半ば恐れながらこの本に向かうことになった。そういう予感をもちつつ読んでみた感想は、一言でいえば「肩透かし」だった。当時準備中だった私の著書と大澤著とは、一見近い性格の本であるかに見えながら、実質においては驚くほど接点が少ないことが分かったからである。おかげで、私としては自著の構想に変更を施すことなく、そのまま執筆を続けることができた。これほどの厚さをもつ本でありながら、私が書こうと思っていたこととの重なりがごく僅かだというのは驚くほどだが、これは、いい悪いの話ではない。とにかく大澤と私の関心の方向性がまるで異なっているということである。

そうはいっても、大澤著の膨大な内容の中に、私の関心を惹く個所や拙著との接点が皆無だというわけではない。大著が出たすぐ後に似たタイトルの小著を出す者としては、どうしてタイトルの類似性にもかかわらず実質的接点が乏しいのか、またわずかにもせよ接点があるのであれば、それはどこであり、その点についてどういう風に考えるのかをまとめておく必要があると感じた。そう考えた私は、大澤著に関するかなり長い読書ノートを書き、自分のホームページ上にアップロードした[3]。本章はその読書ノートを下敷きにした新版である（その際、冗長な個所を削除したり、文章表現を圧縮したりして、スリム化に務めたが、そのわりには本章はかなり長い文章になっている。それは論評対象が膨大な書物であることの反映ということでご寛恕を乞いたい)。こうした成立事情からして、これは満遍ないバランスのとれた書評を目指したものではないということを先ずもって断わっておきたい。各所で批判ないし不満めいたことも記すが、それは多くの場合、「私が正しく、大澤が間違っている」という主張ではなく、「私の関心と大澤の関心はまるでスレ違っている。彼の関心事はある種の読者にとっては面白いのかもしれないけれども、私にはピンと来ない」という感慨のようなものである。関心の違いを言い争っても始まらないが、とにかくどこでどのようにスレ違っているかの確認だけはしておきたいというのが本章の趣旨である。

2　書物の構成および特徴

いま述べたように、本章は大澤著についての満遍ない論評を目指すものではないが、それにしても、自分の関心ばかりに引きつけた印象論に終始するのでは、我田引水になってしまう。そこで、とりあえず書物の構成を確認し、全体的な感想を述べることから始めたい。

この著作は予告編、第一部「原型」、第二部「変型」、補論という四つの部分からなっている(その後に、「結びに代えて」という文章がついている)。そして、このうちの第一部は古典的ナショナリズムの分析、第二部は二〇世紀末以降の現代的状況の分析と位置づけられている。このような構成は一応スッキリしていて、分かりやすいものといえるだろう。第一部と第二部にそれぞれの内容を簡単に要約した「総括」がついているのも、大著を読み通すのに疲れてしまいそうな読者のことを配慮した親切な書き方といえる。逆に、索引がついていないのは不親切で、大きな欠陥である。読み終わった後で、何らかの印象を残した個所を再確認しようと思っても、索引がないと当該個所を探す手がかりがなく、これだけの厚さの本を全部読み直す気力も出ず、再確認できないままとなりかねない。

予告編に書かれているように、現代はもはや古典的ナショナリズムの条件が失われつつある時代だが、にもかかわらず——というよりもむしろ、それだからこそ——現代的な意味でのナショナリズムが大きな問題として登場している。このことの確認から出発して、古典的ナショナリズムおよびそれと区別される現代的ナショナリズムについて考えるという問題設定には共感するところが大きい。こうした課題を全体に先立って提示した予告編はこの本の中で最も分かりやすく、その先を知りたいという気分に読者を誘う。

古典的ナショナリズムについて論じた第一部も、比較的分かりやすい部分に属する。おそらく、ここでの対象がこれまでに多くの研究で解明の進んだ主題だという事情が関係しているだろう。一九世紀から二〇世紀半ばにかけてのナショナリズムに関しては、膨大な研究の蓄積がある。大澤はそれらの中でも特にベネディクト・アンダーソン『想像の共同体』を重要な出発点としつつ、それを独自の観点から修正する形で論を進めている。アンダーソンにおさまりきらない重要な論点としては、資本主義についての独自の捉え方があり、それとの関係で古典的ナショナリズムが位置づけられている。これらのうち、いくつかの点については後で個別に取り上げて考えてみたい。

続く第二部は、予告編を読んだ段階では二〇世紀末以降の現代的状況を集中的に論じるのだろうと予想したが、実際には、二〇世紀中葉あたりの事柄が多く取り上げられている。大きな柱となっているのは、クレオール文学、サバルタン論、そして在日韓国・朝鮮人文学者の作品の分析などである。これらがそれ自体としては二〇世紀前半ないし中葉の事柄であるにもかかわらず「現代的ナショナリズム」論の中で重要な位置を与えられているのは、大澤なりの独自の戦略があるのだろうが、その戦略がどういうものなのか、詳しく説明されているわけではない。この点についても、後で多少考えてみたい。

その後にくる補論は、著者の意図としてはかなり重要な意義を与えられているらしく、「補論」にしては長大だが（百頁以上にのぼる）、私にはその意義が読み取れなかった。いずれにせよ、これは補論ということなので、本章でも末尾で簡単に触れることとしたい[4]。

大澤の文体は冗舌で、そのため時として冗長に流れるところもあるが、個々の文章自体は明快であり、理論に力点をおいた書物のわりには読みやすい。これは大きなメリットというべきだろう。理論を論じようとする著作の陥りがちな通弊として、あれこれの理論家の概念枠組みや特異な用語（一種のジャーゴン）を乱発し、表面的な言葉の華麗さに幻惑されるあまり、著者自身が何を言いたいのかが分からなくなるということがよくあるが、大澤の場合、借り物の議論ではなく著者自身の頭の中で練られた論の展開という性格が明確であり、そのおかげで、何を言いたいのかが分からずに欲求不満に陥るということは比較的少なくて済む。もっとも、個々の文章ないしパラグラフは比較的分かりやすいにしても、それらがどのように組み立てられて、どういう方向に議論を展開しようとしているのかという点になると、よく分からない個所が少なくない。それは書物の基本性格と関係しているのではないかと思われる。

著者自身がどう考えているかはともかく、私の印象としては、これはあくまでも理論社会学の本だということを強く感じる。題名に引きずられてナショナリズム論の本かと思って読むと、実はそうではなく、著者自身の社会学理論の展開が最大の目標であり、ナショナリズムはそのための単なる素材、一種のダシとして利用されているに過ぎないのではないか、つまり端的にいって、これはナショナリズム論それ自体を狙いとした本ではないのではないか――これが私のいだく最大の疑問である。

末尾におかれた「あとがき」で、大澤は第一に「理論性」、第二に「固有名」に特に留意したとして、「真に普遍的なものだけが、特異性の襞に触れるのである」と書いている（八七六頁）。私は、当初「固有名」を「固有性」と読み違え、もしこれが本当に達成されているなら、それは素晴らしいことだが、果たしてその抱負は本当に満たされているだろうかという問題意識をもちながら本文に向かった。読み進むうちに、ここには「理論性」は充満しているが「固有性」はほとんど完全に欠落しているという印象をいだいた私は、これはどうしたことかと思ってあとがきを読み返すと、「固有性」ではなく「固有名」とあることに気づいた。「固有名」という表現が「固有名詞」とどう区別されているのかは分からないが、とにかくこの本には確かに固有名詞はたくさん出てくる。だが、あれこれの固有名詞（特定の時代、特定の地域に生きた、特定の人々）が、まさにどのような意味で、その時代・地域・問題状況の刻印を帯びているのか——私の考えではこれこそが「固有性」の中身をなす——という点についての関心はほとんど感じられない。

これは歴史家と理論社会学者の最大の違いだろう。歴史家にとっては、時間と地域を特定した対象について、大量の一次資料を「資料批判」の精神で点検しながら、可能な限り実証的に再現しようと試みることが主要な課題となる（こう書くと、実証史学は時代遅れだというポストモダニズムや「新しい歴史学」からの批判を知らないのかという批判を浴びそうだが、それは別問題である）[5]。これとは対照的に、大澤の叙述は時間・空間を自在に行き来しており、個別性への執着がほとんどない。個々の事例について論じる際に、ごく少数の二次文献だけをもとに対象のイメージを形成しているような個所も珍しくない。「固有名」は多くても「固有性」が欠けているという私の印象は、ここに由来する。取り上げられた事例の代表性についての検討も、ほとんどなされていない。そんなことはどうでもいいから、とにかくたくさんの「固有名」を自分の理論図式の中にとりこみ、位置づけること——これが大澤の問題意識であるように見える。金太郎飴的に繰り返される「第三者の審級」その他の用語は、どのような事例についても適用できる打ち出の小槌、あるいはヘーゲルの「絶対精神」のようなものであり、森羅万象がこの理論体系の中に位置づけられるという具合になっているように見える。あまりにも多くのものを説明する図式は、そのことによってかえって無内容になってしまうのではないかと私などには思えるのだが、理論社会学にとっては、できるだけ多くのものを説明してしまいたいという欲求が作用するのだろうか。

3　「原型」——古典的ナショナリズム

ともかく第一部から検討していこう。既に述べたように、古典的ナショナリズムを主題とするこの部分は、書物全体の中では比較的分かりやすい。もっとも、ここでの主たる関心の対象はネーションないしナショナリズムそれ自体なのではなく、「近代社会固有の存在としてのネーション」という把握を前提に、ネーション／ナショナリズムを生み出した近代社会とはどういう社会か、その構造、その生成過程などを一般論的に論じることに主たる狙いがあるように思われる。

考察の素材としては、さまざまなネーション／ナショナリズム論が取り上げられているが、中でも圧倒的に大きな位置を占めているのはベネディクト・アンダーソンの所説である。といっても、単純にアンダーソン説を引き継ぐというのではなく、その批判的再検討・再解釈・補足等々の作業が行なわれているが、そうした作業が重視されていること自体、アンダーソンが重要な出発点となっていることを物語る。第Ⅰ章における問題設定はほぼ忠実にアンダーソンをなぞっているし、第Ⅳ章で俗語による出版、官僚の「巡礼の旅」、公定ナショナリズムの三側面からナショナリズムを特徴づけているのも、議論の型としてアンダーソンと同じである。ただ、その内容および解釈においてアンダーソンでは不十分だとして、一定の修正を施して自己の理論社会学体系の中に位置づけ直そうとする点に大澤の独自性がある。ついでにいえば、第一部ではエスニシティの問題にはほとんど触れられていない――エスニシティは第二部で出てくる――が、これもアンダーソンの『想像の共同体』がネーション論であってエスニシティ論でない[6]ことと関係しているのではないかと思われる。

大澤と私自身の研究との接点は僅かではあるが皆無ではないと先に書いたが、そうした接点については、特に取り出して考えてみる必要があるだろう。一つには、「ネーション成立より前の帝国」と「ネーション以降の帝国」との相違という論点がある（二九二－二九三頁）。現代まで視野に入れた第二部では、ネーション以前／同時／以降という三区分になっている（四四六－四四七頁）。これは私の言葉で言えば、「国民国家」観念成立以前の帝国（前近代の帝国）と「近代帝国主義」の区別――これにごく最近の「新しい帝国」を加えれば三区分となる――に相当する[7]。もっとも、私の場合はこれらそれぞれの歴史的個性に関心があるのに対し、大澤の場合は、それらを壮大な統一的理論図式の中に位置づけることに関心があるようで、関心の方向性が違っている。

〈旧植民地諸国における言語問題〉

別の論点だが、旧宗主国の言語が旧植民地の国語として採用されるのは「世界中どこでも見られるきわめて一般的な現象」だという指摘がある（三四一－三四二頁）。これは言語政策を研究テーマの一つとする私の関心を引く論点であり、多少立ち入って検討するに値する（各国の言語状況に関して、本書の第5章も参照)。

いま引いた大澤の文章は、そこに出てくる「一般的」という言葉をごく緩やかな意味で受け取り、「そうした例があちこちにある」といった程度に解釈するなら妥当といってよい。だが、前後の文脈からして、「普遍的」に近い、より強い意味をもたされているようにも解釈することができ、もしそうなら、それは言い過ぎだと言わなくてはならない。

「旧宗主国の言語が旧植民地の国語として採用される」という命題が最もよく当てはまるのは、おそらくラテンアメリカ諸国におけるスペイン語およびポルトガル語のケースだろう(大澤はこの点に二六五頁で触れ、それを三四一―三四二頁では一般化して受けている)。それというのも、これら諸国の国家建設を担ったのが先住民ではなく、イベリア半島から移住してきた人たちの子孫――生まれも活躍範囲も現地に限られているが、母語はスペイン語ないしポルトガル語――だったという事情による。アメリカ、オーストラリア、ニュージーランド、カナダにおける英語(ケベックの場合はフランス語)についても同様である。しかし、これら以外の旧植民地諸国について同様のことをいうことはできない。

フィリピンの場合、確かにホセ・リサールはその小説をスペイン語で書いた。しかし、その後のアメリカ支配が英語を優越的なものにしたため、いまでは大多数のフィリピン人はスペイン語を知らず、そのため、リサールの小説も原語では読めないものになっている[8]。そして、法的には、タガログ語を基礎として形成されたフィリピノ語(かつての呼称はピリピノ語)が公用語とされている。インドの場合、連邦全体としては多言語的であるために英語を共通の公用語として残さざるを得ない状況が続いているが、それは妥協としてであり、公式にはヒンディー語を「国語」(国家語あるいは国民語)とすることが目指されており、また州ごとにもそれぞれの公用語がある[9]。インドネシアの場合、もともとオランダ語があまり広められなかったせいもあり、マレー語から創り出された「インドネシア語」が多言語社会統合の核と位置づけられている。その他、事実として旧宗主国の言語が優越的である旧植民地は珍しくないが、それはどちらかといえば「やむを得ざる事情」と意識されており、「ナショナリズム」の観点からは、現地の言葉――その中から選ばれたあるヴァリアントを元に、近代社会での利用に適するような加工を施されたもの――に基づく新しい「国語」(国家語あるいは国民語)の形成と普及が目指されることが多い。その成功度には個別の事情による差があり、新しい「国語」の普及と定着はしばしば多くの困難をかかえるが、ともかくナショナリズムの論理は旧宗主国の言語を無条件に「国語」とすることを正当化しているわけではない[10]。

言語問題に関する大澤の議論は、南北アメリカやオセアニアのような新大陸(移民国家)におけるネーション形成とその他の地域におけるネーション形成の差異を無視して、前者を性急に一般化したものになっている。アンダーソンがラテンアメリカに着目したのは、旧大陸中心のこれまでの議論では摘出できない論点を発掘するためだったが、それを直ちに一般論として受け止めてしまうなら、古典的ナショナリズム論の欠落を正そうとして逆の極端に行き着いてしまう。

〈多文化主義とその批判〉

もう一つ、これは第一部よりも第二部の方で主に論じられている点だが、多文化主義に対する批判を取り上げてみたい。大澤は「普通は、偏狭なナショナリズムに対抗していると見なされている、リベラルな寛容」の「代表例」として多文化主義を取り上げ、「多文化主義はまことに結構な思想であって、非の打ち所がないということになるのか?」という問いを出している。そして、多文化主義が主唱する諸文化の平等と相互尊重は、実際には、アパルトヘイトとほとんど同じことになってしまう、「多文化主義を理論的に純化していけば、ある種の極端なナショナリズムを信奉する最も過酷な差別を、完全な平等として、ありがたがって受け取ることが求められることになるのだ」と批判している。「多文化主義の狡猾さ」「その欺瞞は一層深い」といった言葉もある(三二、四五五―四五七、五七五―五八三頁など)。

多文化主義が「まことに結構な思想であって、非の打ち所がない」などという代物でないという点では、私も同意見である[11](「狡猾」「欺瞞」といった言葉遣いは事態をカリカチュア化して描き出し、議論を浅いものにしているのではないかという気もするが)。だが、これはそれほど大げさに言い立てるほどのことだろうか。確かに、一部には、多文化主義を過度に高く評価する人たちもおり、そうした人たちに対する一種の解毒剤としては、この議論はある程度有効だろう。しかし、「多文化主義さえ広まれば万事解決」というお目出たい人々がそれほど圧倒的であるようには思われないし、多文化主義に対する批判的検討も、これ以前に絶無であるわけではない。むしろ文化人類学者(民族学者)たちのあいだでは、そうした認識はかなり一般化しつつあるのではないだろうか[12]。この点に関する大澤の記述は、結論自体は同感できるにしても、不必要に力みすぎているという印象を受ける。

〈シヴィック・ナショナリズム／エスニック・ナショナリズム論〉

私の研究と接点をもつもう一つの論点は、シヴィック・ナショナリズムとエスニック・ナショナリズムの二分法に対する批判（三六四–三六九頁）である。これは重要な問題で、やや立ち入って検討するに値する。最初に確認しておかねばならないのは、この二分法に対して批判的という点では私も大澤と立場を同じくするということである[13]。しかし、その結論をどのように導き、どのような含意をもたせるかという点については、いくつかの疑問がある。

その一つは研究史の理解に関わる。先ず大澤はロジャース・ブルーベーカーを「コーンに正確に従って」と特徴づけ、シヴィック・ナショナリズムは同化主義的、エスニック・ナショナリズムは差別（差異）主義的なものになるという個所に「ブルーベーカーによれば――、必然的に」という言葉を添えている（三六五頁）。しかし、私の理解では、ブルーベーカーの『フランスとドイツの国籍とネーション』は、確かに独仏両国を対比的に描いているとはいえ、単純な二分法に陥るのを避け、対比の説明要因に関して多次元的であり、歴史的可変性の要素も含んでいる[14]。しかも、彼は後の論文で、シヴィック・ナショナリズムとエスニック・ナショナリズムの二分法に対する鋭い異論を提起しており、彼の議論は到底この二分法の枠には収まらない[15]。

他方、大澤はアンソニー・スミスは二分法を「硬直的な地政学的区分として使用することを批判している」という点に注目して、自説により近いとしているが（三六八頁）、これについても疑問がある。スミスの『ネイションとエスニシティ』は、小さな留保を伴っているとはいえ、基本的に「西」＝領域的・市民的モデル、「東」＝エスニックなモデルという二分法図式を提出したものである[16]。同じスミスが数年後に書いた『ナショナリズムの生命力』では留保がもう少し詳しく展開されているが[17]、前後の文脈を見ると、これは二分法が過度に図式主義的になるのを避けるために付けた軽い断わり書きに過ぎず、基本構図そのものを変更するようなものではない。実際、この留保に続く個所には、「このような批判にもかかわらず、ナショナリズムのイデオロギーを、より合理的なものとより有機的なものとに分けるコーンの哲学的な区別は有用である。……〔レッテルは注意深く取り扱わねばならないという留保〕にもかかわらず、概念上の区別から重要な結果が得られる。市民的・領域的なネイション・モデルは、ある種のナショナリズム運動を生み出す傾向がある。……他方、エスニック的・系譜的なネイション・モデルは、独立以前は分離主義的あるいはディアスポラ的な運動を、独立以後は領土回復主義あるいは「汎」運動を生み出す傾向がある。この類型論では両者が混合している事例はもちろん、多数の亜変種を無視することになるかもしれない。しかし私は、これによって多くのナショナリズムの基本的論理が捉えられると考えている。……これを土台として、エスニック・ナショナリズムと領域的ナショナリズムとのあいだの区別を中心に、ナショナリズムを暫定的に類型化することにしよう」と書かれている[18]。これはまさしくシヴィック／エスニック二元論そのものである。実をいえば、二分法の祖と通常みなされているハンス・コーンにしても、後世の論者が往々にしてカリカチュアライズして描き出したほど安直な図式だけで満足しているわけではなく、もう少しニュアンスに富んだ議論を出していた[19]。とすれば、スミスはコーンを殊更に図式主義的に描き出すことで自らとコーンを分かってみせながら、実際には二分論を基本線で維持しているのであって、彼がコーンを超えたというのは過大評価であるように思われる。むしろ、先に挙げたブルーベーカー論文の方がより明確に二分法図式を批判しているのであって[20]、どうも大澤のブルーベーカーおよびスミスに対する評価はうなずけない。

もっとも、大澤は『ナショナリズム論の名著50』収録のスミス論では、もう少しスミスに対して辛い評価をしていた。そこには、スミスは原初主義と近代主義の対立を克服すると称するが実際は「両説の折衷的な妥協案」に過ぎないとの批判がある[21]。そして、スミスの結論には同調できないと明言した上で、彼の議論を生かすためには、その説明を「総体として反転」させる――あるいは「逆立ち」にさせる――べきだと主張している[22]。この主張は「反転」とか「逆立ち」といった比喩的表現を多用していて、十分精密に展開されていないが、掘り下げようによっては面白い方向に発展する可能性があるように思える。私見を差し挟むなら、スミスの師に当たるゲルナーがやや単純な「近代主義」に傾きすぎたのに対し、スミスがそれに修正を施して歴史的要素を持ち込もうとした意図は理解することができるが、スミスの修正はあまり成功しているとは思えない。このようにゲルナーとスミスの双方に批判的だという限りで、おそらく大澤と私は似たところがあるのではないかと思うが、大澤著のスミスに関する記述は前著における短い示唆を特に発展させてはおらず、スミスをどのように「反転」ないし「逆立ち」させて発展させようというのかは不明なままである。

シヴィック／エスニックの二分法に関しては、もう一人マイケル・イグナティエフの名が挙げられることがよくある。『ナショナリズムの由来』の六四七頁にも、イグナティエフの名前が「シヴィック・ナショナリズム」論者として挙げられている。確かにイグナティエフはいくつかの著作で「市民《シヴィック》ナショナリズム」と「民族《エスニック》ナショナリズム」を価値評価を込めて対比しており[23]、これらの個所をそのまま読むと、彼が代表的シヴィック・ナショナリズム論者とみなされるのも当然のように思える。しかし、彼の一筋縄でいかないところは、それとはかなり異なった方向性を示唆する記述も同時に行なっている点にある。たとえば次のような個所がある。

「民族《エスニック》ナショナリズムのうねりに対し、世界の、ことに英国のコスモポリタンたちは、とんでもないうぬぼれを抱いてはいないだろうか。自分たち以外はみな狂信的で、自分たち以外はみなナショナリストだといううぬぼれを」[24]。

ここでイグナティエフ論を展開している余裕はないが[25]、思想史家として出発し、哲学的理論に深い関心をもちつつも、現代世界のアクチュアルな問題に引きつけられ、時として理論的考察からかけ離れた熱い感情論をほとばしらせるという両義性が彼を特徴づけている。こうした両義性は理論整合性の欠如につながることもあるが、他面では、そのおかげで過度の図式主義から免れさせることにもなる。イグナティエフの面白いところはそういった不整合性にこそあるように私には思われる。ナショナリズム論に関しても、一見したところ単純なシヴィック／エスニック二分論を出していながら、他面でそれにおさまりきらない観察を示してもいるという点こそがむしろ注目される。大澤に限らず、この点を見落としたまま、彼を二分法論者という整理だけで片づける人が多いのは、せっかくの面白さを読み落とすことになるのではなかろうか。

以上、研究史理解にこだわって論じてきたが、次に大澤自身の積極的主張について見てみよう。この問題に関する結論的な部分で、大澤は次のように書いている。

「シヴィック・ナショナリズムは、ナショナリズムの普遍主義的局面を、エスニック・ナショナリズムは、ナショナリズムの特殊主義的局面を、それぞれ抽離したものにほかなるまい。ナショナリズムの謎は、この両局面の独特の交錯にこそある。これらを分離して、――理念的には排他的でありうるような――二類型に仕立てあげることは、ナショナリズムのこの中核的な謎への視野を失うことを意味する。……両者は異なるものではない。両者が同じであることにこそ、謎がある」(三六九頁)。

この指摘には、それ自体としては共感することができる。だが、同時に、あまりにも抽象的であるように感じる。また「同じ」であるはずのものがどうして「排他的」であるかのように立ち現われるかの解明も、ここにはない。

私見を述べるなら、フランスのナショナリズムは、自己意識としてはシヴィック・ナショナリズムの典型とされているが、実は、背後にエスニック・ナショナリズムの要素を隠しもっている。他方、旧ユーゴスラヴィア諸国のナショナリズムは、大多数の西欧の論者からエスニック・ナショナリズムの典型というレッテルを貼られているが、実は、当事者たちが西欧のシヴィック・ナショナリズムに憧れ、それを模倣しようとして行動したことの結果的所産と見るべきである。このように考えるなら、「フランスはシヴィック・ナショナリズム、旧ユーゴスラヴィアはエスニック・ナショナリズム」という通説的二分法が維持できないことは明らかだが、だからといって、「両者は異なるものではない。両者は実は同じなのだ」というだけで片がつくわけでもない。実際には正しくないのに、あたかもフランスがシヴィック・ナショナリズムの典型であるかのように見え、旧ユーゴスラヴィアがエスニック・ナショナリズムの典型であるかのように見えるのはどうしてなのか、という点をこそ問わねばならない[26]。しかし、大澤著にはそうした問題意識は見当たらない。

その上、別の個所で大澤は、西方キリスト教圏と東方キリスト教圏（およびイスラーム圏）の違いを強調し、そのことをもって、古典的ナショナリズムの理想が西欧でのみ成功した理由としているが（三三三―三四〇頁）、これは実質上、「西のナショナリズム」と「東のナショナリズム」という二分法の再来になってしまっている。宗教的伝統は確かに一つの重要な要因ではあるが、そのことをもって各国のネーション形成の特徴を理論づけてしまうことは、固定的な二分法の安易さを再現してしまうのではなかろうか。

〈資本主義と社会主義〉

先に述べたように、この大著の第一部はアンダーソンを出発点とした部分がかなりの比重を占めているが、それだけにおさまらない部分としては、独自の資本主義論がある。これは既成のマルクス主義とは相当異質であるにしても、マルクス的な発想の型を一つの重要な準拠枠としていることは明らかである。たとえば、「剰余価値」に関する三一九－三二二頁の叙述は、重要な点でマルクスから離反した結論を出しているが、議論の型は――「剰余価値」という用語を含めて――マルクスそのものである。「近代化」とか「市場経済」という用語を使う代わりに、「資本主義」という概念にこだわること自体、マルクス的理論の系譜の影響を物語っている。予告編でネグリとハートの著書を取り上げ、その批判的検討から議論を始めていることも、「並みのマルクス主義」には満足しないが、広い意味でその系譜の理論に執着するという態度を物語っている（更にいえば、アンダーソンにしても、「マルクス主義者」という枠で論じられることはあまりないが、広い意味ではその系譜に属している）。

こういうわけで、大澤の議論は、通常「マルクス主義」という言葉で思い浮かべられがちなものとは大きく異なっているものの、理論史的にいえば、その系譜の中に自覚的に位置し、その独自な発展を図ったものという性格を帯びている。そのこと自体は決して批判されるべきことではない。それどころか、猫も杓子も「市場経済」について語り、マルクスについては全面的に忘れ去ったようなふりをしている今日の風潮の中では、これは勇気ある態度であり、貴重だと私は思う。

ただ不思議なのは、そのようにマルクスと「資本主義」にこだわる著者が、これほど広汎な主題を扱った書物の中で社会主義についてほとんど触れていないことである。「資本主義を超える」ことを掲げながら、それを達成しえなかった「現存した社会主義」という歴史的経験についての、このような無関心は何を物語るのだろうか。問いに答えられないというだけならまだしも、そもそも問いを立てようという姿勢さえ感じられない。私自身が「現存した社会主義」を研究対象としていることから[27]、これは一種の我田引水と言われるかもしれない。しかし、「資本主義」という用語を避けて「近代化」とか「市場経済」という用語を専ら使う人ならいざ知らず、論の中心を「資本主義」ということにおいている人が、それと表裏一体の関係にある「社会主義」については無関心でいるというのは、どうにも理解しがたい。

この本の中でソ連をはじめとする旧社会主義諸国に触れた個所は極小だが、そうした中で稀にソ連に言及した個所では、次のように書かれている。

「ボリシェビキの政治と行政は、ロシア民族主義《ナショナリズム》に貫かれていた。たとえば、党の要職は、ロシア人によって独占されており、タタール人を初めとするムスリムには開かれていなかった」(五九頁)。

これは世間一般に通俗的に広まったソ連イメージをそのままなぞった感じの記述である。このようにいうと、「いやそうではない。世間一般ではボリシェヴィキはロシア・ナショナリズムを克服し、諸民族の平等を達成したと考えられてきたので、そうした通説に対して果敢に挑戦したのだ」という風に受け取る人がいるかもしれない。だが、そのようなソ連の公式見解が日本で広く受容されていたのは、今から何十年も前の話である。はるかな昔、ソ連公式イデオロギー賛美論が主流だった時代があったことは歴史的事実だが、そのような古くさいものを今頃批判しても、さしたる意味はない。ソ連公式イデオロギーに批判的な立場からの研究は、一九五六年のスターリン批判とハンガリー事件――いまから半世紀以上も前のことである――に始まり、中ソ対立、プラハの春（一九六八年）、ソルジェニツィンの一連の著作発表と国外追放、アフガニスタン侵攻、ポーランド「連帯」運動と戒厳令等々といった世界史の流れの中で着実に増大してきた[28]。その中で、ソ連公式イデオロギーの威信は一九六〇－八〇年代を通じて低下し、ソ連に関する批判的な見解は――イデオロギーや社会体制全般についてであれ、民族政策についてであれ――ソ連解体を待つまでもなく常識化、いや陳腐化さえしていた。もっとも、いま述べたような専門家のあいだの研究動向に比して、非専門家のあいだでの受け止め方の変化にはタイムラグがあり、ソ連解体を機に「ソ連公式見解は嘘の塊だった」という考えが一挙に大量現象化した。それは時代状況を考えれば無理からぬことではあるが、一つの極論から他の極論に走る類の安易かつ皮相なものであり、まともな研究者のとる態度ではない。そして、一九九〇年代以降の、より新しい研究は、過去の研究蓄積を踏まえつつ、それだけにはとどまらない見地を多面的に提出しつつあるのであって、そこにおいては、右に引用した大澤のような通俗的見解はまさしく克服の対象となっている[29]。

著者がさしたる関心をもつことなく軽く触れただけの事項について、わざわざ批判するのは無用のことかもしれない。ただ、この程度のお粗末な認識で満足しているのは、およそ本気でソ連なり社会主義に取り組もうとする気がないことを物語っているということだけは言っておかねばならない。そのことと「資本主義」への執拗な関心とは一体どういう関係にあるのだろうかという疑問は大きな謎として残る。

4 「変形」——現代的状況

第二部の検討に移ろう。予告編の記述からは、第二部こそがこの大著の中心部分——第一部はそれを理解するための前提という位置づけ——という風に受け取れる。それだけ重要なパートであるはずなのだが、論が錯綜していて、本筋を読みとるのが難しい。もっとも、いくつかの主要な個所に注目するなら、話の道筋をある程度理解することができないわけではない。予告編で大澤はネグリ＝ハートの『〈帝国〉』を重要な出発点とし、その大きな欠落は、グローバルな資本主義の時代にナショナリズムの嵐が吹き荒れているのはなぜなのかという問いにあると述べている。この問いに答えるためには、「国民《ネーション》」という単位に有意味性を与える条件のあった「古典的ナショナリズム」の時代と違い、そうした条件の失われた二〇世紀末以降に高まっている「現代的ナショナリズム」の性質について考えねばならない、というのが予告編の問題提起だと受け取ることができる。

第二部の冒頭はこの問題提起をうける形で、資本主義の展開の果てにナショナリズムは無意味なものになるだろうという多くの人の予想は裏切られた、それはなぜか、という問いを提出している（四三九頁）。それほど多くの人が「ナショナリズムは無意味となる」と予想していたのかどうかに疑問の余地はあるが、その点は今はおくことにしよう。ともかく、このような前提に立てば、現代は「ナショナリズムの最後の波」よりももっと後の時代のはずなのに、実際には「最後のさらに後」の波が現われているということになる。大澤はこれを「ナショナリズムの最後・後の波」と名づけ、「人が民族の差異に拘泥することの社会的な必然性がまったくなくなってしまったかのように見えるまさにそのときに、つまり、民族の差異が完全に瑣末なものに転じてしまったかのように見えるまさにそのときに、現れている」と説明する（四四二頁、原文では全体が太字で強調されている）。

この問題意識は重要であり、私も基本的には共感する（もっとも、やや極端に図式化されているのではないかという疑問もあるが、それはさておくことにする）。問題は、ここから先どのように論を展開するかにある。

〈前提としての古典的ネーション論〉

大澤の議論は次のようなものである。産業化のある段階においては、「ネーションという文化的単位」を同時に政治的な単位として分立させておくことに、経済に即した機能的な価値があった。交流密度の高い良質な市場をつくり出すための「公共財」の投資範囲として、ネーションの範囲が最も効率的だった。主要なメディアたる印刷メディアが情報を収集し、また発信することができた領域は、主としてネーションの範囲だった。人の移動に関しても、たとえば鉄道のような交通機関はネーションの内部の移動に有利だった。しかし、これらの条件は二〇世紀末以降、全て失われている。この現代的ナショナリズムは一九世紀的ナショナリズムと違って、一方では、国民―国家を民族（エスニシティ）という、共同性のより細かい単位へと分解していく運動としてあらわれ、他方では、国民―国家を、インターナショナルなより大きな政治単位のうちに解消していこうとする指向性と連動している（四四二―四四五頁）。

この説明は大筋としては一応当たっているように思える。だが、よく考えてみると、いくつかの疑問が浮かぶ。右の説明は、あたかも「ネーションという文化的単位」が固定的なものとしてあって、それと政治的単位（国家）との合致が合理的だったり、そうでなくなったりする、という風に読める。そして古典的には合致していたものが、現代的にはより小さな方向とより大きな方向とに引き裂かれている、というのが論旨であるように読める。しかし、実をいえば、「ネーションという文化的単位」自体が、さまざまな線引きを許容し、より小さい方向にもより大きな方向にも変化しうるものである。口語としては無限に多様である俗語を文章語化する際に、どのような範囲で「標準形」を設定するかにはさまざまな選択の余地があるし、一旦ある範囲で文章語規範が確立した後でも、それと政治的単位をどのように合致させるかにはいくつかのヴァリエーションがあった。一八七一年のドイツ統一は、抽象的可能性としていえば、より小さな単位（プロイセンとかバイエルンとか）で落着することもあり得れば、より大きな単位（オーストリアやスイスのドイツ語圏まで含んで）になることもありうる中での一つの選択だったことはいうまでもない。

　鉄道、河川交通、電信網等にしても、それらがどういう範囲でどういう風に引かれるかは、「国民国家の時代だったから」ということで一義的に決まるものではなく、それらをどのように引くかをめぐって複雑な駆け引きが展開された（今日では、これに航空宇宙産業、石油やガスのパイプライン、電気通信回線等々が加わるだろう）。ある範囲での交通通信手段の発達がその領域内のコミュニケーション密度をその外部とのあいだよりも濃密なものにし、「国民国家」形成の重要な条件となったのは事実だが、他面では、それらが国境を超えて広がるという現象も一九世紀末－二〇世紀初頭の段階で既に見られ、それがアンダーソンのいう「初期グローバル化」[30]を可能にした。これらのことは大澤も事実としては十分承知しているだろうが、先の説明では、これらの可変性・流動性が表に現われていない。むしろ、一九世紀－二〇世紀前半には、ある地理的範囲が「文化的単位」「経済的単位」「政治的単位」として調和的に存在したかのような表現になっている。

　「予定調和」という言葉があるが、ここでの大澤の議論はその逆で、いわば「過去調和」的——現代には調和がないが、過去にはそれがあったはずだ——になっている。かつてあった「均衡」が今では破れたというのだが、かつて「均衡」があったように見えるのはあくまでも今日から振り返ってみてのことで、当時の状況を歴史に即して考えるなら、やはり特殊主義と普遍主義という相反する方向を目指す複数のヴェクトルが存在し、それらがせめぎ合い、どこに「均衡」があるかが不確定なままに、さまざまな「あり得べき調和的関係の候補」のあいだの模索と闘争が繰り返されていた。第二部における大澤の主要な関心が現代にあり、歴史に関しては現状を引っ繰り返して過去に投影する形で論じていることが、このような印象を与える要因ではないかと思われるが、歴史自体に関心をもつ立場からは、このような議論は現実から遊離しているように思われてならない。

関連して、ここでは、「エスニシティ＝民族」[31]という概念が、「国民－国家」よりも小さな単位として定義されている（四四四－四四五頁）。しかし、これも、ネーションを固定的に考えるから、エスニシティが「それよりも小さい」ものと映るのではないだろうか。ネーションにしろエスニシティにしろ、さまざまな線引きによってさまざまな単位で形成される可能性があるのであって、両者の大小関係は、エスニシティがネーションより小さい場合もあれば、一致するとみなされる場合もありうる。アメリカではネーションより小さい単位がエスニシティだという理解が一般的だが、これはアメリカ的特殊性であって、一般性を主張できることではない。あるネーションの中の小単位とみなされていたエスニシティが「われわれこそネーションだ」と主張することもあり、その運動が強まればそれが「ネーション」とみなされるようになる。こうした流動性・多義性を無視して、エスニシティを「ネーションよりも小さな単位」と断定するのは、無意識のうちにもせよ、既存のネーションの範囲を固定的なものとみなしてしまっているからではないだろうか。

「普遍主義と特殊主義の二つの傾向の交錯と接合」「特殊主義と普遍主義という背反する方向を目指す二つのベクトル」という指摘（四五一、四五二頁）は重要であり、共感することができる。しかし、この構造それ自体は、一九－二〇世紀の古典的ナショナリズムの時代と、二〇世紀末以降の新しいナショナリズムとに共通している。後者に新しい点があるとしたら、それは、普遍的・グローバルな方向への傾斜が技術的要因から格段に強まったこと、それと同時に、そのことに対する特殊主義的な反撥もまた強まっているという状況にある。このような私見と大澤の議論とは重なりあうようにも見えるが、大澤は古典的ナショナリズムの時代における「均衡」の存在をやや誇張しているのではないか――先に書いた「過去調和」的発想――という疑問もぬぐえない。

〈「アイロニカルな没入」論〉

いま述べたような疑問はさておくとして、もはや客観的条件がなくなったにもかかわらず逆説的に強まっている現代的ナショナリズムの成立メカニズムを解明しようとする際に大澤が重視しているのは、「アイロニカルな没入」という論点である（予告編の四〇頁以下および第二部の四五二頁以下）。大澤によれば、現代のナショナリズムはもはやネーションを物神崇拝するが故のものではない。ゴミがゴミでありながら芸術でありうる（予告編で言及されているマルセル・デュシャンの現代芸術の例）のと同じように、今日のナショナリズムはかつてのような自明性・絶対性をもたず、いわばゴミのようなものだが、だからといって無力なわけではない、というわけである。「アイロニカルな没入」という概念はそれ自体としては興味深い指摘であり、いろんなことを考えさせる。ただ、これはナショナリズムに限られず、その他のさまざまな事柄について当てはまる観点であり、殊更に「ナショナリズム論」とされる必然性はないのではなかろうか。デュシャンの例——購入した男性便器を「泉」と題して現代芸術展に提出した——が挙げられているのは、大澤の意図としては現代ナショナリズムを説明する手がかりという位置づけのようだが、読む者としては、むしろこれはナショナリズムに関わらない多種多様な事柄を説明する概念ではないかという気がする。「ナショナリズムもまたその一例だ」という例示に挙げることはできるにしても、他ならぬナショナリズムに固有な話ではないように思われる。

第二部の最後近くでは、ろう者共同体が「民族である」とされた上で、それ以外にも、自身を民族や部族に類比させている集団は少なくないとして、ゲイ・コミュニティ、没頭しているオタク的趣味によって連帯する共同体、何らかのアディクション（薬物などの中毒）を媒介にしたセルフヘルプ・グループなどが挙げられている。これらはいずれも作為性・媒介性と自然性・直接性の交錯を特徴としており、作為性・媒介性に注目すればアイロニカルな距離をとっているとみなすことができるが、自然性・自明性に注目すれば、人はその性質を宿命のように受け取っているということで、ここでも「アイロニカルな没入」という概念が有用だとされる（六三一－六三三頁）。これは、それなりに興味深い着眼である。しかし、オタク共同体は自己の趣味に「アイロニカルな距離をとっている」とみなせるにしても、ろう者たちが自己のろう者性に「アイロニカルな距離をとっている」とみなせるだろうか。薬物中毒から脱却しようと必死になっている人たちの集団も、そのような自己のあり方に「アイロニカルな距離をとっている」とはあまり思えない。ここに列挙された例は、伝統的には民族とみなされてこなかった集団が自己を民族に類比させていることがある——あくまでも「そういうこともある」ということであって、「必ずそうだ」ということではないと思うが——という限りで共通するかもしれないが、それを「アイロニカルな没入」で括れるかは疑問である。

いってみれば、この「アイロニカルな没入」という観点は、現代ナショナリズムの説明にとって、ある意味では過小であり、ある意味で過剰である。「過小」というのは、現代ナショナリズムのうちこの観点で説明されるのは一部だけ——最もよく当てはまるのは、おそらく現代日本の「ぷち・ナショナリズム」(大澤の表現では「J－回帰」現象)だろう——にとどまるからである。逆に「過剰」だというのは、この観点はナショナリズム論を離れて、他のいろいろな現象——デュシャンの作品とかオタク共同体など——について適用可能だからである。とすれば、この本はナショナリズム論として書かれるのではなく、むしろ「アイロニカルな没入」論として書かれた方がずっとスッキリしたのではないかと思われる。

これと同じような感想は、大澤が『朝日新聞』に寄稿した「ナショナリズム」という論考についても感じる[32]。その論考で大澤は「表の規範」と「裏の(反)規範」という観点を呈示し、たとえば学校における校則(表の規範)に対し、むしろそれを破るような仲間集団の裏ルールの方が個々の生徒にとっては大きな意味をもっていると指摘する。そして、今日のナショナリズムも、「人権」のような「表の規範」の偽善性を暴く「裏の（反）規範」に見立てられる、というのである。この論自体は重要な点を衝いている。近年強まってきた風潮として、「人権」とか「差別はよくない」とか「弱者の権利擁護」といった言葉が、「空しい言葉」「偽善」「鬱陶しくて抑圧的な旧世代知識人のお説教」という風に受け取られ、それらをひっくりかえす言説が「本音」として喝采を浴びるという傾向がある。このような傾向に対して、いくら「それはよくない」ということを理性的に説いても、それ自体が「表の規範」でしかないために、「空しい言葉」「偽善」「鬱陶しくて抑圧的な旧世代知識人のお説教」というステレオタイプを再生産し、ますます「裏の（反）規範」の側からの反撥を強める、という悪循環状況があるように思われる。私自身がこういうことを考えていたので[33]、大澤のこの問題提起には共感を惜しまない。だが、この論点もナショナリズム論という文脈では、一面で過小――現代日本の青年層を念頭におくなら妥当だが、それ以外のさまざまな事例を広く念頭におくなら、あまり当てはまらないケースが多い――であり、他面で過剰――ナショナリズム以外のさまざまな現象について広く当てはまる――だと思われてならない。大澤自身が説明に使った学校の校則と「非行」の関係にせよ、フェミニズム・バッシングとか、「人権派」叩きとか、各種差別反対運動へのバックラッシュなど、どれもナショナリズム論とは別個の文脈で、この概念が有用性を発揮する例だろう。

こういうわけで、「アイロニカルな没入」論にせよ、「表の規範と裏の（反）規範」論にせよ、それ自体としてみれば興味深い議論なのだが、ナショナリズム論という文脈で展開されると、どうしても「一面で過小、他面で過剰」という印象がつきまとい、もう少し違った文脈で展開した方がよかったのではないかという風に思われてならない。本章の前の方で、「これはナショナリズムの本ではないのではないか」と書いたが、それはこうした感想とも関係している。

〈サバルタン論〉

これまで記してきたような不満はあるが、それでも第二部のはじめの方と最後のあたりはある種の対応関係があり、予告編とも呼応して、それなりの話の筋をつかむことができる。これに対して、その中間の部分――その多くがクレオール、サバルタン、「在日」文学者等にあてられている――は、個別テーマとしては面白いが、全体の中での位置づけがよくつかめない。時期としても、二〇世紀末以降の現代的現象ではなく二〇世紀中葉にさかのぼっているし、話題としても、通常の意味でのナショナリズム論の主題からはかなり隔たっている。著書の頭の中では、これがナショナリズム論（それも二〇世紀末以降の）の重要な一角をなすようだが、どうしてそのように言えるのかの説明もない。そのため、これらの点に関わる私の感想も、全体の骨格を離れた断片的なものとならざるを得ない。

とりあえず、「サバルタンは語らない」という論点（四八一頁以下）について考えてみよう。サバルタン論はここ十数年来、一種の流行となっており、多くの人によって論じられている。それに大澤が関心を寄せるのも分からないではない。だが、どうしてこの問題がナショナリズム論のテーマになるのかは、少なくとも自明ではない。「サバルタン」とは「従属者」というほどの意味の言葉であって、ネーションとかエスニシティと直接関わっているわけではない。元来インド史の文脈で提起されたという意味では植民地主義の問題とある程度関わっているが、それが流行語化したのは元来の文脈を離れた一般化がなされたからであり、その一般化はジェンダー論・テキスト論・歴史認識論などに関わっていて、ナショナリズム論との関わりはむしろ希薄なのではないだろうか。

それはともかく、大澤がこの問題――主に参照されているのは、インドにおけるサティ（寡婦殉死）の風習をめぐるガヤトリ・スピヴァクの議論である――に、どのように迫っているかを見てみよう。

「この慣習〔寡婦殉死〕の禁止に対して、論理的に可能な言明は、次の二つであるように見える。①「白人（男性）が茶色の男たち（インド人男性）から茶色の女たち（インド人女性）を救った」という言明と、②「女たちは本当に死ぬことを欲していた」という言明である。……／二つの命題によって、論理の空間は尽くされているように見える……。つまり、二つの命題の和は、十分に包括的で普遍的なものに見えるのだ」（四八二―四八三頁）。「この二言明〔右の引用文における①②と同じもの〕は、相互に排他的であると同時に、論理的に可能なケースを尽くしているように見える。……矛盾律と排中律にしたがう通常の論理を前提にすれば、一方が真で、他方が偽でなくてはならない」（五六二頁）。

このように述べた上で、「通常の論理」では可能な全てを尽くしているはずの①と②が「インド人女性の観点からすると、どちらの命題も受け入れがたい」と指摘され、その「謎」を解くために独自の哲学的議論が繰り広げられている。カントに依拠したこの哲学談義は、それ自体としてはなかなか興味深いものだが、そのもっと手前の地点で、一つの素朴な疑問が湧いてくる。というのも、①と②が「論理的に可能なケースを尽くしている」わけでないことは、特に高度かつ難解な哲学によらなくとも、「通常の論理」で十分説明がつくように思われるからである。

先の①と②はともに全称命題として書かれている。しかし、これらの命題における「インド人女性」「インド人男性」「白人男性」のいずれも――ついでにいえば、「白人女性」も、また「白人」でもインド人でもないさまざまな女性と男性も――決して単一の存在ではない。それぞれの主体の複数性に気づきさえすれば、①と②が「論理的に可能なケースを尽くしている」わけではなく、いずれも不当な一般化であることは明白である。主語だけでない。これらの命題の述語についてみても、「救った」とか「本当に欲していた」とはどういうことを指すのかについてさまざまな解釈がありうる以上、一義的に真偽を決めることはできない。ある人が「自分はこれこれのことを自ら欲して行なった」と言い、他の人が「それはそう思い込まされているからにすぎない。「自ら欲して」と本人が語るのは、それほど深く思い込まされているということだ」と言うとき、どちらが正しいのか――あるいはそもそも正解がありえないのか――議論は尽きない。更にまた、①の裏には「だから白人男性は正しい」、②の裏には「だからインド人男性は正しい」という判断が前提されているが、いずれにしても男性の視点からの評価しか問題とされておらず、「全てを尽くして」などいないのは明らかである。こういう風に考えれば、①②が「論理的に可能なケースを尽くしている」わけではなく、いずれをも拒否する立場は十分にありうることになる。それなのに「通常の論理」ではこれ以外にありえないとするのは、「通常の論理」というものを馬鹿にしすぎているのではないだろうか。

もう一つ、「サバルタンは語らない」という表現（第二部第II章第1節の表題にもなっている）についても疑問がある。スピヴァクはその有名な論文の表題を「語ることができるか」という疑問形にする一方、結論部では「語ることができない」という断定的否定文を使っている[34]。疑問形の表現は否定を含意する修辞的表現だと考えるならば、どちらでも同じことかもしれない。しかし、微妙な差異があると考えることもできる。疑問形の表現はあくまで問題の提示であり、読者の頭を揺さぶることが狙いであるのに対し、断定的否定文は結論を明示することによって、問題提起よりもあっさりとした回答を与えて、一件落着としてしまう可能性がある。訳者の上村忠男によれば、後のスピヴァクは「サバルタンは語ることができない」という一句を自ら取り消したという[35]。ところが、大澤は多くの個所で「語らない」「語りえない」「発話の不可能性」という断定的な否定表現を使っている。これは「語ることができるか」という疑問形の表題に込められた狙いを単純化してしまうのではないだろうか。ついでにいうと、「インド人女性の観点からすると、どちらの命題も受け入れがたい」という言い方（五六二頁）も、語れないはずの当事者の「真の意図」を——本来代弁できないはずであるにもかかわらず——事実上代弁するような表現になってしまっている。ここには非常に微妙な問題が介在しており、大澤を批判するだけですむ話ではないが、ここでは問題の提示にとどめておく[36]。

〈イスラーム主義をめぐって〉

第二部ではこの他にも多くの論点が取り上げられているが、その一つに「イスラーム原理主義あるいはイスラーム主義」がある。これ自体がいくつかの要素に分かれ、その相互関係を見定めるのが結構難しいのだが、ここではとりあえず次の個所に注目してみたい。

大澤は「イスラーム原理主義あるいはイスラーム主義」について論じた部分の冒頭で、旧ユーゴスラヴィアのムスリム人を取り上げ、「ムスリムのエスノ・ナショナリズムがまさに、イスラーム主義の形態をとる」好例だとしている（五八三―五八四頁）。だが、ここには大きな錯誤がある。旧ユーゴスラヴィアにおけるムスリム人カテゴリーが「宗教的集団ではなく、エスニック・グループとして」人口統計上数えられるものだというのは、大澤自身が記しているとおりである。つまり、これはボスニア＝ヘルツェゴヴィナ住民のうち先祖がムスリムである人が自己を「セルビア人」（先祖が正教徒）とも「クロアチア人」（先祖がカトリック）とも申告したくないときに選ぶことのできるカテゴリーなのであって、本人がイスラームを信奉しているかどうかとは関係がない。ましていわんや、「イスラーム（原理）主義」とは何の関係もない[37]。実際、ボスニアのムスリム人は、一九九三年末以降、自らの民族名称を「ボスニア人（ボシュニャク人）」と変更した。これを「イスラーム（原理）主義」の一例として扱うのは全くの見当違いである。

大澤は続く個所で、内戦の中で人々が民兵に「お前はセルビア人かムスリムか」と問いかけられ、そのことが帰属意識を固定化させ、昂進させたと指摘しており、これ自体は正しい。だが、そこで問われたのはまさに「宗教的集団としてではなく、エスニック・グループとして」の帰属選択であり、「イスラーム主義」とは何の関係もない。イスラームを信じようが信じなかろうが、内戦の中で「敵か味方か」と問われれば、どちらかに属すると表明しないわけにはいかない(「中立」とか「半々」とか答えるなら、両方から敵として扱われるおそれがある)。自分の親族が「セルビア人」によって殺されれば、自分は「ムスリム人」だと言うしかない。そのことは、自分がイスラームを奉じることを意味しないし、原初主義的な「民族」意識への固着でもない。「奴らは顔つきも、言葉も、生活習慣も俺たちと違わない。けれども、奴らは俺の肉親を殺した。だから奴らは敵だ」。これが内戦の論理である。決して、「宿命的な人種のような属性」としてコミットするわけではない。「人種」としては何の違いもない——当事者もそう認識している——けれども、現に敵味方に分かれてしまった以上は、「敵」との闘いに必死にならざるを得ないということである[38]。

旧ユーゴスラヴィアのムスリム人について述べたすぐ後に、大澤は「だが、逆に、イスラーム主義を、むしろナショナリズムに抗する政治的・文化的運動と見なす論者もいる」と続けている(五八四頁)。イスラーム主義がナショナリズムに抗する運動だというのはイスラーム地域研究の常識である(イスラーム圏が広い範囲の多数の国々を包括する以上、「イスラーム信徒共同体」全体への忠誠心と個別ネーションへの忠誠心が矛盾するのは当たり前である)。旧ユーゴスラヴィアのムスリム人(ボスニア人)は「イスラーム主義」とは無縁だからこそナショナリズムと結合するのであって、この関係を「逆に」と表現するのは当たらない。

旧ユーゴスラヴィアについては、もう一点、「エスニック・クレンジング（民族浄化）」への言及がある。そこでは次のように書かれている。

「ここで編み出されたのは、異民族の女性をレイプすることによって、その異民族の絶滅や改造を図る、という手法である。ナチスでさえも、ユダヤ人の女性を妊娠させることで、ユダヤ人の絶滅を促進しようとは考えなかった」（七九一頁）。

この叙述は、宣伝戦の中で広められた「ナチスさえもしなかったような蛮行」というイメージを、何の批判的検討もなしにそっくりそのまま鵜呑みにしたものである。言説というものが「事実」を模写したものなどではないということは常識であり、ポストモダニストのあいだでは特に強調されていることのはずである。にもかかわらず、ここではプロパガンダ上の言説が「事実」と受け取られている。そのあまりにも素朴な態度には驚くほかない[39]。別の個所にも、「今日（異民族に対して）最も寛容性が低く、排外的なナショナリズムは、旧社会主義圏の、とりわけ旧ユーゴ地域の民族紛争の内に見ることができる」とあり（三五頁）、大澤自身の偏見をはしなくも露呈している。

〈実践的な提言――クレオール論を中心に〉

大澤の著作は第一義的に理論的課題に向けられているという意味で「理論の書」であって、実践的な処方箋を出そうとするタイプの書物ではない。「ナショナリズム論」というと、ややもすれば口角泡を飛ばした政治論争——一方の側に熱烈なナショナリスト、他方の側にこれまた熱心なナショナリズム否定論者が対峙するという構図——を連想しやすいが、この本の大部分はそうした構図から距離をおき、対象を冷静に理解しようと試みている。その成否は別として、私はこのような姿勢自体には共感を覚える。とはいえ、暗示的にではあるが、ある種の価値観や実践的姿勢を示唆するかに見える個所もいくつかある。学者といえども人間である以上、冷静な理論書の中に実践的価値観をほのめかす個所があってもおかしくはないが、それが書物全体の議論とどのように関わるのかという疑問はどうしても出てくる。

大澤著の基調は、「ナショナリズムは時代遅れだ」といった類のナショナリズム批判は無効だという指摘におかれているが、だからといって「ナショナリズムはそれほど危険な思想ではなく、敵視する必要はない」といった弁護論を展開しているわけでもない。単純なナショナリズム否定論でもなければ肯定論でもないというところまでは賛同できるが、ではどのような方向に希望を見出すことができるのかというのは、そう簡単には答えられない深刻な問いである。大澤は正面からの回答を提示しているわけではないが、望ましい方向性を示唆するとおぼしい記述がある。しかし、それは短い示唆にとどまっているため、それをどう受け止めてよいのか、戸惑いが生じる。

積極的な方向性らしきものが最も明示的に述べられている個所としては、次の文章を挙げることができる。

「それ〔特異な逆説を経由した、積極的で主体的な表現の可能性〕は、古典的なナショナリズムを否定はするが、それを超えてもうひとつのナショナリズムへと転態してはいない、境界部に位置する可能性である。たとえば、クレオールの新しい文学の内に、こうした可能性が姿を現しているのであった。この切り立った細い境界部に踏みとどまるところに、確かに、もうひとつの積極的な可能性が残されていたはずである」（六二〇頁）。

ここでは、クレオール文学――およびそれとある程度類比的な「在日」の文学者たちの作品――の中にある種の可能性があるという考えが示唆されている。第二部でクレオール文学および「在日」の文学者たちが大きな位置を占めているのは、おそらくそうした考えと関係しているのだろう。だが、その「可能性」が具体的にどのようなものなのかは、これだけを読んでもあまりはっきりしない。

右の引用文には、「古典的なナショナリズムを否定はするが、それを超えてもうひとつのナショナリズムへと転態してはいない」という意味深長な個所がある。「もうひとつのナショナリズム」へと行き着くことなく「細い境界部に踏みとどまる」ことが重要だ、というのはそれなりに分かるような気がする。では、次の文章はどう解釈すべきだろうか。

「金鶴泳にとって、父との和解ならぬ〈和解〉が、日本人としてのそれでも、朝鮮人としてのそれでもない、「在日」という移行状態に対応した民族性の自覚をもたらしていた。……こうした原理は、クレオール性やディアスポラとしての性格に立脚したナショナリズムを結節する機制を説明する論理として、一般化させていくことができるのではないか」（五五一頁）。

ここにある「日本人としてのそれでも、朝鮮人としてのそれでもない、「在日」という移行状態」という言葉は、先の「細い境界部」に対応するようにも見える。しかし、そのすぐ後に「クレオール性やディアスポラとしての性格に立脚したナショナリズム」とあるのは「もうひとつのナショナリズム」ではないのだろうか（「日本人」や「朝鮮人」だけでなく「在日」というカテゴリーも、物神崇拝や排他的忠誠心の対象に――常にとは限らないにしても、少なくとも論理的可能性として――なりうるはずである）。次の文章でも、ある種の特異なナショナリズムが肯定的に捉えられているように見えるが、そのことと「もうひとつのナショナリズム」否定の関係はどうなっているのかという点が気になる。

「ここに説明してきたような、現代的なナショナリズム〔クレオール的な、あるいはディアスポラ的なナショナリズム〕にあっては、共同体の特殊性・特異性は、積極的に要求されている。特殊性・特異性は、普遍化への障害ではなく、むしろ、それを通じてこそ、「真の〈普遍性〉」への通路が開かれる（かのように見える）からである」（五五三―五五四頁、後半部は太字で強調されている）。

「こうしたナショナリズム〔クレオール性に立脚したナショナリズム〕の思想的な可能性を、最も高い部分において代表しているのが、グリッサン〔マルティニクのクレオール作家〕ではないだろうか」（五五六―五五七頁）。

右の第二の引用文に続く個所には、「普遍性ということについての通常の理解が、ラディカルな仕方でひっくり返されている」という文章がある（五五七頁）。これは『朝日新聞』掲載の文章（前注32）で「真の〈普遍性〉を見いだす」ことを呼びかけ、「真の〈普遍性〉は〔全ての葛藤や差異が中和されるような〕容器ではない。むしろ葛藤そのものに内在しているはずだ」とあるのとつながるように見える。だが、これもレトリックに頼った記述で、具体的にどういうことを指しているのかがつかみにくい。そして、「他者が、まさに他者である限りにおいて接近してしまうこと」という結論的呼びかけも、あまりにも雲をつかむような話だという印象が残る。

クレオール論やディアスポラ論はここ十数年来、一種の流行のようである。確かに、特定の「ネーション」「エスニシティ」「領土」「国家」等々に固定化された発想法を超える上で、こうした問題領域に着目することには一定の意義があるだろう。だが、問題なのは、「クレオール性やディアスポラとしての性格に立脚したナショナリズム」とは具体的にどういうものなのかという点にある。特に重要なのは、それが「クレオール性」「異種混淆性」「ディアスポラ性」などを新たな物神崇拝の対象とする固定化・閉鎖化をもたらし、「もうひとつのナショナリズム」と化してしまう可能性にどのように対処するのかという疑問である[40]。

もう一つ付け加えるなら、ここで取り上げてきた個所では文学者たちの思想的営為が主要な考察対象となっている。他の個所でも文学作品が多数利用されているが、ここで問題とする個所ではそれが特に顕著である。社会現象・社会問題・社会運動・社会思想などについて論じる際に文学作品を素材とすること自体に異を唱えるつもりはないが、それが社会科学にとって何を意味するのかについての説明がもっとあってもよいのではないかという気がする。大多数の文学者にとって最も切実なのは個人としての生き方に関わる次元である。もちろん、それは社会から孤立したアトムとしての個人ではなく、社会的背景の中にある個人であるはずだが、ともかく関心の方向性が文学者と社会科学者とでは違っていて、前者では「社会を背景とした個人」、後者では「個々人によって織りなされる社会」に焦点がおかれるのではないだろうか。

ある民族集団の中に生まれ、その民族のナショナリズムへの忠誠とそれとは別種の忠誠とがともに要求される環境の中で育ち、引き裂かれる思いをする人は数多いが、そのような相克にどのように立ち向かうかは各人ごとに個性的であり、多様だろう。ある人が苦闘の果てに自分なりの生き方を見出していく様を描いた文学作品は、読む人に感動を与えるが、それは社会問題・社会運動・社会思想としてのナショナリズム問題をどう考えるかという問題とは次元を異にするのではないだろうか。それに、そうした忠誠心の相克と苦闘というテーマは、民族・エスニシティ問題に限らず、階級的帰属だろうが、宗教だろうが、職業的利害だろうが、その他あらゆる場面で見出されるものであって、殊更にナショナリズム論という文脈でだけ問題化されるものではない。

ある文学者がある作品の中でどんなに感動的な場面を描いたとしても、それが社会現象としてのナショナリズムにどう立ち向かうかという問題の回答を与えることにはならないのではなかろうか。

5　補論「ファシズムの生成」について

大澤の大著が理論社会学の書物であり、歴史学とはおよそ異なった性質の仕事だということについてはこれまで述べてきた通りだが、巻末におかれている補論は、一九三〇年代のドイツという特定の歴史的対象を取り上げており、また末尾の文献目録には多数のドイツ史研究者の著作(ざっと数えたところ、およそ三〇冊に上る)が挙げられていて、「この補論は本文と違って歴史研究に近づいているのかな」という予感をいだかせる。この文献リストをみるなら、これらを活用して書かれた補論は本論とは違って歴史に近づいたものではないか、言い換えれば歴史家にとって読みやすいものになっているのではないか、という期待を読者がいだいてもおかしくはない。

ところが、そういう期待をもって補論を読んでみると、驚くべきことに、文献目録に挙げられた膨大な著作を活用したとおぼしき個所はほとんどない。わざわざリストアップするからには、大澤は一応これらを読んだ上で書いたのだろうが、それらは大澤の思考にほとんど何の痕跡も残さなかったかのごとくである[41]。多少なりとも歴史書を参照したらしいのは、私の気づいた範囲では、ナチズムの「近代性」およびそこにおけるテクノクラートの役割に関連して小野清美その他若干の著書に言及した個所だけだが（六九三―六九四、七三〇―七三二頁および七九九頁の注4）、これはごく一般論的な文脈でのものであり、特異な論点を出しているとは思えない[42]。

こういうわけで、この補論は文献目録の与える印象とは違って、およそ歴史研究と縁遠いものになっている。むしろ、ここで圧倒的な重点がおかれているのは、ハイデガーをめぐる考察である。とすれば、この補論は「ファシズム論」というよりは「ハイデガー論」と銘打った方が、はるかに内容にふさわしかったろう。いうまでもなく、ハイデガーは二〇世紀最大の哲学者と目されている人であり、その彼がナチズムを支持したことがあるという事実は、多くの人々の関心を引き、これまでもさまざまな形で論じられてきた。それはそれで当然のことだが、どうしてそれがファシズム論の主要な内容となるのだろうか。哲学者や思想史研究者がこの問題に大きな関心を寄せるのは分かる。だが、それは歴史的現実としてのファシズムないしナチズムとは別の次元の議論ではないだろうか。まして、それがナショナリズム論にとってどのような位置を占めるのかは、ここでは何の説明も与えられていない。

6　おわりに

大著であるだけに、その内容を検討した本章もずいぶん「長編」になってしまった。もっとも、この本では数多くの論点が取り上げられており、私なりに興味を惹かれながらもここで触れなかった点も多数残っている。だが、それらを片っ端から取り上げていくなら、本章はいたずらに冗長なものになるだけのように思われるので、この辺で論を閉じることにしたい。

振り返ってみると、ずいぶん数多くの不満を書き連ねてしまった。とはいえ、この文章を書く過程で自分自身の考えを整理することは、私にとって貴重な機会ではあった。ここに書き連ねたことの多くは、以前から考えつつあったとはいえ、この本を読み、著者との対話を試みる過程でより明確化してきたものであるので、そうしたきっかけを与えてくれたという意味では、著者に感謝しなくてはならないだろう。

大澤と私とは、専門も、世代も、関心の方向性も、思考法のパターンもおよそかけ離れており、私にとって大澤は「徹底した他者」である。そのような「徹底した他者」との対話の試みである本章は、多くの誤解を犯している可能性があり、いずれにせよ「外在的批評」との反論を免れないだろうが、それでも私にとってこれを書くことはやはり有意義だった。それというのも、先に紹介した大澤の言葉――「他者が他者である限りにおいて接近してしまうこと」という呼びかけ――をもじっていうなら、本章自体が、私にとって徹底的な他者である著者に接近しようとする試みだったからといえるかもしれない。

注

1 歴史社会学の分野におけるナショナリズム論の例としては、E. Gellner, *Nations and Naionalism*, Blackwell, 1983; Rogers Brubaker, *Nationalism Reframed: Nationhood and the National Question in the New Europe*, Cambridge University Press, 1996; 小熊英二『単一民族神話の起源――〈日本人〉の自画像の系譜』新曜社、一九九五年、同『〈日本人〉の境界――沖縄・アイヌ・台湾・朝鮮――植民地支配から復帰運動まで』新曜社、一九九八年、佐藤成基『ナショナル・アイデンティティと領土――戦後ドイツの東方国境をめぐる論争』新曜社、二〇〇八年、鶴見太郎『ロシア・シオニズムの想像力――ユダヤ人・帝国・パレスチナ』東京大学出版会、二〇一二年などがあり、そのいずれからも私は強い刺激を受けた。最後に挙げた書物については、本書の第9章を参照。

2 大澤真幸『ナショナリズムの由来』講談社、二〇〇七年。

3 当初の読書ノートを書いたとき、私は人づてに「こういうものを書きました」ということを大澤に伝えてもらったが、何の応答もなかった。

4 この補論の後に、「結びに代えて――救世主について」という部分がある。通常の書物の「結びに代えて」は本論の内容を要約しつつ締めくくるものだが、この「結びに代えて」はむしろ全く新しい論点――それも一種の宗教哲学的な議論――が繰り広げられている。私にはこれが本論とどう関わるのかも、どうしてナショナリズム論の末尾におかれるのかも、全く理解することができなかった。

5 歴史学の方法・視角・テーマ設定・手法・資料選択などについて、「伝統的」なスタイルを墨守することなく、さまざまな角度から新しい模索がなされるべきなのは当然であり、諸方面からの「実証史学批判」には多くの面で傾聴すべきものがある。ただ、とにかく個別性ないし固有性への執拗な関心と「資料批判」（ここでの「資料」は非文書資料も含む）の精神まで捨てたのでは、およそ歴史研究そのものが成り立たなくなってしまう。この問題については、塩川伸明『《20世紀史》を考える』勁草書房、二〇〇四年、第一〇章参照。

6 同じアンダーソンの後の著作『比較の亡霊――ナショナリズム・東南アジア・世界』作品社、二〇〇五年では、エスニシティが重視されている。

7 塩川伸明『民族と言語――多民族国家ソ連の興亡I』岩波書店、二〇〇四年、二二一―二二五頁、『民族とネイション――ナショナリズムという難問』岩波新書、二〇〇八年、五一―六〇、一四六―一四八頁など。

8 アンダーソンはリサールがスペイン語で書いた事実と並んで、いまではその作品が原語で読まれなくなったということを重視している。『比較の亡霊』第一〇、一一章。だが、大澤は前者のみに注目し、後者には触れていない。

9 鈴木義里『あふれる言語、あふれる文字――インドの言語政策』右文書院、二〇〇一年。

10 ソ連解体後の旧ソ連諸国における言語状況については、本書第7章二六八―二七三頁参照。なお、念のためにいえば、ここで問題にしているのはあくまでも言語についてであって、西欧起源のさまざまな観念や制度の輸入は別問題である。

11 ソ連の民族政策・言語政策が――一般的にいだかれがちな通念とは異なって――一種独自の多文化主義・多言語主義の性格を帯びていたこと、そしてまさしくそれが各種の矛盾を生み出していたことについては、本書第2部の各章を参照。偏狭なナショナリズムを超えるものと想定された多文化主義が「まことに結構な思想であって、非の打ち所がない」というわけにはいかないという事情と、資本主義の諸矛盾を超えるものと想定された社会主義が「まことに結構な思想であって、非の打ち所がない」というわけにはいかないという事情とのあいだには並行関係があり、この対応は偶然ではない。

12　一例として、杉島敬志編『人類学的実践の再構築――ポストコロニアル転回以後』世界思想社、二〇〇一年所収の諸論考が挙げられる（同書については、本書の第3章、とりわけ一三九－一四二頁参照）。多文化主義の実践のかかえるさまざまな矛盾の諸相については、関根政美『エスニシティの政治社会学』名古屋大学出版会、一九九四年、第七章も参照（但し、関根のソ連観は大きく的を外している）。

13　塩川伸明「国家の統合・分裂とシティズンシップ」塩川伸明・中谷和弘編『国際化と法』東京大学出版会、二〇〇七年、八五頁で、この二分法に対する批判を簡単に提示したことがある。『民族とネイション』一八四－一九七頁、本書第1章五二－五四頁も参照。

14　Rogers Brubaker, *Citizenship and Nationhood in France and Germany*, Harvard University Press, 1992（『フランスとドイツの国籍とネーション』明石書店、二〇〇五年）。

15　Rogers Brubaker, "The Manichean Myth: Rethinking the Distinction between "Civic" and "Ethnic" Nationalism," in H. Kriesi, K. Armingeon, H. Siegrist and A. Wimmer (eds.), *Nation and National Identity: The European Experience in Perspective*, West Lafayette, Indiana: Purdue University Press, 2004. ブルーベーカーはこの論文の中で前著『フランスとドイツの国籍とネーション』への自己批判を行なっているが、それは自説の全面的転換ということではなく、前著で十分展開されていなかった論点をより鮮明にする中で一部を手直ししたという性格のものである。

16　アンソニー・スミス『ネイションとエスニシティ』名古屋大学出版会、一九九九年、一五九－一八〇頁。

17 スミス『ナショナリズムの生命力』晶文社、一九九八年、一四七−一四八頁。なお、この個所は、大澤『ナショナリズムの由来』三六八頁にほぼそのままの形で紹介されている。

18 スミス『ナショナリズムの生命力』、一四八−一四九頁。

19 Hans Kohn, *The Idea of Nationalism: A Study in Its Origins and Background*, with a New Introduction by Craig Calhoun, New Brunswick and London: Transaction Publishers, 2005 (originally published in 1944).

20 前注15。二分法図式批判については、その他に、Stephen Shulman, "Challenging the Civic/Ethnic and West/East Dichotomies in the Study of Nationalism," *Comparative Political Studies*, vol. 35, no. 5, June 2002; 渋谷謙次郎「言語問題と憲法裁判——ソ連解体後の「デモス」と「エトノス」の弁証法」早稲田大学『比較法学』第三五巻第二号、二〇〇二年、三−八頁なども参照。

21 大澤編『ナショナリズム論の名著50』平凡社、二〇〇二年、三〇三頁、なお同趣旨の指摘は『ナショナリズムの由来』七二−七三頁にもある。

22 『ナショナリズム論の名著50』三〇七、三一二頁。

23 マイケル・イグナティエフ『ニーズ・オブ・ストレンジャーズ』風行社、一九九九年、二一六頁、Michael Ignatieff, *Blood and Belonging: Journeys into the New Nationalism*, New York: Farrar, Straus and Giroux, 1994, pp. 5-9（『民族はなぜ殺し合うのか——新ナショナリズム6つの旅』河出書房新社、一九九六年、一二−一七頁）。

24 Ignatieff, *Blood and Belonging*, p. 16（『民族はなぜ殺し合うのか』二六頁）。これ以外にも、彼が単純な二分論に満足していないことを窺わせる文章は各所に散在している。

25 イグナティエフに関しては、塩川伸明『民族浄化・人道的介入・新しい冷戦——冷戦後の国際政治』有志舎、二〇一一年、第三章で論じてみた。「イグナティエフと「より小さな悪」」『風のたより』（風行社）、第四六号、二〇一二年も参照。

26 ついでにいえば、「公定ナショナリズム」の「典型」がロシア帝国に見られるという通説も間違っている——一九世紀後半-二〇世紀初頭のロシア帝国が「公定ナショナリズム」の政策をとろうとしたことは事実だが、それは不徹底で中途半端なものだったし、類似の政策が他の多くの諸国でもとられたことはアンダーソンも指摘しているとおり（Benedict Anderson, *Imagined Communities: Reflections on the Origin and Spread of Nationalism*, Verso, 1983, p. 86, n. 6:『増補・想像の共同体』一七七頁の注6）——が、にもかかわらず、そのような見解が広まっている（大澤も二八六、四〇六頁でそのように書いている）のはどうしてなのか、というのも興味深い問いである。

27 塩川伸明『現存した社会主義——リヴァイアサンの素顔』勁草書房、一九九九年参照。

28 日本におけるロシア史研究の回顧として、塩川伸明「日本におけるロシア史研究の五〇年」『ロシア史研究』第七九号（二〇〇六年）参照。

29 ソ連民族政策史について詳しくは、塩川伸明『多民族国家ソ連の興亡』全三巻、岩波書店、二〇〇四-〇七年、より簡略には、『《20世紀史》を考える』勁草書房、二〇〇四年、第八章、また本書の第2部に収録した各章も参照。

30 梅森直之編『ベネディクト・アンダーソン、グローバリゼーションを語る』光文社新書、二〇〇七年。

31 他の個所でも、「民族」の語に「エスニシティ」とルビを付けたり、「民族」を「エスニック・グループ」と言い換えたりしており（五九九、六二三頁など）、両概念が等価であるかのように扱われている。しかし、日本語の「民族」という言葉は、英語のエスニシティと対応させて使われることもあればネーションと対応させて使われることもある多義的な言葉である。大澤も大分離れた個所で「民族」の語に「ネーション」というルビを振っている（八二〇頁）。同じ語に異なったルビが振られることがあるのは、言葉の両義性を念頭におくなら驚くに値しないが、問題なのは、そのことについて何の説明もない点である。

32 大澤真幸「ナショナリズム」『朝日新聞』二〇〇七年九月一五日。

33 簡単な問題提起だが、市野川容孝『社会』に関する読書ノート（塩川伸明ホームページに収録）の末尾で触れたことがある。

34 G・C・スピヴァク『サバルタンは語ることができるか』みすず書房、一九九八年、一一六頁。

35 上村忠男「得策ではなかった結語?」『現代思想』一九九九年七月号。

36 サバルタン問題については、スピヴァク自身への疑問を含めて多くを論じなくてはならないが、まだ本格的に論じる準備はない。さしあたり、小熊英二『〈民主〉と〈愛国〉』への読書ノートで簡単に触れたことがある。本書の第2・3章も参照。

37 六七六頁の注32には、「ただし、この頃には、ボスニアの「ムスリム」たちの大部分は、すでにイスラーム教の信仰と実践を放棄していた、ということを認知しておかなくてはならない」と——正当にも——書かれている。だが、この認識と、「イスラーム原理主義あるいはイスラーム主義」の例だとする本文の記述の関係は、何も説明されていない。

38 ひょっとしたらここには、ボスニア紛争に関するイグナティエフのミスリーディングな叙述が影響しているのかもしれない（イグナティエフが取り上げているのはセルビア人、大澤が書いているのはムスリム人で、話題が異なるが、捉え方には共通性がある）。この点については、塩川『民族浄化・人道的介入・新しい冷戦』八一—八三頁参照。

39 いうまでもないことだが、このように指摘することは、だから「民族浄化」はなかったとか、大量レイプはなかったと論じることを全く意味しない。この複雑な問題については、塩川『民族浄化・人道的介入・新しい冷戦』第一、二章参照。

40 「クレオール主義」については、小田亮の二論文に示唆されるところが大きかった。小田亮「しなやかな野生の知——構造主義と非同一性の思考」『岩波講座・文化人類学』第一二巻（思想化される周辺世界）、岩波書店、一九九六年所収、同「発展段階論という物語——グローバル化の隠蔽とオリエンタリズム」『岩波講座・開発と文化』第三巻（反開発の思想）、岩波書店、一九九七年所収。本書の第3章も参照。なお、ディアスポラという問題系は歴史研究においても大きな位置を占めており、私自身の研究との関連では、塩川・小松・沼野編『ユーラシア世界』第二巻、東京大学出版会、二〇一二年が、その諸相の解明に充てられている。

41 ひょっとしたら、大澤は既成の歴史学の総体に対して強く否定的な見解をもっており、そこから学ぶべきものは何もない、黙殺が最もふさわしい、と考えているのかもしれない。もしそうなら、結論への賛否はともかくとして、一つの重要な問題提起あるいは挑戦状ということになる。しかし、そのように明言されているわけでもなければ、仮にそう考えるとして、その論拠が説明されているわけでもない。

42 「ファシズムには、さまざまな観点から見て、近代的と見なしうる性格が備わっている、ということが、研究者たちによって自覚されてきた」（六九三頁）とか、「近年のナチズム研究は、ナチ体制下で、技術者やテクノクラートが重用され、彼らが積極的なナチスの支持者になっていたということを実証している」（七三〇頁）とあるが、こうした点は「近年の研究」を待つまでもなく常識であり、実際、ここで挙げられている文献の多くは一九七〇-八〇年代のものである。

第5章　多言語主義という問題系

――砂野幸稔編『多言語主義再考』に寄せて

1　はじめに――多文化主義・多言語主義・多言語状況

多文化主義（multiculturalism）とナショナリズムをめぐってさまざまな角度から議論が繰り広げられているのは周知のところである。ナショナリズムの狭隘性を批判して、多文化主義をあるべき目標とする議論もあれば、それに対して種々の疑問を投げかける論者もいる。そのどちらの立場に与するかはさておき、一つの国の中に多様な文化が並立しているという事実への着目自体は、かなり多くの人々に共有されるだろう。

「多文化主義」という言葉における「文化」にはいろいろな側面があるが、言語がその大きな柱をなすことはいうまでもない。とすれば、「多言語主義（multilingualism）」は「多文化主義」の一つの重要な側面として考えることができる。二つの概念は単純に同じものではないが、そこに深い相互関連があることは明らかである。「文化」という言葉は、ややもすれば漠然たる意味で用いられ、そのために文化をめぐる論争も焦点がぼやけたものになることが少なくないが、「言語」はそれよりも特定性が高いだけに、これを主題として取り上げることは議論の焦点を明確化できるという利点があるように思われる(だからといって、言語だけを論じれば文化のすべてを論じたことになるというわけではないが)。

さて、本章で取り上げる砂野幸稔編『多言語主義再考――多言語状況の比較研究』(三元社、二〇一二年)は世界各地の多数の国や地域を取り上げて、そこにおける言語状況を比較の観点から検討した共同研究の産物であり、多言語主義について考える素材として好適な書物といえる。序論のほか二二もの論文からなり、全巻で七五〇頁にも及ぶ大冊である。分量的に大きいだけでなく、内容的にも、緩やかな共通性で結ばれているとはいえ、非常に多彩であり、安易な要約や論評を許さない。このような本について論評する資格が私にあるかどうか疑わしいが、このたび、『ことばと社会』誌から同書の書評を書く機会を与えられた。同誌編集部がどういう意図で私を選定したのかは分からないが、社会言語学という分野の専門外からの問題提起――いわば「傍目八目」効果――を期待したのではないかという推定のもと、あえて難問に挑戦するつもりで取り組んでみたい。

内容に入る前に、基軸的位置を占める用語について確認しておくなら、一般に「イズム」という語尾をもつ語は、「主義」の意味で用いられることもあれば、何らかの状態や特徴を指して使われることもある。たとえば「資本主義/資本制」とか、「家父長主義/家父長制」などのように、同じ単語が二つ以上に訳し分けられている例も珍しくない。multilingualism の場合、価値観ないし規範意識のこめられた文脈では「多言語主義」となり、何らかの状態と考えれば「多言語状況」となる。砂野編著の書名は、メインタイトルに「主義」、サブタイトルに「状況」の語を使っているが、前者に「再考」の語がついているのは、それが肯定的価値とされることが多い状況に一石を投じようという意識があるのだろうし、「多言語状況の比較研究」というサブタイトルは、「状況」の正しい認識なしに「主義」を立てることへの批判があるように感じられる。おそらくここまでは収録論文全体に共通の前提ではないかと思われるが、より具体的にどのように「状況」を認識し、「主義」を再考するかとなると、個々の事例ごとの差異が大きく、安易な一般化を許さない。

ともあれ、大部の書物であるので、まず最初に書物の構成を確認しておく必要があるだろう。大きな組み立て方としては、地域別の構成がとられており、第一部はヨーロッパ、第二部は社会主義国、第三部はアジア、第四部はアフリカ、そして第五部は日本となっている(第五部以外は、各部の中に細区分がある)。各地域ごとに言語状況が異なり、論点も多様である以上、このように地域別に分けた編成をとることには十分な意義がある。現代ヨーロッパで優勢となっている発想を性急にアフリカその他の地域に持ち込むことへの批判意識がある以上、それは当然のことである。そのことを確認した上での話だが、「一つの地域」として括られる諸国にもいろんな多様性があるし、「異なった地域」に属する例のあいだにも意外な共通性があったりする。である以上、各部を完結したものとしてバラバラに見るのではなく、それらを越境した議論を試みることも有意義ではないかと思われる。とはいえ、実際問題として、多様な事例をそれぞれ個性的に論じた各章をつきあわせて、整合的な像をつくるのは至難の業である。以下では、内在的な論評とか書物全体の再構成といった不可能事を僭称することなく、とにかく地域差を踏まえつつ地域を越えた比較を試みるにはどうしたらよいかについて、熟さない思いつきをいくつか書き連ねてみたい[1]。

2 「状況」——類型論の試み

対象国の言語状況にせよ、取り上げられる言語にせよ、あまりにも多様である以上、何らかの形で分類して整理してみないことには、雑然たる印象以上のものを得ることはできない。ところが、その分類や整理の基準自体が難題であり、何らかの特定の基準でもってきれいに割り切るわけにはいかない。

ここでは、あくまでも一つの試みとしてだが、ある国の言語状況を全体的に捉えようとする場合と、そこにおける各言語のおかれた位置を捉える場合とに分けて考えてみたい。こう分けた場合、前者については、砂野幸稔の序論における問題提起が興味深い。つまり、「それぞれの国家の中で公共性を担保する言語がすでに存在する状況、すなわち「国語」というブルドーザーによる「舗装工事」がすでに完了した状況」と、それがまだ実現していない状況の区別である（一六頁)。これは議論を整理する上で重要な点であり、以下でもこの発想を拝借して論を進めてみたい。

上記はある国の全体状況に関わるが、そこにおける各言語の位置について考える際には、第一章の佐野直子論文における諸言語の階層性の指摘が参考になる。特に「第三次エコ言語革命」における多言語状況が「諸言語の階層化と競争」として描かれ、最上段(英語とそれに対抗する「大言語」)、二段目(領土化された「国語」)、三段目(「地域的な少数言語」)、四段目(保護されないさまざまな言葉)という階層構造が提示されているのが興味深い(七二―七四頁)。ここでは四段の階層が提示されているが、それぞれの「段」の中にも相対的に有力なものとそうでないものの格差があることを考慮するなら、もっと幾重もの「段」に分かれると考えることもできるだろう[2]。

このような一般論を念頭において、この論集の五つの部分に分けられた地域について考えるなら、そこには、ごく大雑把にではあるが次のような対応関係があるように思われる。先ず、第一部で取り上げられているヨーロッパ諸国においては、「舗装工事」は基本的に完了している。そこでは、最上段および第二段の諸言語が確立していることを前提に、第三段の言語の「少数言語」としての保護ないし復興が「多言語主義」として称揚される――その際、第四段は視野の外におかれる――ということになる。第五部の対象たる日本の場合、第二〇章(安田敏朗論文)の扱う近代史においては「舗装工事」が進行中だったとはいえ、現代においてはもはや「舗装工事」は完了しているという意味で、ある程度ヨーロッパ的状況に近いところがあるだろう[3]。

ヨーロッパとは対極的な位置にあるのが第四部のアフリカ諸国である。ここでは、行政・司法・高等教育などといった公的空間で文章語として使われるのは、多くの場合、英語やフランス語、度合いが大分落ちるがポルトガル語などといった旧宗主国の言語だが、それは広範な国民に習得されているわけではなく、その意味では、国民国家の基盤としての「公共圏」は成立していないということになる。もっとも、現地の民族言語のなかにも相対的に広い範囲で共通語として用いられる言語（タンザニアをはじめとする東アフリカにおけるスワヒリ語、エチオピアにおけるアムハラ語など）があり、国・時代によってはそれらが「公用語」とされることもあるが、それらが実質的に英語やフランス語と同等の位置を占めるのは容易ではなく、「舗装工事」は完了にほど遠いというのが実態のようである。

ヨーロッパ（および日本）とアフリカを両極におくなら、第二部の社会主義国および第三部のアジアはその中間に位置づけられる。もっとも、実情は非常に複雑であり、単純に「中間」と言うだけでは片づけられない。第二・三部で取り上げられているのは――第一一章（名和克郎論文）のネパール、第一五章（大原始子論文）のシンガポールを除けば――ソ連・中国・インド・インドネシアと、どれも非常に大きなサイズの国であり、国内の異質性が大きい。そのため、一つの国であっても、ある部分では「舗装工事」が完了しているが他の部分では未完了といったばらつきがある。各言語の抱える問題もそれに応じて多様であり、同じ国だから同様の問題を抱えるなどとは言えない。私自身が比較的通じている旧ソ連諸国の例に即していうなら、ロシア語以外の諸言語がみな同じような状況にあるわけではなく、バルト三国のようにソ連編入以前から既に書記化／標準化された言語をもっていた地域もあれば、ソ連時代に民族言語の書記化／標準化および共和国レヴェルでの「舗装工事」がかなりの程度進展したところもあり、そうかと思えば、「舗装工事」があまり進展していないところもある。第七章（渡辺日日論文）の取り上げるブリヤートなどは、標準語形成の抱えた困難性が相対的に大きかった事例と位置づけられるだろう。

第二部と第三部は、対象国における言語状況の複雑性という点だけでなく、政策面についても、ある種の共通性がいえるように思われる。それは、かつて西欧諸国によってとられた帝国主義的政策への反撥を基礎に、ある意味では「多言語主義的」ともいうべき政策がとられた——しかし、それはその公的目標通りに諸言語の平等を実現したのではなく、新たに独自な困難を生みだした——という点である。それが最も顕著なのがソ連だったことはいうまでもない。そのことは第六章（渋谷謙次郎論文）で詳しく論じられているほか、序論にも、「多言語状況を単一言語の支配に置き換えるのではなく、「多言語主義」的に管理しようとする言語政策は、実はソ連、中国などの社会主義国で早い時期から行われてきたものである」との指摘がある（三二頁）。それに続く個所で、砂野が「ヨーロッパ型多言語主義が孕みうる問題点は、これらの国家の経験の中に先取り的に埋め込まれているとも言えるかもしれない」と書いているのは、この論集全体の中で占める社会主義の経験の意味を示唆して、興味深い[4]。

中国をソ連と対比すると、ソ連におけるロシア人比率に比して人口中の漢民族の比率が顕著に高く、中心的民族・言語と他の民族・言語の格差が非常に大きいという条件の違いがあり、またある時期以降は「民族自決」理念を背後に退かせたという点でも差異がある[5]。それでも中国政府はあからさまな単一言語主義をとったわけではなく、独自の形で多民族・多言語状況を管理しようとしてきた。第八章（李守論文）は朝鮮族のあいだで朝鮮語維持度が高い反面、漢語習得度が低く、これは市場経済化進展のもとでは不利に作用するが、かといって漢語学習度が高まるなら民族語保持が危ぶまれるというディレンマを指摘している。これは必ずしも中国特有ということではなく、多言語主義的政策につきものの問題であるように思われる。他方、第九章（フフバートル論文）は、新疆のオイラド・モンゴル（西部モンゴル）を取り上げ、地理的に離れた内モンゴル自治区の言語と文字への統一（トド文字の放棄とホドム文字の導入）が図られたことから生じた混乱を描いている。ここに見られるのは、「民族語」を確立する場合に、どの範囲の言語変種を「一つ」の言語とみなし、どういう変種を「標準」型として設定するかという一般的な問題の一例だといえよう。

第一〇章（藤井毅論文）の取り上げるインドは、いわゆる「社会主義陣営（共産圏）」に属したわけではないが、[6]特に初期においては強烈な反帝国主義イデオロギーをもち、ソ連の影響も大きかったことから、ある種の類似性が感じられる[7]。インドが複数の文字伝統をもつ「限定識字社会」だったのに対し、第一一章（名和克郎論文）の扱うネパール領ビャンスは比較的最近まで書記言語をもたなかったという差異からは、インド亜大陸のなかでも地域差の大きいことが印象づけられる。

第一二－一四章で扱われているインドネシアの場合、特にスハルト期においては強烈な中央集権政策がとられたという意味では、多言語主義とは無縁だったように見える。とはいえ、インドネシア語による「舗装工事」が進められる一方、各地の地域語は文化遺産として保護が図られた点に着目するなら、多言語主義と全く無縁ではなかったのではないかとも思われる。この種の「保護」に対しては、「欺瞞的」「表面的」などの批判を投げかけることもできる。だが、たとえ「欺瞞的」にもせよ、そういうポーズをとろうとする政策の背後には、多言語性を価値とする感覚が何ほどか前提されているのではないだろうか。これはインドネシアの言語政策を是とする見地からいうのではなく、そもそも「多言語主義的政策をとればよく、とらなければ悪い」という二者択一的発想を簡単には前提できないのではないかという問題提起である。

3 「主義」――その限界？

このように考えてくると、どうしても価値判断ないし規範の問題にぶつからないわけにはいかない。多言語主義およびそれと関連する少数言語の保存、言語的多様性の維持を望ましい価値とする発想は、現在では相当広い範囲に行きわたっており、砂野編著の執筆者たちのあいだでも大まかには共通の前提とされているように見える。それでいながら、それをひたすら追求しさえすればよいのか、そこにはある種の落とし穴がありはしないかという疑問が、いくつかの論文で提起されており、それがこの本の独自性であるように思われる。

ヨーロッパ発の多言語主義理念が他の地域に安易に持ち込まれることへの警告は、第三章（米田信子論文）で最も鮮明に打ちだされている。「アフリカにおいて一般の人々は誰も母語教育を望んではいない」、「人々にとって「母語で教育を受ける権利」というありがたみはなく、むしろそれは「言語の強要」のような印象さえある」、「言語的人権の象徴でもあるような母語教育が「個人が幸福を追求する権利」を侵してしまうことにもなりかねない」（一二四、一二五、一三五―一三六頁）といった厳しい言葉は、多言語主義の広まりを単純に「進歩」とみなす発想に冷水を浴びせかける。

類似の問題は他の諸論文でも触れられている。第四章（塚原信行論文）はパラグアイにおける二一世紀初頭の言語法案作成に際してカタルーニャ・ユネスコ・センターが行なった援助の限界性が指摘されている[8]。また第一四章（内海敦子論文）の「まとめ」には次のような一文がある。「インドネシアにおいては民族語が次々と消滅していっている。……筆者としては、どれも消えていってほしくない。しかし、現地の人々の幸せとコミュニケーションの効率性を考えたときには、皆が同じ言語を話すことが悪いことだとは思えない。……言語シフトは当然のものだと言えるのではないだろうか。……北スラウェシ州の人々にとって、民族語を失うことがアイデンティティの喪失につながらないだろうし、不幸になることもないだろうから」（四九二頁）。さらに、第一九章（若狭基道論文）は、比較的最近二度も文字化／書記化に失敗したウォライタ語（エチオピア西南部）の事例を論じて、失敗の根本原因として、文字化／書記化の狙いが明確でなく、何の意義があるのかが分からない点を挙げている。

これらとは異なった方向から問題の所在に触れているのは第五章（原聖論文）である。ここでは、少数言語復興を「権利」とする発想の限界が指摘され、むしろこれを「義務」とする観点が提示されている（一八二―一八三、一八七頁）。「権利」論のディレンマ――少数言語集団内の個々人の権利を尊重するなら、共同体からの離脱や言語の乗り換えも権利として認めなくてはならない――は原の指摘する通りであり、先に挙げた一連の議論とも交錯するところがある。だが、「権利」的発想に限界があるからといって「義務」だと言い切ってしまうなら、別種の問題にぶつかる。それは、ある種の人たち――典型的には言語復興運動に携わる活動家やそれを支援する言語学者たち――による当事者への押し付けとなるのではないかという疑問である。ここには深刻なディレンマがある。

4　「舗装工事」のディレンマ

「舗装工事」の比喩に立ち戻って言うなら、「舗装工事」がブルドーザーによってさまざまな景観を破壊・変形するというマイナス効果をもつことは、長きにわたる「近代化」の経験を経た後の今日に生きるわれわれにとっては明らかである。他面、そうやって強引につくりだされた交通体系の恩恵を現に享受している現代人がそれを否定することが可能かというのは、重い問いである。これは「反原発」を唱える人々が電力エネルギー大量消費型生活スタイルから脱却することができるかという問いと相通じるところがある。

すでに「舗装工事」が完了した国々では、かつて破壊された景観の代わりに、整備された道路の脇に緑地帯や花園をつくりだすこともできる。ヨーロッパ型多言語主義とはそうしたものに匹敵するのではないだろうか。そんなものは本来の文化多様性ではなく、まがいものに過ぎない、と批判することもできる。だが、もし整備された舗装道路網を完全に捨て去ることができないとしたら、緑地帯をつくるのはつくらないよりもまだしもマシではないかという反問もあるだろう。

「舗装工事」は完了済みか未着手かという両極だけでなく、現在進行中ということもある。そして、現在進行中の国においては、どこに、どのように道路を引くか——つまり、どの言語変種から、どのような「標準形」をつくりだして、それを「公用語」とするか——に関し、いくつかの候補のあいだで政治闘争——いわば言語的・文化的ヘゲモニーをめぐる闘争——が展開することがある。実際、政治史において言語問題が浮上するのはこのようなケースが多い。この論集で取り上げられている諸国の中では（旧）ソ連（第六章）やインド（第一〇章）が顕著な例だが、世界の歴史の中には、（旧）チェコスロヴァキアや（旧）ユーゴスラヴィアをはじめ、数多くの事例がある。その際、闘争のなかで相対的劣勢にある側は、優位に立つ側への批判の武器として、舗装工事そのものの正統性を疑う議論を突きつけるかに見えることがある。だが、実は、相対的劣勢の側も、できることなら自らも舗装工事を進めて、他の言語に対する優位を確保しようと願っているのではないか——とすれば、もっと下位の集団から見れば「どっちもどっち」ではないか——という問いが突きつけられることもある[9]。


——砂野幸稔編『多言語主義再考』に寄せて

最も深刻なのは、アフリカのように英語・フランス語などの「幹線道路」が突出した地位を占めてきたため、在来言語による舗装工事は思うように進めることができないという状況がある場合である。第一章の階層図式を借りていうなら、ここでは最上段の言語が第二段の役割を代替してしまっているため、在来の言語を第二段のものとして確立することが至難だということになるのではなかろうか。そういう状況の中で、ヨーロッパ式多言語主義が持ち込まれて、第三段の言語の書記化/標準化が図られることは、まだ十分確立していない第二段の言語にとっても、また第三段とのあいだに新たな格差を持ち込まれる第四段の諸言語にとっても混乱のもととなる。

状況はそれぞれに異なるにしても、この種の問題に対して解決を提示するのは容易なことではない。一つの明快な考え方としては、「そもそも舗装工事などやるべきでない、そんなものは要らないのだ」、という主張をすることもできなくはないが、それがどこまで多数の人々の支持を得ることができるかと考えると、あまり楽観できそうにない。仮に、ともかくも舗装工事を進めないわけにはいかないと考える場合、具体的にどこにどのように道路を引くのかが問われる。どこかに新しい道路を建設するなら、必ずどこかで古い森林や町並みを破壊することになる。言語の書記化/標準化とは、何らかの規範設定であり、特定の規範から逸れた形を「間違ったもの」として切り捨てることを含意する。それなしに書記言語をつくりだすことはできない。これはこの論集の各所で指摘されている通りである。これは、何らかの景観を破壊することなしに道路建設を進めることはできないが、かといって道路整備を全く行なうことなしに現代生活を送ることもできないというディレンマと同質の問題だろう。

内容に沿った書評というよりも、この書物に触発された思いを自分勝手に書き散らしたエッセイのようなものになってしまった。とにかく私にとっては、この多彩な論集を読み、この小文を書く作業は知的刺激に満ちた経験だった。編者および執筆者たちに深い敬意と謝意を表したい。

＊

注

1　この論集と直接関係するわけではないが、本文で書いた「地域差を踏まえつつ地域を越えた比較を試みる」という問題意識は、私がここ数年来携わってきた共同研究のとりまとめ作業から浮かんだものだということを断わっておきたい。塩川伸明・小松久男・沼野充義編『ユーラシア世界』全五巻、東京大学出版会、二〇一二年、特にその第一巻収録の「序——越境と変容の場としてのユーラシア世界」参照。

2　私はかつて熟さない試論の中で、最も強力なヘゲモニーを振るっている「ハイパー中心言語」たる英語を頂点に、第二順位に、話者が多く、標準化が進んでおり、国際的にも広く使用されている一連の言語（典型的には国連の公用語となっている諸言語）、第三順位に、それよりは国際性に劣るが、特定の国の国家語としての地位を確立させている諸言語（日本語もここに含まれる）、第四順位に、そうした地位を目指して格闘していたり、そうした地位から脱落するかもしれないという境界に位置する諸言語、第五順位に、より使用範囲が狭いが、ともかく文章語としての規範を一応有している諸言語、第六順位に、規範としての文章語確立度が低く、「方言」扱いされているが、それでも一定の地域では口語としてそれなりに広く使われ、定着している言語、第七順位に、「方言」としてさえも徐々に衰退しつつあるが、まだ死滅までは予期されていない諸言語、第八順位に、話者がごく少数になり、死滅の予測が現実性をもつ諸言語、といった序列を提示したことがある。「ある多言語国家の経験――ソ連邦の形成・変容・解体（多言語社会研究会二〇〇六年度大会における講演）」（本書の第7章）の補論。大雑把に言って、佐野の四つの「段」をそれぞれ上位と下位に分けると、第一から第八の各順位となるように思われる。

3 もっとも、ヨーロッパと日本の状況がそっくり同じというわけではない。一つには、第四段はおろか第三段の言語も十分な認知を受けておらず、多言語主義の思想がまだあまり広い範囲で受け入れられていないという現実がある。その一方で、一部で唱えられつつある「言語権」論はヨーロッパにない特異性をもっていることが、第二一章の木村護郎クリストフ論文で指摘されている。

4 この問題に関する私の研究は、塩川伸明『民族と言語――多民族国家ソ連の興亡I』岩波書店、二〇〇四年にまとめられている。本書の第7章も参照。

5 ソ連が「民族自決」論を、少なくとも建前のレヴェルでは維持したのに対し、中国はそれをある時期以降否認したというのがこれまでの定説のようである。代表的文献として、毛里和子『周縁からの中国』東京大学出版会、一九九八年、加々美光行『中国の民族問題――危機の本質』岩波現代文庫、二〇〇八年などがあり、砂野編著における関係論文でもそのような見解が前提とされている。もっとも、「民族自決」理念をどのように解釈・適用するかは多義的であり、ある角度からは「それなりに尊重している」とされる状態が他の角度からは「完全に否定されている」と見られるといった両義性があることを念頭におくなら、民族自決論維持か否認かはそう明確な二者択一ではないようにも思われる。また、ソ連が連邦制をとったのに対し、中国は連邦制をとらなかったというのがもう一つの対比点だが、中国における民族的自治区の設定は、ソ連の中のロシア・ソヴェト連邦社会主義共和国の型と似ている。塩川伸明「ソ連の解体とロシアの危機」近藤邦康・和田春樹編『ペレストロイカと改革・開放』東京大学出版会、一九九三年、二七八頁、同『民族とネイション』岩波新書、二〇〇八年、一三五頁。

6 「社会主義」「共産主義」の語の定義・解釈・用法をめぐっては膨大な議論があり、ここで立ち入ることはできない。とりあえず、塩川伸明『現存した社会主義――リヴァイアサンの素顔』勁草書房、一九九九年の序章、より簡略には、塩川『冷戦終焉20年――何が、どのようにして終わったか』勁草書房、二〇一〇年、二〇頁のコラム①参照。

7 なお、ある時期に単一の「ヒンドゥスターニー語」とみなされていた言葉が「ペルシャ・アラビア文字で書かれるウルドゥー語」と「デーヴァナーガリー文字で書かれるヒンディー語」に分化していったプロセスは、かつて一つのものと意識されていた「セルボ・クロアチア語」が「ラテン文字で書かれるクロアチア語」と「キリル文字で書かれるセルビア語」に分化し、更には「ボスニア語」、「モンテネグロ語」までつくりだされつつある旧ユーゴスラヴィアの事例を思い起こさせる点で興味深い。

8 なお、塚原論文の末尾では、この事例は「先進的かつ戦闘的な成功例である言語政策を移植しようとする試みが、社会固有の条件によって先進性と戦闘性をそぎ落とされ、結果として技術的側面の移植に終わったという凡庸な例かもしれない」とした上で、その限界を超える道は「土着化」にあるのではないかと示唆している（一六一頁）。小さな疑問を出させてもらうなら、この書き方では、移植元＝カタルーニャの「先進性と戦闘性」自体は疑う余地のないもので、移植先＝パラグアイだけに問題があるというように読めるが、そうとってよいのだろうか。それと、「土着化」――これはかつてのソ連民族政策の主要スローガンだった――とは、それをどう解釈し、どのように実践するかをめぐって論争の絶えない問題のはずである。「土着化」は解決ではなく、出発点――ひょっとしたら、より大きな困難の出発点――に過ぎないのではなかろうか。

9　この種のヘゲモニー争いの主な担い手は、前注2で挙げた八層論でいうと、第四順位を中心に第三順位の一部と第五順位の一部であることが多いように思われる。それらより上位の言語は既に舗装工事を完了しているし、より下位の言語は舗装作業着手にまだ届かないといった事情があると想定できそうである。

第2部　社会主義の実験と民族・言語問題

第6章　ソ連の民族問題と民族政策
——テリー・マーチンの業績に寄せて

1　はじめに

一九九一年末に消滅した「ソ連」という国、そこにおける民族問題と民族政策については、これまでも多くの人々が深い関心を寄せ、多数の関係文献が著わされてきた。ある時期までよく見られたソ連当局の宣伝を鵜呑みにしたようなものは論外として、批判的な観点からの興味深い分析も決して少なくない。そのような中で、このほど新たに、テリー・マーチン『アファーマティヴ・アクションの帝国』（明石書店、二〇一一年）という大著が邦訳刊行された。既に多くの文献があるこのテーマについて、あえてこのように分厚い研究書を新たに紹介することの意義はどこにあるのだろうか。この問いに答えるためには、この主題に関する研究史を簡単に振り返り、そこにおけるマーチン著の位置を明らかにする必要がある。

欧米では、ソ連の民族問題に関して古くから多くの論者――パイプス、カレール＝ダンコース、ジモン、ナハイロとスヴォボダ等々――が多数の研究を積み重ねており、それらは今では「古典」ともいうべき位置を占めている[1]。日本では一九七〇年代に田中克彦、原暉之、山内昌之らが先鞭をつけた後、多くの研究者が輩出し、多様な研究が積み重ねられてきた[2]。そのおかげで、一九八〇年代後半から九〇年代初頭にかけてのソ連の急激な変動――ゴルバチョフ政権下のペレストロイカからソ連解体に至る過程――の頃までには、少なくとも専門家たちのあいだでは、ソ連民族政策の諸矛盾についての認識はかなりの程度共有されるようになっていた。

こういうわけで、ソ連の公式見解を批判してその民族政策の諸矛盾を暴く作業は、ソ連解体に先立ってかなりの蓄積をもっており、ソ連史の中でさまざまな民族が苛烈な抑圧を被ってきたこと、「諸民族の平等」という建前に反してロシア人の事実上の優位が持続し、時には露骨なロシア優先主義さえも見られたことなどの認識は、ほぼ常識化しつつあった。ペレストロイカ期における各地の民族運動の興隆から連邦国家の解体に至る過程も、そうした認識を前提にすれば、完全に予想外の出来事ということではなく、具体的なプロセスの個々の局面はともかく全体としていえば、むしろ当然の帰結として理解することができた。もっとも、これはあくまでも専門家のあいだでの話であり、非専門家たちのいだくイメージはこれとのあいだにかなりのズレがある(ソ連解体によってはじめてそれらの諸矛盾が暴かれたというように捉えている人も、今なお少なくない)。

今まとめたような見解は、ごく大まかにいえば、今でも正当性を主張しうるものであり、これと正反対の主張——かつてのソ連当局およびそれに追随する各国「進歩派」によって説かれた——が息を吹き返す余地は全くない。だが、ではすべてが解決済みで、新しく検討し直す余地がないかと問うなら、それは別問題である。たとえば、ソ連解体前後の時期には、「ソ連帝国」が諸悪の根源と描かれ、それさえなくなれば民族自決と国民国家の前進が待っているという楽観論が支配したが、その後の旧ソ連諸国の曲折に満ちた歩みは、そうした楽観論の維持を困難にしている。また、ソ連解体前後の時期に多くの民族運動を鼓舞した理念は、いわば「古典的」ともいうべきもので、「民族自決」を無条件の善とし、それはソヴェト政権によって圧殺された「古来の伝統文化」の復活を意味するといった把握が主流をなしていた。これは「民族」というものが「古来の本質」「古き良きもの」をもっていたはずであり、その復興・維持こそが大事だと考えるという点で、顕著に本質主義的・原初主義的性格を帯びた発想である。同じ時期に、民族問題をめぐる一般的な議論においては「本質主義批判」「原初主義批判」が有力になりつつあったことを思えば、これは逆説的な事態だった。こうして、ソ連体制およびその公式理念を批判する知的潮流は、それ自体、新たな試練にさらされるようになったのである。

ソ連解体前後の時期に特徴的だった知的興奮状態は、その後、次第に沈静化した。そうした新しい情勢の中で、ひたすら旧体制の悪を暴くだけで満足するのではなく、これまで見落とされてきたさまざまな側面を総合的に検討し直す必要を認識する新しい研究潮流が、一九九〇年代後半以降、欧米諸国でもロシアでも日本でも登場してきた[3]。その流れは多様な要素からなり、とても一口でまとめられるものではないが、ともかくマーチンはそうした新しい流れの波頭に立つ代表的な研究者である。

こういう風に見てくるなら、マーチン著は研究史における新しい段階を代表する画期的な作品であるということができる。同書は原書の形で数年前から日本の研究者たちにも影響を及ぼしてきていたが[4]、こうして邦訳されて広範な読者層の手に届くようになることには、大きな意義があると言えるだろう。あえてキャッチフレーズ的な言い方をするなら、旧ソ連地域民族問題研究はカレール＝ダンコースやナハイロとスヴォボダに代表される古典的段階を超えて、マーチンおよび彼とともに新たな流れを築きつつある人たちの段階へと進んでおり、今後の研究はそうした進展を踏まえないわけにはいかないのである。

2 基本的骨格

マーチンの著作は大量の原史料を駆使した堅実な実証研究であり、そうした実証性に先ずもって最大のメリットがある。読者は同書に盛り込まれた史実の多彩さ、そしてそれらを裏づけるために膨大な史料を並べる著者の手法に圧倒されるだろう。とはいえ、この本はあまりにも分厚い著作であり、また書き方にやや不親切なところがあって、細かい事実経過を追うことに精一杯となり、大きな流れをつかみにくいという面がなきにしもあらずである。そこで、いくつかの特徴を補足的に解説しておくことが読者の便になるかと思われる。

この本は大著にふさわしくいくつかの特徴をもっているが、そのなかでも最大のものは、何と言っても「アファーマティヴ・アクションの帝国」という表題そのものに象徴的に示される独自な民族政策把握にある。ソ連民族政策――あるいはより広く社会政策全般――に積極的格差是《アファーマティヴ》正措置《・アクション》（元来は一九六〇年代のアメリカで使われ出した言葉）に類似した要素があるのではないかという指摘は、マーチン以前にも何人かの研究者によってなされており、彼の独創というわけではないが[5]、この本はそうした見方を全面的に体系化しようとしたものである。もっとも、こういう風にだけいうと、誤解を招くかもしれない。あたかもソ連の民族政策を復権し、一度地に落ちたそれを再評価――もっといえば美化――しようとするものではないか、と受け取られかねないからである（次章、また本章末尾の補注1・2も参照）。しかし、マーチンの意図はそのようなところにあるのではない。彼はソ連の民族政策がいかに矛盾に満ちたものだったか、その歴史の中でいかに多くの暴力的事態が生じたかを克明に跡づけており、その描写は美化とはおよそ縁遠い。問題は美化するか批判するかというような次元にあるのではなく、そこにおける矛盾をどのような性質のものとして捉えるかにある。「アファーマティヴ・アクション」という言葉は弁護ないし美化のための言葉ではなく、独自な矛盾の構造を明らかにするためのキーワードとして使われている。おそらく著者の頭の中には、この言葉の元祖たるアメリカでアファーマティヴ・アクションがその期待に反して種々の紛争を招き、ある時期以降は巻き返し《バックラッシュ》を呼び起こしてもいるという事実が念頭におかれているものと思われる。

ここでいう「アファーマティヴ・アクション」とは、各地の民族エリート養成のために、非ロシア諸民族に対して教育や人事に関する特恵的政策（優先処遇）がとられたことを指している。より広くいえば、各地のソヴェト政権を現地に根づかせるため、それぞれの地域の民族言語の公的場面での使用の奨励（その前提として、それまで文章語化の進んでいなかった多くの民族言語の文章語化・標準化が必要とされた）、大衆的民族文化の振興策などがとられ、これらを総称して、当時のソ連では「現地化（コレニザーツィヤ）政策」と呼ばれた。このような政策がとられたこと自体は従来からも知られていたことだが、マーチンの独自性は、それが多くの民族にとって「ネイション・ビルディング」としての意味をもったと指摘している点にある。従来の多くの研究は、ソ連当局は「民族自決」の約束を裏切り、諸民族の存続を圧殺してきたという捉え方をとってきたが、単純に諸民族を圧殺したのではなく、むしろ独自な形で「ネイション・ビルディング」を進めたことこそがソ連の特徴だった。もっとも、だからといって、民族破壊（nation destroying）の要素がなかったというわけではない。マーチンによれば、ネイション・ビルディングと民族破壊は単純な二者択一ではなく、むしろ裏表の関係にあった。このような両面の併存に注目する点が、彼の研究のもう一つの重要な特徴となっている。

「ネイション・ビルディング」の推進ということは、言葉を換えれば民族の同化を否定するということでもある。少なくとも一九三〇年代初頭までのスターリンは同化に対して徹底的に否定的であり、強制的同化はもとより、「自然な同化」にも反対という態度を明示していた。「自然な同化」を認めるなら、事実上、強い文化的ヘゲモニーをもつ民族――ソ連の現実でいえば、典型的にはロシア人――への同化を容認し、非ロシア諸民族の衰退を認めることになるが、そういうことを許してはいけない、というのがスターリンの考えだったのである。これは、今日、多くの人がスターリンについていだく常識的イメージとはおよそかけ離れている。また、レーニンとの比較でいえば、「自然な同化」を進歩的とみなしたレーニンよりもスターリンの方が少数民族の存続に同情的だったということになる。通説的理解では、「レーニンは少数民族に同情的だったが、スターリンはそうでなかった」とされるのが常だから、この点でも、マーチン著の理解は常識を覆すものである。

もっとも、後述するように三〇年代にはある種の政策転換があり、初期と同じ政策が一貫して維持されたわけではない。だが、転換後も、単純な「ロシア化」政策が推進されたわけではなく、一定の枠内においてではあるが、諸民族をロシア人と区別された独自の存在として位置づける政策はその後も維持された。ソ連の民族政策の基本を同化主義――ロシア人への同化――に求める見解は、非専門家のあいだでは広く普及したもので、「常識」とさえ化しているが[6]、この本はその「常識」を真っ向から打ち砕く内容となっている[7]。

アファーマティヴ・アクションと関連する特徴的現象として、やや個別的な話になるが、「中抜け」現象というものがマーチン著の第四章や第九章で指摘されている。「中抜け」とはやや耳慣れない表現だが、帝政ロシアで下位に位置づけられていた諸民族の中から新たなエリートを養成する政策がとられた結果、目につきやすい上層部（とりわけ行政的ポストや人文系知識人など）には多くの非ロシア民族が進出した――この意味で「ガラスの天井」はない――反面、中間レヴェルをなす技術専門家の養成が遅れたことを指す。これは遅い時期まで続いたばかりか、ある意味では今日にまで尾を引いている現象であり、この研究の射程はその直接的対象を超えて、現代にまで及んでいる（また、類似の現象は、例えばマレーシアなどでも観察されることが指摘されており、旧ソ連ないし旧社会主義国という枠を超えた、アファーマティヴ・アクション的政策の一般的な問題点に関わることが示唆されている）。

3　研究対象の幅広さ

前節では、マーチン著の中心論点と直接関わる全般的特徴について述べたが、それ以外にも、この本には注目すべき点が多々ある。取り上げる社会層・集団・機関等が非常に幅広いこと、対象とする諸民族も多彩であること、約二〇年に及ぶ長い期間を取り上げて、そこにおける時間的な変化にも丁寧に目を配っていること、などである。順次、簡単に触れておこう。

まず、取り上げる社会層・集団・機関等の幅広さについて。

従来、ソ連という国を論じる際、ややもすれば最高指導部のイデオロギーや政策のみが注目され、それと関連して、具体的な登場人物としては少数のトップ・エリートに視野が絞られる傾向があった。そうしたトップ・レヴェルのイデオロギーと政策が、良きにせよ悪しきにせよ、歴史過程全体を決定したかに捉えられがちだったのである（ここで「良きにせよ悪しきにせよ」というのは、ソ連体制に肯定的な論者と批判的な論者とでは結論が逆だが、思考の枠組み自体は共通していることを指す）。これに対し、マーチンはトップ・リーダー以外のさまざまな機関、地方活動家、学者、更には末端大衆などを多数登場させ、彼らがそれぞれにソヴェト国家のイデオロギーや政策に対して自己流の解釈を施して——これまた良きにせよ悪しきにせよ——我流の実践を試み、そこから種々の紛争・軋轢を引き起こしたことを示している。といっても、中央指導部のイデオロギーや政策が無意味だったということではもちろんない。中下級機関がそれに制約されていたのはいうまでもない。だが、その解釈および履行における重点の置き方にはかなりの幅があり、イデオロギー的統一性は具体的な行動の統一性を意味しなかったという事情の解明が大きな課題とされているのである。

実際、マーチンは各所で、政策の揺れ、諸集団の衝突——それは、時としてきわめて激しい形態をとった——が生じたことを示しているが、それは中央指導部の体系的な指令の産物というよりは、むしろ政策の意図せざる副産物であり、地方レヴェルでの利害や意見の相違に基づく複雑な駆け引きの結果だった。

さまざまな官庁や機関を登場させて議論を進める場合、それらをどのように整理して位置づけるかはなかなか難しい問題である。マーチンは、一つの試みとして、「強硬路線《ハードライン》」の機関と「柔軟路線《ソフトライン》」の機関という分類を採用している。やや図式的ではないかという疑問もなくはないが、とにかく諸官庁の立場の違いを整理する一つの視点ではある。その際、「強硬路線」を治安機関だけに代表させるのではなく、経済関係の官庁もここに含めている点が注目される（もっとも、これらの用語がはじめて登場する第一章では経済機関への言及がないが、後の諸章の叙述から、経済機関が「強硬路線」の機関と位置づけられていることが分かる）。経済機関にとっては民族に関わりない経済合理性こそが重要であり、アファーマティヴ・アクションは経済合理性の観点からいえば非効率・不合理と映る。経済機関の役割が増大した工業化の時期にアファーマティヴ・アクション的政策が後退を余儀なくされたことの一因はここにある。

4　取り上げられる民族の多彩さ

次に、取り上げられている民族の多彩さについて。

一口に「ソ連の諸民族」といっても、そこにはきわめて多様な民族が含まれ、それらの言語系統、宗教的・文化的伝統、ロシアとの関係、政治史的特徴などはそれぞれに異なっている。「民族一般」ではなく、固有名詞をもった個々の諸民族の具体的なあり方の解明こそが重要である。マーチンの著作は特定例に絞りきった事例研究ではなく、ソ連諸民族を包括的に取り扱った、いわば総論的な書物だが、それらを十把一からげに取り扱うのではなく、いくつかの基準で分類し、それぞれの特徴を把握しようとしている。といっても、あまりにも多数にのぼるソ連諸民族をまんべんなく取り上げることができるわけではなく、精粗の差は避けがたいが、それにしても多数の「非ロシア民族」の個性を描き分けようとしている点は重要である。

先ず、最も大きな区分として、「東方」と「西方」の対比が前提におかれている。これは下手をすると、図式主義的な東西対置論――「西」を上に置き、「東」を下に置く「文明の序列」観――を固定化することにもなりかねない。しかし、マーチンは自分自身の価値観に基づいてそのような図式を出しているのではなく、ソヴェト政権が現にいだいていた図式として、《西の文化的先進性と東の後進性》という把握が重要だったという事実を指摘しているのである。

もちろん、実際には「西方」も「東方」も一体ではないから、それぞれについてより細かく具体的に見ていくことが必要となる。マーチンは、「西方」諸民族のうちではウクライナを主に取り上げて詳しく論じている。この著作が膨大な原史料の渉猟に基づいていることは先に触れたが、著者はモスクワの諸文書館《アルヒーフ》の他、ウクライナの文書館も広く利用しており、ウクライナを扱った部分は特に光っている。逆にいうと、グルジアおよびアルメニアはやや手薄である。また特異な民族たるユダヤ人は各所で言及されているものの、どちらかといえば部分的な扱いとなっている(なお、バルト諸国はこの研究の対象時期にはソ連領の外にあった)。また「東方」については、中央アジアとヴォルガ流域が詳しく、これもマーチンの本領が発揮された個所である。これに対し、北カフカースは相対的に手薄の印象を受ける。

以上の分類とは別に、国境を挟んでソ連の中と外とにまたがって居住する諸民族が、この本では独自の位置を占めている。一例として、かねてより日本の歴史家たちの関心を引いてきた朝鮮人問題[8]についても独自の照明が当てられており、それ以外にも、ポーランド人、ウクライナ人、ベラルーシ人、モルドヴァ人、カレリア人その他の例が取り上げられている。国境をまたいで居住している諸民族は、対外政策との関連で重要な位置を占める。マーチンによれば、初期においては、これらの民族に対して特恵的な政策をとり、それを国外同胞への宣伝に役立たせようとする発想が重視されていた——一九世紀イタリアの故事に倣い、「ピエモンテ原理」と呼ばれている——が、三〇年代になると、むしろそれら諸民族が外からの「侵略の手先」となることが警戒されるようになり、そのため抑圧的政策への逆転が生じたとされる。直接的な意味での政策は「特恵」から「警戒」へと逆転したわけだが、いずれの時期においても国際関係と民族政策のあいだに連動関係があった点では共通している。

諸外国からの影響力浸透への警戒は、ある時期以降、いくつかの民族の集団的な追放をもたらした。一九四〇年代の事例については従来から広く知られていたが（後述も参照）、マーチンはそれに先だって三〇年代後半の国際緊張激化の中でいくつかの先駆的例があったことを指摘し、これを「ソヴェト版民族浄化」と呼んでいる。なお、ここにおける「民族浄化」の定義は、「特定の民族の人びとがある場所から強制的に移住させられること」となっている（第八章冒頭）。これは場合によっては大量暴行・殺戮を伴うこともありうるが、それ自体として同じ意味ではないことにも注意しておく必要がある[9]。

以上に触れてきたのは、非ロシア諸民族の中での分類だが、ほかならぬロシア人についても、マーチンは独自の位置づけを与えている。従来、ソ連におけるロシア人はややもすれば単純に

「支配者」として捉えられがちであり、そのことと関係して、「ロシア問題」をソ連全体と区別した独自の問題として考える必要性自体が、あまり感じられてこなかった。しかし、ロシアにはロシアとしての独自の問題状況があり、ソ連の民族問題について考える際にこれを外すことはできない。

アファーマティヴ・アクション的政策が最も盛んだった一九二〇年代に、非ロシア諸民族がその対象とされたのは、ロシア人が帝政のもとで「支配者」としての地位を占めてきたという認識があったからであり、その状況を変えるために非ロシア諸民族を優遇するということは、換言すれば、ロシア人に対する「逆差別」を意味した。やや強い言い方をすれば、当時のソ連の民族政策は「反ロシア的」でさえあった。そのような政策がロシア人の不満を募らせていったことは、驚くに当たらない（ここには、アメリカにおけるアファーマティヴ・アクションが白人男性の不満を招き、バックラッシュをもたらしたこととの共通性がある）。「反ロシア的」政策への不満を早い時期に表明したのは、ラーリンをはじめ、やや「一匹狼」的な人物だったが、ある時期以降、スターリンもそうした雰囲気を察知し、人口の過半数を占めるロシア人を政権に取り込む必要性を感じるようになる。こうして、初期に顕著だった「反ロシア的」政策の抑制と「ロシア的なもの」の復権が始まる。

この関係で一つ興味深いのは、第一〇章に出てくる「ロシア共和国のロシア化」という表現である。ソ連を構成する共和国は「ウクライナ共和国」とか「ウズベク共和国」といった名称に示されるように、それぞれの地域の主要民族を中心とする「国民国家」の体裁をとっていたが、ロシア・ソヴェト連邦社会主義共和国（ロシア共和国）だけは、その内部にタタール自治共和国、バシキール自治共和国をはじめ多数の非ロシア諸民族の自治地域を含むことから、「ロシア人の国民国家」としての位置づけを受け取らなかった。しかし、一九三〇年代末になって、自治共和国・自治州・民族管区（後の自治管区）よりも小さな「民族地区」「民族村ソヴェト」が廃止されたことにより、ロシア共和国のうちの自治共和国・自治州・自治管区を除いた部分は「ロシア人の国民国家」に近い位置を受け取った、というのがマーチンの指摘である。

これは興味深い着眼だが、多少の留保をつけておく必要がある。民族地区・民族村ソヴェトの廃止は確かに注目に値する出来事だが、逆にいえば、それらよりも上位に位置する自治共和国・自治州・民族管区（自治管区）はその後も存続したのであり、「ロシア共和国のうちの自治共和国・自治州・自治管区を除いた部分」という存在が正規に制度化されることもなかった。「ロシア共和国のロシア化」は中途半端なものにとどまったのである。ずっと後のことになるが、ペレストロイカ後期のソ連で、ロシア共和国においてソ連中央（ゴルバチョフ政権）への不満が高まり、議会と政府はエリツィンと「民主ロシア」に、共産党は新たに創設されたロシア党組織（ポロスコフ第一書記）に牛耳られるという推移があったが、これは、それまでに「ロシア共和国のロシア化」が完成しておらず、「ロシアのソ連への不満」が蓄積していたことの反映である。

いずれにせよ、「ロシアの復権」ともいうべき傾向が一九三〇年代に進んだことは明らかである。だが、そのことは他の諸民族の直接的な「ロシア化」を意味したわけではない。この点については次節で述べる。

5　時間的推移の把握

最後に、時間的推移の把握について。

従来、ソ連の民族政策は一九二〇年代と三〇年代以降とで大きく異なるということが、多くの人々によって指摘されてきた。単純化された叙述においては、二〇年代には諸民族の権利を尊重する政策がとられていたが、三〇年代以降にそれが取り消された――いわば、肯定的な政策から否定的なものへの大逆転が生じた――という風に事態が描き出されていることも少なくない。

ソヴェト民族政策が一九二〇年代から三〇年代にかけて大きな変化をこうむったという指摘それ自体は、ごく巨視的な意味で言えば、一応当たっている。先に触れた「現地化（コレニザーツィヤ）」政策が最も熱心に試みられたのは一九二〇年代であり、その後、この政策は全面的に放棄されたとまではいえないものの、いくつかの点で後退・縮小し、また二〇年代におけるその担い手のかなりの部分は三〇年代に政治的に排除された。

しかし、こうした変化をいわば白から黒への大逆転のような形で捉えることは誤解を招きやすい。マーチンはそうした図式的理解の限界を指摘し、政策の変化をよりきめ細かく探究している。一方からいえば、一九二〇年代に熱心に追求された現地化政策にしても、一部の研究者が美化して描いたようにうるわしい現実――諸民族の文化の順調な発展――をもたらしたわけではなく、その実施過程で多くの混乱や軋轢を引き起こし、そのことがやがて政策転換を招く背景ともなった。他方からいえば、二〇年代末以降、いくつかの節目で、あたかも大きな政策転換であるかに見える出来事が起きたものの、その都度、方向転換の行き過ぎが戒められ、従来の民族政策の基本が再確認されて全面的な断絶は回避されたというような記述が各所にある。

そのような、いわば煮え切らない転換がいくつかある中で、マーチンが最も大きな節目として重視しているのは、一九三二年一二月のウクライナに関する決定である。そして、これを受けた三三年以降に最大の転換があり、それは三八年頃に完成する、というのが大きな見取り図となっている。その意味では、マーチンは政策転換の画期を従来の多くの研究よりもやや遅く、二〇年代末―三〇年代初頭ではなく三三―三八年頃においていると見ることができる。とはいえ、これ以降の時期にしても、初期の政策のあらゆる要素が否定されたということではなく、ある種の連続性の要素もあることが指摘されている。この本のうちのある個所を読むと、その時点で急激な大逆転があったかの印象を受けるが、少し先を読むと、その転換は必ずしも全面的なものではなかったと示唆する記述があったりして、読者は曲折の複雑さに戸惑うかもしれない。それは現実の歴史が複雑であることの反映だが、それにしてもやや話が細かすぎて、読者にとって見通しがききにくいという不満をいだかせかねない。

屈曲に満ちたマーチンの叙述をあえて思い切って単純化して説明するなら、一九三〇年代後半以降の新しい政策の柱は、第一に、先に触れた「ロシアの復権」、第二に、これも前節で述べた

ロシア人	逆差別→ロシアの復権,「長兄」	「諸民族友好」
比較的大きめの非ロシア人	積極的AA→抑制され，無害化されたAA	
より小さなエスニック・グループ	独自のAA対象→大きめの諸民族への糾合	
国境をまたいで存在する諸民族	ピエモンテ原理→警戒・追放	

＊AA＝アファーマティヴ・アクション

国境をまたぐ諸民族に対する警戒心の増大（一部については集団的追放）、そして第三に、ある規模以下の民族集団をアファーマティヴ・アクション政策の対象から外し、より大きな民族への「自然な同化」――これはかつて否定されていたものだが――を促進する、とまとめられる。このうちの第二と第三に注目するならアファーマティヴ・アクションは取り消されたとする見方も一定の妥当性をもつ。しかし、これが当てはまるのは、ソ連の諸民族全体からいえば一部分にとどまる。そして、それら以外の多数の民族は、二〇年代ほど声高ではないもののアファーマティヴ・アクションの対象であり続けた。問題は、それら諸民族への――かつてよりは抑制され、いわば無害化した――アファーマティヴ・アクションの継続と「ロシアの復権」とがどのような関係にあるかである。かつてのアファーマティヴ・アクションがロシア人への「逆差別」を伴っていたことは先に指摘したが、これ以降は、ロシア人は「忌むべき旧支配者」ではなく、「同等者間の第一人者」「長兄」としての位置づけを受け取ることになった。そして、諸民族それぞれの「ネイション・ビルディング」を継続しつつも、それらがロシア人を中心にソ連全体としてまとまっていくことが重視されるようになった。いわゆる「諸民族友好」論である。これがこの後のソ連民族政策の基本となった、というのがマーチンの展望である。

以上をまとめて単純に図式化するなら、図のようになる。

6 第二次大戦およびその後への展望

マーチン著はソ連民族政策史の全史ではなく、一九三九年で叙述が打ち切られている。そこで、その後の推移についても、ごく駆け足にであれ、簡単に触れておくことが読者の便宜だろう。

第二次大戦期の戦時動員は、ある意味ではそれまでの民族政策の延長上にあるが、それを一層濃縮し、その矛盾をより激しいものとした。大衆を戦争に動員するに当たって、共産主義イデオロギーよりも「祖国の大地を敵国の侵略から守れ」という愛国主義宣伝の方が有効だと感じ取ったスターリン指導部は、ロシア正教会との和解に象徴される「ロシアの復権」を一層推し進め、ロシア人大衆の民族的統合を図った。その一方で、戦争はロシア人単独で遂行できるものではなく、他の諸民族をも幅広く動員する必要性があったことから、非ロシア諸民族についても、ある程度同様の政策がとられた。イスラーム、アルメニア教会、ユダヤ教会などに対しても、ある程度の宥和的政策――それまでの抑圧の緩和――がとられ、それらの宗教を奉じる諸民族の戦争への動員に貢献した。グルジアに関しては、ロシア帝国への併合以来失われていたグルジア正教会の自立性回復が認められた。こうして、戦争に貢献する限りで、非ロシア諸民族のナショナリズム感情も容認ないし部分的には奨励されさえした。もっとも、それと同時に、ソヴェト諸民族の団結の中核をなすのはロシア人だということが強調され、ロシア人は「諸民族友好」の要をなす「長兄」とされた。他面、このような統合に服さない――もしくはそうではないかと危惧される――諸民族に対しては、警戒心がそれまで以上に強められ、いくつかの民族は自治を取り消され、集団的に追放された（ヴォルガ・ドイツ人、クリミヤ・タタール、チェチェン、イングーシ、カルムィク、カラチャイ、バルカルなど）。

戦後初期（スターリン末期）は、冷戦開始と重なる情勢の中で、イデオロギー的引き締めが一層強化された。戦時中に戦争動員の必要からある程度容認された諸民族のナショナリズム感情が、戦後期にはむしろ警戒の対象とされるようになり、部分的には政策の逆転が起きた。そうした中で、この時期には、異例なまでに露骨なロシア中心主義と「反コスモポリタニズム」という形をとった事実上の反ユダヤ的政策がとられた。これはそのものとしては定着することなく、スターリン死後に、少なくとも表面からは退くことになる（もっとも、ロシア中心主義も反ユダヤ主義も、その後も秘かな底流として残り、複雑な経過をたどって今日に至る）。

スターリン死後、早い時期に優勢な地位を占めるかに見えたベリヤは、スターリン末期の政策を転換し、あたかも非ロシア諸民族への宥和を進めるかのポーズをとった。これ自体は短期的な思惑にとどまったが、スターリン末期の政策に対する転換の必要性が早い時期から上層部で意識されていたことを物語るものとして興味深い。

その後のソ連は種々の変化を経験し、民族政策についてもさまざまな揺れがある。フルシチョフは一面でスターリン時代に追放された諸民族を名誉回復したり、共和国への分権化を進めたりしたが、他面では、母語による教育の原則を放棄するといったような二面性があったし、ブレジネフはスローガンの上では諸民族融合を重視しながら、現実にはむしろ建前と本音の乖離を事実上黙認するという両義性があった。そのような二面性や曲折はともかくとして、ポスト・スターリン期には、かつての「現地化（コレニザーツィヤ）」と事実上類似した政策がとられ、ある意味では「アファーマティヴ・アクション帝国」的状況——ロシア人を中心としながらも、それ以外の諸民族を「ソヴェト的ネイション・ビルディング」を通して統合していく——が継続し、定着した。

ペレストロイカ期におけるめまぐるしい変化およびその帰結としてのソ連解体については、ここで立ち入る余裕はない。一つだけ強調しておきたいのは、「ソ連体制への反逆」として捉えられがちな各地の民族運動は、実は、長きにわたる「ソヴェト的ネイション・ビルディング」の所産ともいうべき性格を帯びていたということである。そのことは、ソ連解体時に独立国家を獲得したのがまさしくソヴェト体制下で「連邦構成共和国」としての位置を与えられていた諸民族であり、ソヴェト期に「擬似国民国家」だったものが外枠をそのまま保存しつつ、改めて「国民国家化」を進めようとしていることに示される。[10] ソ連という国そのものは過去のものとなったが、そこにおいて独自な形で進められた「ネイション・ビルディング」は今日にまで及ぶ跡を残している。マーチン著は直接には一九三九年までを対象とした歴史研究だが、こうした展望の中で見るとき、ソ連解体後の今日の状況を理解する上でも一定の示唆を投げかけてくれるものといえよう。[11]

補注1

フランシーヌ・ハーシュは、ソ連の民族政策を「国家の後援による発展主義の政策」と特徴づける見地から、マーチンの「アファーマティヴ・アクションの帝国」論を批判しており、池田嘉郎もこれに賛同している[12]。

ハーシュの研究自体は優れたものだが、アメリカの研究者にありがちなこととして、自己のオリジナリティを誇張気味に提示しようとするあまり、先行研究を戯画化して批判しているきらいがある。ハーシュはソヴェト政権がマルクス主義的発展段階論に依拠して共産主義的な理想実現に向けた住民動員を目指したことを強調しているが、これ自体は——それをどのように解釈し、どこまで重く見るかについては議論の余地があるにしても——大多数の研究者が共通に認識しているところであって、これをもって独自性ということはできない（ついでにいえば、アファーマティヴ・アクションのアナロジーをソ連に当てはめる発想も、マーチン以前から多くの研究者が示してきたものであって、彼の独創ではない。この点について本章の注5参照）。彼女はまた、ソ連の民族政策を理想化することはできないと指摘して、党＝国家は高い理想をもつと同時に悪意に満ちてもいたというが[13]、これはマーチンの認識と合致しており、なんら批判にならない。マーチンの着眼とハーシュの着眼——後者の長所は民族学者をはじめとする専門家たちおよび地元エリートたちの知の動員を詳しく描いた点にある——を対置するのではなく[14]、むしろ両者の総合の上に新しいソ連像を構築する作業が必要である[15]。

もう一つの論点として、ハーシュおよび池田は、一九二〇年代のソ連と一九六〇年代のアメリカの違いを力説している。だが、一般に比較とかアナロジーというものは、何かと何かが異なっていることを当然の前提とした上で、それらのあいだに意外な共通性があることに注目するものであり、完全に同一視するわけではない。ソ連とアメリカが同じでないのは当たり前だが、だからそれらの比較がミスリーディングだというのでは、およそ比較とかアナロジーの意味を無にすることになりかねない[16]。

補注2

宇山智彦は「アファーマティヴ・アクションの帝国」論はもはや「通説」になっており、今では、「ロシア帝国の非ロシア人統治を過度に調和的にとらえたり、ソ連体制の非ロシア人への「恩恵」を誇張したりする危険をむしろ警戒すべきだろう」と書いている[17]。

先ず前段についていうなら、ソ連民族政策史を研究している専門家のあいだでは「アファーマティヴ・アクションの帝国」的側面の認識はかなりの程度浸透し、見方によっては「通説」ないし「常識」と化したと言ってもよいだろう。だが、それは比較的狭い範囲の人々のことであり、それ以外の人たちにはまだ浸透していないのが現状だと思われる。一般に、ある分野の専門家たちのあいだでほぼ通説化した認識が非専門家たちにはまだほとんど知られていないということはよくある。この場合、専門家たちのあいだの先端的な議論においては、いつまでも通説の確認ばかりを繰り返すのではなく、さらに新たな一歩を踏み出すべく努力する必要があるのはいうまでもない。しかし、広く非専門家たち——ここで「非専門家」とは純然たる素人だけではなく、当該テーマについては専門としていない隣接分野や他分野の研究者たちを含む——を念頭においた議論においては、通説を紹介し続ける必要性はなくならない。「もう通説化したから」というだけの理由でその作業を怠るなら、専門家と非専門家のギャップはいつまでも放置されることになる。

次に、「ロシア帝国の非ロシア人統治を過度に調和的にとらえたり、ソ連体制の非ロシア人への「恩恵」を誇張したりする危険」という点についていえば、もし本当にそのような議論があるのなら、それが批判されるべきだというのは当然のことであり、その限りで宇山の主張に異論の余地はない。だが、私の知る限り、そうした議論が有力になっているようには思われない。そもそも「アファーマティヴ・アクションの帝国」論はソヴェト体制の特徴を問題にする議論だから、それがロシア帝国に関する認識に影響することはありえない。また、マーチンの議論がソ連の「恩恵」を主張してそれを肯定的に評価しようなどといった類の議論とは全く異質だということは本章で述べた通りである（本書第7章も参照）。とすれば、宇山の批判は空を切っていることになる。

注

1 Richard Pipes, *The Formation of the Soviet Union: Communism and Nationalism, 1917-1923*, Harvard University Press, 1954; rev. ed., 1964; Hélène Carrère d'Encausse, *L'Empire Eclaté*, Paris, 1978（カレール＝ダンコース『崩壊したソ連帝国』藤原書店、一九九〇年、初訳は『崩壊した帝国』新評論、一九八一年）; *id.*, *The Great Challenge: Nationalities and the Bolshevik State, 1917-1930*, tr. from the French, New York and London: Holmes & Meier, 1992; Bohdan Nahaylo and Victor Svoboda, *Soviet Disunion: A History of the Nationalities Problem in the USSR*, London, 1990（ナハイロ、スヴォボダ『ソ連邦民族＝言語問題の全史』明石書店、一九九二年）; Gerhard Simon, *Nationalism and Policy Toward the Nationalities in the Soviet Union: From Totalitarian Dictatorship to Post-Stalinist Society*, tr. from the German, Westview Press, 1991など。

2 あまりにも数が多いので、代表作を挙げるだけでも紙数をとりすぎてしまう。ここでは、先駆的な役割を果たしたものとして、田中克彦『言語からみた民族と国家』岩波書店、一九七八年（岩波同時代ライブラリー版、一九九一年、岩波現代文庫版、二〇〇一年）、山内昌之『スルタンガリエフの夢』東京大学出版会、一九八六年（岩波現代文庫版、二〇〇九年）、原暉之・山内昌之編『スラブの民族』弘文堂、一九九五年を挙げるにとどめる。

3　これもあまりにも多いので、系統的に列挙するわけにはいかないが、いくつかの作品を例示する。Yuri Slezkine, "The USSR as a Communal Apartment, or How a Socialist State Promoted Ethnic Particularism," *Slavic Review*, vol. 53, no. 2 (Summer 1994); Rogers Brubaker, *Nationalism Reframed: Nationhood and the National Question in the New Europe*, Cambridge University Press, 1996; David Laitin, *Identity in Formation: the Russian-Speaking Populations in the Near Abroad*, Cornell University Press, 1998; Jeremy Smith, *The Bolsheviks and the National Question, 1917-23*, London: Macmillan, 1999; David Brandenberger, *National Bolshevism: Stalinist Mass Culture and the Formation of Modern Russian National Identity, 1931-1956*, Cambridge, Mass.: Harvard University Press, 2002; R. G. Suny and T. Martin (eds.), *A State of Nations: Empire and Nation-Making in the Age of Lenin and Stalin*, Oxford University Press, 2002; Francine Hirsch, *Empire of Nations: Ethnographic Knowledge and the Making of the Soviet Union*, Ithaca: Cornell University Press, 2005など。ロシアの人類学者の手になるものとして、Valery Tishkov, *Ethnicity, Nationalism and Conflict in and after the Soviet Union: The Mind Aflame*, London: Sage Publications, 1997. 日本でも、これらの影響を受けた新しい研究が増えつつある。手前味噌だが、塩川伸明『多民族国家ソ連の興亡』全三巻、岩波書店、二〇〇四－〇七年および同書の各所で挙げた多くの文献を参照。なお、以下の叙述に関して、この三部作の他、より簡略な見取り図として、塩川『《20世紀史》を考える』勁草書房、二〇〇四年、第8章、同『民族とネイション――ナショナリズムという難問』岩波新書、二〇〇八年、一〇八－一一八頁、同「旧ソ連地域の民族問題――文脈と視点」『ユーラシア研究』第四〇号、二〇〇九年（本書の第8章に収録）などを参照。

4　マーチン著の早い時期の紹介としては、塩川によるものが『ロシア史研究』第七二号（二〇〇三年）にある。また、各種著作・論文の中で本書に言及した例としては、渋谷謙次郎「現代ロシアの国家統一と民族関係立法」（二）『神戸法学雑誌』第五二巻第四号（二〇〇三年）、二一頁、荒井幸康『「言語」の統合と分離——1920-1940年代のモンゴル・ブリヤート・カルムイクの言語政策の相関を中心に』三元社、二〇〇六年、第6章、松里公孝「ソ連崩壊後のスラブ・ユーラシア世界とロシア帝国論の隆盛」山下範久編『帝国論』、講談社、二〇〇六年、一五八頁、宇山智彦「地域認識の方法——オリエンタリズム論を超えて」『講座スラブ・ユーラシア学』講談社、二〇〇八年、第二巻、二二―二三頁、半谷史郎「ツェリノグラード事件再考——「停滞の時代」のソ連の民族政策」『アジア研究』二〇一〇年六月号、三四―三五頁などがある。

5　いくつかの例として、Ellen Jones and Fred W. Grupp, "Modernisation and Ethnic Equalisation in the USSR," *Soviet Studies*, vol. 26, no. 2 (April 1984); Rasma Karklins, *Ethnic Relations in the USSR: the Perspective from Below*, Boston: Allen & Unwin, 1986; Jerry F. Hough, *Democratization and Revolution in the USSR, 1985-1991*, Washington, DC.: Brookings Institution Press, 1997, chapter 7; Charles King, "Ethnicity and Institutional Reform: The Dynamics of 'Indigenization' in the Moldovan ASSR," *Nationalities Papers*, vol. 26, no. 1, March 1998; Laitin, *op. cit.*, p. 47; 塩川伸明『ソ連とは何だったか』勁草書房、一九九四年、一六―二四頁、同『現存した社会主義——リヴァイアサンの素顔』勁草書房、一九九九年、二三九―二四五、二七三―二七九、三二八頁、同「集団的抑圧と個人」江原由美子編『フェミニズムとリベラリズム』勁草書房、二〇〇一年所収など。

6　例えば、関根政美『エスニシティの政治社会学』名古屋大学出版会、一九九四年、第三章および第八章。また、大澤真幸『ナショナリズムの由来』講談社、二〇〇七年、五九頁は、「ボリシェビキの政治と行政は、ロシア民族主義《ナショナリズム》に貫かれていた」としている。同様の例は枚挙にいとまがない。

7　一例として、「ソヴェト民族なるものは決してつくろうとしなかった」という記述がある（邦訳書、二四九、五五五頁）。こういう記述に接すると、マーチン著の対象時期よりも後だがブレジネフ期に

「ソヴェト人」概念が強調されたということを思い出して不審をいだく読者がいるかもしれない。しかし、ブレジネフ期の「ソヴェト人」概念は、あくまでも多数の民族の存続を前提した上位概念にとどまり、「一つの民族」が生まれるという考えは公式に否定された。塩川『民族と言語——多民族国家ソ連の興亡Ⅰ』岩波書店、二〇〇四年、七六頁、『国家の構築と解体——多民族国家ソ連の興亡Ⅱ』岩波書店、二〇〇七年、五四−五五頁。

8　多くの関係文献があるが、簡潔なまとめとして、半谷史郎・岡奈津子『中央アジアの朝鮮人——父祖の地を遠く離れて』東洋書店、二〇〇六年を参照。

9　この論争的な言葉の使い方については、塩川伸明『民族浄化・人道的介入・新しい冷戦——冷戦後の国際政治』有志舎、二〇一一年、第一章参照。

10　但し、バルト三国の場合、そもそもマーチン著の対象時期においてはソ連の外にあった上、ソヴェト化以前から独自のネイション建設を進めつつあったこと、一九九一年の独立回復後はソ連時代の共和国としての存在との継続性を否定して、ソヴェト化以前にあったネイションからの継承性を強調していることなどの点において、顕著な例外である。もっとも、「国民国家」形成における、いわば無意識のレヴェルでの連続性ともいうべきものは、それらの国にも存在するように思われる。

11　マーチンの主題である歴史研究と現代政治とが密接に関わる事例として、一九三二−三三年のウクライナその他の地域における飢饉の問題がある。この飢饉についてはかねてから種々の議論があったが、ユーシチェンコ期の二〇〇六年一一月にウクライナ議会がこれを「ウクライナ民族に対するジェノサイド」だとする決議を採択して以降、一挙に大論争の的となった。政治的に過熱した議論においては、これがジェノサイドだったかそうではなかったのかという単純な二者択一の構図がクローズアップされている。これに対し、マーチンは、「飢饉はウクライナ民族を狙い撃ちにした意図的なジェノサイド行為ではない。しかしながら、飢饉では民族が全く何の役割も果たさなかったと言い切るのも間違っている」という、より微妙な表現をとり、二項対置構図を突き崩そうとしている（邦訳書、三七六頁）。

12 Hirsch, *op. cit.* (see supra n. 3), pp. 8-9, 103; 池田嘉郎「ソヴィエト帝国論の新しい地平」『歴史と地理（世界史の研究）』山川出版社、二〇一三年二月号、四頁。

13 Hirsch, *op. cit.*, p. 9.

14 なお、ハーシュは序論ではソ連の民族政策をネイション形成的なものと見ることはできないとしているが、結語では、「ソヴェト的ネイション建設努力の巨大な成功」に言及して、マーチン的観点に近づいている。Hirsch, *op. cit.*, p. 324.

15 最近の一つの試みとして、熊倉潤「民族自決と連邦制——ソ連中央アジア地域の国家建設（1923–1924年）」『ロシア史研究』第九四号、二〇一四年。

16 何かを何かになぞらえて理解するということの意味について本書の第3章一二四–一二五頁参照、また大きく隔たったもののあいだの意外な共通性に着目する比較の意義について、塩川『現存した社会主義』五四–五九頁を参照。

17 宇山智彦「ロシア帝国論」ロシア史研究会編『ロシア史研究案内』彩流社、二〇一二年、一七三頁。

第7章　ある多言語国家の経験
――ソ連という国家の形成・変容・解体

1　はじめに

世界各地に存在する多言語社会や多文化主義といったテーマへの関心は、近年、一貫して高まっている。他方、ソ連という国が巨大な多民族・多言語国家だったことは周知の事実である。とすれば、多言語社会論の一つの事例として、ソ連の歴史――および、その後の旧ソ連諸国の言語状況――も、そうした研究動向の中で一つの特異な事例として論じられてよいはずである。しかし、さまざまな事情から、その作業はいうにたる進展を見せていない。そのことには、私自身を含めたソ連史研究者にも一定の責任があると感じる。私自身は一九九〇年代以降、ソ連言語政策史の研究に従事し、その一つのとりまとめとして『民族と言語――多民族国家ソ連の興亡I』（岩波書店、二〇〇四年）という本を上梓した。そうした研究を踏まえて、できることならば、他のさまざまな多言語社会を研究している人たちと交流したいと望み、そのための努力もささやかながら積み重ねてきた。とはいえ、私自身にそのようなことを提唱する資格が十分あるかといえば、われながら疑わしい。実際問題として、私は言語学も社会言語学も本格的に学んだことがない上、語学の才能に乏しく、多数の言語をマスターしているわけでもない。多数の言語を操ることのできない者が「多言語社会」について論じるというのは自己矛盾的なところがある。私が語れるのは、多言語社会そのものの実態ではなく、そこにおいて特定の政権によってとられた政策とその帰結、またそれに対する批判や対抗構想などをめぐる政治史だということを断わっておかねばならない。そのような留保付きではあるが、他地域の研究者たちとの対話と討論の機会をもちたいというのは、私の長年の願望であり続けてきた。本章は元来、二〇〇六年度多言語社会研究会大会で行なった報告の原稿に基づいているが、そのような場での報告を引き受けたこと自体がそうした意欲の反映である。初歩的な試みではあるが、多言語社会論の中にソ連という特異な事例を付け加えることでなにがしか新しい視点を拓けないだろうかという問題提起が本章の狙いである。

他のさまざまな多言語社会とソ連を比較する上で、一つの大きな困難は、ソ連という国の公的イデオロギーおよび政策の特異性をどう理解するかという問題である。ソ連という国はただ単に事実の問題として多言語・多民族社会であったのみならず、その公的イデオロギーにおいて、フランスや日本を典型とする同化主義を否定し、「現地化（土着化）政策」——一種のアファーマティヴ・アクション——を推進した、いわば一種独自の多言語主義イデオロギー国家だった。その公的イデオロギーと実態のあいだに大きな乖離があり、建前とかけ離れた現実が存在していたことはいうまでもない。ただ、ともかく公的イデオロギーがそのような方向性をもつものだったという事実は、この国の歴史に独自の刻印を押している。比喩的な説明をするなら、そこで起きたさまざまな現象と他の国々における状況とは、ちょうど「鏡の中の世界」とこちら側の世界では左右が逆向きなのと似た関係にあり、「何が問題なのか」という基本的な前提が大きく異なっている。そういう特異な国の歴史を研究していると、日本とかフランスとかそれらの旧植民地地域とかをめぐって交わされている議論と、自分の研究していることとのあいだには、確かにある種の共通性があるのだが、その関係がいわばねじれており、同じ次元で議論を交わすことができにくいということをしばしば感じる。本章では、そうしたねじれの関係をできるだけ解きほぐして、対話の前提条件をつくるよう努めたい。

2　問題提起――ソ連言語・民族政策の「アファーマティヴ・アクション性」

ソ連の民族政策・言語政策に、ある種アファーマティヴ・アクションに似た性格があるのではないかということは、以前からいろいろな論者が指摘しており、私自身もときおりそのような指摘をしてきた[1]。そうした中で、テリー・マーチンの著作『アファーマティヴ・アクションの帝国』[2]は、書物のタイトルにそのものズバリこの言葉を使うのみならず、通常あまり並列されることのない「アファーマティヴ・アクション」という言葉と「帝国」という言葉を結びつけることで、読者に強烈な印象を与えようとした野心的作品である。同書は多岐にわたる論点を取り扱った大著であり、ここでその内容に立ち入ることはできないが（本書の第6章参照）、これを一つの代表とする一連の研究が一九九〇年代後半から二〇〇〇年代にかけて次々と登場したことにより、ソ連の民族政策・言語政策をアファーマティヴ・アクションとの比較をまじえて捉える見地は専門家たちのあいだではほぼ定着するに至った。日本でも、近年の研究はそうした方向に沿ったものが増えつつある。

もっとも、こう言っただけでは、専門家以外の人々にとっては、やはり呑み込みにくいところが残るのではないかと思われる。これまでの欧米の古典的なソ連民族政策研究は、邦訳のあるカレール＝ダンコースや、スヴォボダとナハイロの共著にせよ、あるいはまた邦訳はないが代表的な研究者であるパイプスやジモンにせよ、スターリンのもとでソ連の諸民族の権利や文化が奪われ、ロシア化政策にさらされてきたというような見方が共通の前提となっており[3]、日本でも比較的最近までそのような見方が主流をなしてきたからである[4]。確かに、そのように見られる側面があることは事実であり、最近の新しい研究はそのこと自体を否定しようとしているわけではない。ただ、「諸民族への差別・抑圧」とか「ロシア化」とかいうだけでは捉え尽くせない側面があり、それを押さえておかないと、見方があまりにも平板になるのではないかという問題を提起しているということである。単純化していうなら、ソ連解体前後の時期にジャーナリスティックな評論で盛んに唱えられた「ソ連も他の帝国と同様の一つの帝国に過ぎなかった」という見方は、ある意味では当たっているのだが、それだけにとどまるなら、「どのような帝国だったのか」という特異性の解明が怠られ、「ここにも、他と同じような例がもう一つあった」というだけの陳腐な議論になってしまう。そこにとどまるのではなく、一見それとどう結びつくのか理解しにくい「アファーマティヴ・アクション」的な性格や「多文化主義・多言語主義」的な側面に注目し、それがどのような意味で特異な帝国を生み出していったのかを解明していくことが重要なのではないか、というのが基本的な問題提起である[5]。

3　「現地化」政策とソヴェト版ネイション・ビルディング

〈「現地化」政策〉

ソ連の民族政策・言語政策を象徴するのは、「現地化《コレニザーツィヤ》（土着化とも訳される）」と総称される一連の政策である。その主な内容は、行政や教育の場面などにおける現地民族言語の公的使用の奨励、その前提として、それら言語の文章語としての整備、また大学入学や人事における現地民族の優先的登用――つまりアファーマティヴ・アクション――などであり、それらを通して、各地域を現地民族が統治しているかのような体裁をつくることが目指された。国家制度の観点からいうと、ソ連は連邦構成共和国・自治共和国・自治州などからなる連邦（同盟）という形をとっていたが、それらの地域単位はそれぞれ特定の民族を中心とするネイション・ステート――ウクライナ共和国とかウズベク共和国とかアルメニア共和国等々というように――という体裁がつくられた。

もっとも、このように述べることには、いくつかの留保をつけなくてはならない。先ず、評価の問題として、この政策は諸民族の自立性を尊重したリベラルなものというよりも、むしろ中央の政策を現地に伝達するためという手段的意義を担わされており、共産党政権の基本方針からの逸脱は厳しい警戒の対象となった。もっとも、一九二〇年代には、まだ社会全体の統制度が後の時代ほど高くなかったことと関係して、各地の民族運動活動家がこの政策を自己流に推進しようとする面があり、そのことが「現地化」の実施に独自の民族主義的色彩を添えていた。しかし、この側面は二〇年代末以降は抑制されていった。

もう一つの問題点は、こうした政策がいつまで続いたかという歴史的評価に関わる。現地化政策が最も熱心に鼓吹されたのは一九二〇年代のことであり、その後、徐々に中央統制が強められていくなかで、二〇年代現地化政策の推進者の多くが切り捨てられていった。その点に注目して、三〇年代以降に現地化政策が放棄され、政策が逆転したとする論者も多い。しかし、では現地化政策がある時点で明確に否定されたり、撤回されたかといえば、そのような事実はない。歴史的経緯は複雑であり、細部に立ち入ることはできないが、大まかにいえば、初期の政策が一九三〇―五〇年代に種々の面で逆転や修正をこうむったことは確かだが、全面的に否定されたとまでいうことはできない。政権による「現地化」方針と各地の活動家によるその履行とを区別するなら、後者における独自性の余地が時代とともに狭められていったことは明らかだが、そのことは前者の全面的撤回を意味するわけではない。戦後初期（スターリン末期）には複雑な動きがあったが、ポスト・スターリン期には「現地化」政策が——この言葉自体は使われなくなったが——事実上復活した[6]。

また、一見したところ「現地化」と相反するかに見える「ロシア化」の側面も三〇年代以降にあらわれ、一九三〇年代末以降にはそれが次第に強まった。一連の言語における文字のキリル化、また三八年のロシア語教育の義務化がそれを象徴する[7]。しかし、それは全面的な「ロシア化」を意味したわけではない。ソ連言語政策の基本的な目標はロシア語モノリンガリズムではなく、諸民族言語とロシア語のバイリンガル化だった。そのバイリンガリズムが対等ではなく、ロシア語を優位におく階層性をもっていたことはいうまでもない（そのことと関係して、ロシア人はバイリンガル化が要請されず、基本的にロシア語モノリンガルという片面性があった）。「ダイグロシア」という言葉の定義については諸説あるようだが、階層的な二言語併用をダイグロシアというなら、ソ連もその一種といってもよい。ただ、ソ連に限らず世界中の諸言語のあいだにヘゲモニーの強弱の差異が厳然と存在する以上、完全に対等な関係があり得るのかという疑問もある。ある意味では、あらゆるバイリンガル状態（個人としてのバイリンガルではなく、社会的なバイリンガル）は、度合いの差はあれ、広義のダイグロシアといえるのではないだろうか。その点はいまは措き、一定の階層差を含みつつ、ともかく全面的な駆逐や同化ではなく並存を目指したという意味で、一種のバイリンガリズムと捉えることができるだろう。

もう一つの留保として、ありとあらゆる少数言語が保護されたのではなく、ある規模以下の言語はより大きな言語に吸収されて、衰退に向かったということも確認しておかねばならない[8]。だが、逆にいえば、ある程度以上の規模ないし「格付け」をもつ諸民族――連邦構成共和国をもつ民族、またそれよりやや「格付け」が劣るが、自治共和国や自治州をもつ民族の言語――についていえば、それらの民族は少なくともストレートなロシア化の対象となることはなく、むしろ建前の世界では民族性の保持が目標とされた。そのことを端的に示すのは、帝政期にはロシア語に吸収されつつあったベラルーシ語を政策的に支え、「独自の言語」として確立しようとしたという事実である。結果的には、これはあまり成功せず、ベラルーシ語は再び衰退傾向を示すようになるが、これはソヴェト政権の政策の結果というよりも、政策にもかかわらず生じた現象である。

〈ソ連におけるネイション・ビルディングのあり方〉

上述の「現地化」政策と関連して、ソ連では各共和国をネイション・ステートとして創り出そうとするネイション・ビルディングが進められた[9]。そのことと関連して、ロシア語でナーツィヤとかナツィオナーリノスチといえば、ソ連全体の国民を指すのではなく、ウクライナ人とかアゼルバイジャン人とかウズベク人といった個別の民族を指した。「ソヴェト人」という概念があったではないかと言われるかもしれないが、それはソヴェツカヤ・ナーツィヤとかナツィオナーリノスチという表現ではなく、ソヴェツキー・ナロードという表現がとられた（「ソヴェツカヤ・ナーツィヤ」論も一部で提起されたが、公的に否定された）。つまり、日本語流に言えば「国民」と「民族」が峻別され、「ソヴェト国民」はアルメニア人（アルメニア民族）、エストニア人（エストニア民族）、タタール人（タタール民族）等々からなるとされていたのである[10]。

言い換えれば、ソ連におけるネイション形成は、「ソヴェト人」全体としてではなく、ひとまずグルジア人（グルジア民族）、タジク人（タジク民族）、モルドヴァ人（モルドヴァ民族）等として行なわれ、その上にかぶさる形で、多民族的人民としての「ソヴェト人」概念があったということになる。確かに、遠い将来の目標として「民族融合」論も掲げられたが、それはスターリンの発案ではなく、カウツキーをはじめとする古典から継承したものであり、スターリンの力点は、むしろ「融合」という目標を遠い将来に追いやる点にあった（フルシチョフ期に融合論が一部で再強調されたが、ブレジネフ期には再び背後に退いた）。

連邦制国家構造の問題もこれと重なる。ソ連の連邦制は、アメリカ合衆国やドイツ連邦共和国のような連邦制とは異なり、連邦構成単位が特定の民族と強く結びつけられていたという点に特徴がある。それぞれの共和国は――あくまでも観念の世界においての話だが――諸民族の自決権の産物であり、「主権国家」とされ、それらのネイション・ステート＝主権国家の自発的結合がソ連だとされた[11]。

もちろん、その連邦制が実際には形骸化して有名無実化していたという、広く行なわれている指摘は、そのものとしていえば正当であり、そのことに異を唱える必要はない。しかし、形式には形式としての意味があり、それが自己運動した面があるということも認識しておく必要がある。近年、社会科学の世界で一般に「制度」というものの意味を再評価する気運が見られるが、その観点を応用していうなら、ソ連特有の国家制度が、形式でありつつもある種の実質的効果をもったという事情が注目されるべきである。独自な連邦制度の下で、各共和国は個別民族ごとのネイション・ステートと観念され、「現地化」政策、アファーマティヴ・アクションを通して民族エリートの形成が進められた。そのことは体制内に秘かな「官僚的民族主義」の担い手を育てる効果をもち、それは最終局面において、まさにソ連時代の共和国をそのまま引き継ぐ形の独立国家形成へと接続した。この点を重視するなら、逆説的だが、ソ連の解体と一五の独立国家の誕生は、ソヴェト的連邦制の論理の延長、その完成という面をもっているとさえいえる。

4 「多言語主義イデオロギー国家」のかかえる矛盾

〈アファーマティヴ・アクションおよび多文化主義の困難性と矛盾〉

ソ連の民族政策・言語政策が「現地化」、アファーマティヴ・アクション、多言語・多文化主義等の性格を帯びていたとの指摘は、見方によってはソヴェト政権を美化したり、擁護したりするもののように受けとられるかもしれないが、決してそうではない。というのも、こうした性格をもつ政策は、その実践において多くの困難性と矛盾をかかえていたからである。その矛盾は、ある意味では、他の国々で多文化主義が実践されるときに生じる矛盾とも似たところがある。

多様性の尊重ということは、一般論的には今日では多くの人が認めるところだが、それがどこまで及ぶのかというのは深刻な問いである。比較的共存しやすい価値や相互に取り引き可能な価値をめぐる衝突なら話は簡単だが、取り引きに応じにくい基底的価値までも多様であるなら、社会を引き裂くような深刻な対立・衝突が生じるのではないかという疑問である。この問題は、多様性の承認と国民統合の要請のあいだの緊張関係とも関係する。

そうした疑問に対する一つの答え方として、普遍的な基底的価値が共有されているなら多様な文化も共存可能だとされることがある。問題なのは、そこでいう「普遍的」な基底的価値として具体的に何を想定するかである。現在では、「近代西欧的・市民的」なものがそれだと考える立場が優勢だが、ある時期までは、「社会主義」の理念こそがそれだとする立場もあった[12]。いずれにしても、そうした理念は、それを当然視する人の眼には「普遍的」と映るが、その理念を受け入れない人々の眼からみれば「普遍的」ではなく、やはり一種の押しつけではないかという疑惑を免れない。

より具体的なレヴェルでいうなら、多文化主義は資源分配をめぐるエスニック集団間の対立を招きやすい。少数派に対する優遇措置の実施は一定の線引きを必要とするが、その線の引き方次第で予算分配や人事に関して優遇される人とされない人が出てくるから、そうした利益をめぐる紛争発生は不可避である。マジョリティの側からは、自分たちがマイノリティのために支出を強いられているという反感がある一方、マイノリティの側からは、これでもまだ優遇が足りないという不満が出てくる。マジョリティとマイノリティのあいだの対立だけでなく、マイノリティ集団の中における代表権をめぐる争いもあるし、あれこれのマイノリティ間での紛争もある、等々。また少数派を優遇するアファーマティヴ・アクションは行政的効率と反する面があるから、効率重視の立場からは反撥が生まれやすい。これらは社会主義固有の問題ではなく、他の国で同様の政策をとったときに生じるのと同質の困難性である[13]。アメリカにおけるアファーマティヴ・アクションに対するバックラッシュとか、いわゆるＰＣ（political correctness）をめぐる論争にもこれと似たところがある。

もっとも、すべてをこうした一般論に還元するわけにはいかず、社会主義体制固有の要因についても考える必要がある。社会主義体制においては、強烈なイデオロギーに基づいて政策が推進されるため、実施における急ぎ過ぎ、抵抗の強引な排除、ある政策が挫折したときの急角度な転換といった現象が起きやすい。こうした現象は他の体制でもあり得るとはいえ、社会主義体制では特に著しいといえるだろう。また、あらゆるものが政治化する体制であり、社会に委ねられる領域が狭いことも、社会での自立的調整の余地を小さくする。一元性を強調する社会であるために、相互に矛盾する目標を多元的に共存させることが難しいという点も特徴的である。また、政策当局にとって相対的に優先性の低い領域は資源の限界から事実上後回しにせざるを得ないというのは体制の如何を問わない一般的傾向だが、イデオロギー的建前の強い社会においてはそのことを率直に認めることができず、合理化・粉飾がなされて、問題の所在自体が隠蔽されがちである。高度の理想を目標として唱え続けながら、それが達成不能だという現実があるとき、そのギャップを覆い隠そうとするなら、本音と建前の使い分け、後者の言葉だけのシニカルな残存、更にはそのギャップをあばこうとする言論に対する激しい弾圧等々といった結果が生じる。こういった特徴がソ連社会を彩ってきたことは広く知られているとおりである。

〈「言語建設」「民族建設」の問題〉

帝政ロシアのもとでは、ロシア語以外の言語が公的場面で使用されることはほとんどなかった（全面的に排除されたとまではいえず、政策も時期による揺れがあるが、概していえば抑圧的だった）。そのことと関係して、文章語としての規範の確立も遅れがちだった（この点でも、細かくいえば個々の言語によって種々の差異があるが、立ち入らない）。これに対し、ソヴェト政権は、それまで文章語として確立していなかった諸言語を文章語として公的場面で使用することを目指して、「言語建設」を推進した。

その際、口語は無限に多様かつ流動的であるのに対し、ある言語を文章語として教育や出版に使用するためには標準化・規範化が必要だという事情に注目しなくてはならない。何らかの形を「標準」とするなら、他の形は規範から逸れたものとして排除されることになる。また、ある言語を衰退から守って後続世代に継承していくためには学校教育が重要な位置を占めるが、教育とは必ず生徒に対する規範の押しつけ、強制の要素を含む。ある言語を衰退から守り、公的場面で広く使われるように努めるということは、標準化・規範化（規範以外のものの排除）・強制という要素を必ず含み、自由の原理だけでは済まない。これはたとえばカナダのケベックにおけるフランス語教育の義務化をめぐる問題にも共通する現象である。

言語の標準化・規格化をめぐるヘゲモニー争い――それは一種独自の政治闘争でもある――という現象自体は近代国家に普遍的なものであり、ソ連もその例にもれない。ただ、それが全国にわたって単一の中心をめぐる政治闘争という形で展開されるにとどまらず、むしろそれぞれの共和国ごとに各地で展開されたという点に、ソ連の一つの特徴がある。「ソ連中央」vs「現地」という単純な図式ではなく、各地ごとにさまざまな思惑が複雑に交錯したということを押さえる必要がある。

ある言語を標準化するには、どのような範囲を「同じ」とみなすかという根本問題がある。親近性をもちつつ微妙なヴァラエティをもつ諸言語グループのあいだでどの範囲を「一つの言語」としてまとめるかという問題である。社会言語学者にとっては周知のところだが、何が「方言」で何が「独自の言語」なのかは純言語学的に決定されるものではなく、ある種の政治的決定によらざるを得ない。

この問題は「民族」境界の画定問題とも重なる。ある範囲の言語を「一つの言語」とみなすことと、ある範囲の人々を「一つの民族」とみなすこと――そしてまた、そのようにみなすことを前提した政策によって、それらの人々を統合していくこと――は対応関係にある。緩やかな類似性と微妙な異質性をもつさまざまなエスニック集団があるとき、どの範囲を「民族」とみなすかは一義的に決定することのできない問題であり、どのような範囲設定をしても恣意性を免れない。

ソヴェト政権のもとで現になされた境界設定の恣意性を指摘する議論は数多い。それ自体は当たっているが、その際、「恣意的でない、正しい境界設定」があり得ると考えるなら、それは誤りである。どのように境界を設定しても恣意的でしかあり得ないということを確認する必要がある。また、その境界設定は政治的に決定されるしかないが、そこでいう「政治」とは、「中央権力」からの一方的指示であるとは限らず、さまざまな民族活動家の思惑が複雑に交錯したという点も重要である。こうした民族画定の問題に関し、私の旧著では中央アジア、モルドヴァ、ベラルーシなどの事例を取り上げて、ある程度の解明を試みた[14]。それ以外にも多くの例があり、さまざまな研究が日本でも出てきつつある[15]。

ある範囲の人々を「民族」とみなして、その枠に沿って「民族形成」を進めるということは、「民族」としての認定を受ける集団と受けない集団とが区別され、後者はより大きな「民族」の中の一部とされるということを意味する。ソ連の歴史的経緯として、より小さなエスニック・グループがより大きな「民族」に統合されていくことにより、人口調査で「民族」として認定される単位の数は次第に減少していき、特に一九三七年以降にその傾向が顕著になった[16]。逆に、ソ連最後の国勢調査となった一九八九年センサスでは、これまで一体とされていた「民族」のうちのいくつかが分離して数えられるようになり（「タタール人」と「クリミヤ・タタール人」など）、二〇〇二年のロシア人口センサスでは、認定される「民族」の数が更に増えた[17]。諸「民族」の融合・分離の扱いが歴史的に変遷した具体例としては、グルジア人とミングレル人、スヴァン人、ラズ人等の関係、中央アジアにおける「サルト人」の扱い、タジク人とパミール諸民族の関係、さまざまな系統のユダヤ人（山地ユダヤ人、ブハラ・ユダヤ人、カライム人等々）のまとめ方、タタール人とクリャシェン人、ミシャール人、テプチャリ人の関係など、枚挙にいとまがない[18]。

いずれにせよ、ある集団単位を「民族」と認定するなら、その単位と異なる区切り方での「民族」形成は排除されることになる。その意味で、ネイション・ビルディングと民族破壊（ネイション・ブレーキング）は表裏一体である。ソ連の民族政策が民族形成的だったか民族破壊的だったかという問いが出されることがよくあるが、これは問いの立て方自体が誤っており、民族形成は不可避的に民族破壊と裏表の関係にあるというべきである[19]。

ここで論じた以外の問題として、権利主体はあくまでも個人のものと考えるか、それとも「集団的権利」もあると考えるかという難しい論点がある。そのこととも関連して、当事者が「自発的」に多数派言語に乗り換えること――これはウクライナや特にベラルーシの場合に著しく、またユダヤ人の場合も重要である――をどのように評価すべきかという問題もある。これらについては別個に考える必要があり、今は立ち入ることができない[20]。

〈「基幹民族」優遇政策の思わざる副産物〉

アファーマティヴ・アクションを実施するためには、誰がどの集団に属するかの確定と登録が必要となる。それが不明なら、誰を優遇するか――逆にいえば、誰には優遇が与えられないか――を決めることができないからである。ところが、そうした確定・登録は、当事者たちのあいだに「区別」「差異」の意識を強め、それまで流動的だった民族集団間の境が次第に固定化され、各人が特定集団への帰属意識を強めるという効果をもつ。そのことと、アファーマティヴ・アクションに伴う特典の分配をめぐる紛争とが相まって、当事者のあいだで、他集団に対する敵視、差別意識などが生まれやすい。つまり、各人の特定民族への帰属を明示的に登録する制度は、「差別」がもともとの目的ではなく、むしろ「差別是正」「相対的弱者の優遇」が目的だったとしても、そのための「区別」およびその登録という行為自体が、結果的に「差別」を生むという連関がある。

ソ連の場合に即して具体的にいうなら、国勢調査（人口センサス）における民族申請が各人の帰属確認の重要な機会となった。帝政ロシア時代の一八九七年センサスでは「母語」と「宗教」が調査され、これが民族の代理指標とされたが、一九二六年以降のソ連時代の調査では、「母語」とは別に「民族」という項目が立てられた。このことは次のような含意をもつ。たとえば「自分自身の母語はロシア語だが、先祖はウクライナ語を話していた」という人は、センサスに「母語」項目しかなければ「ロシア語」としか答えようがないが、「母語」と「民族」とが別々の項目としてあるなら、「母語はロシア語、民族はウクライナ人」と答えることができる。ということは、このような登録方式は、ウクライナ人のロシア人への同化を遅らせて、ウクライナ人意識を確立させようとする意味があったということになる[21]。更に、一九三〇年代以降は、国内旅券（パスポート）が導入され、そのパスポートにおける民族欄記入が帰属意識確認に大きな役割を演じるようになった。パスポートにおける民族欄は、一旦導入された後は、子供は親の民族籍を受け継ぐ――親の民族籍が異なる場合にはそのどちらかを選択する――という枠がはめられ、固定された[22]。元来のマルクス主義の民族理論はスターリンのそれも含めて、民族カテゴリーの歴史的可変性を前提していたが、パスポートの民族欄が親から子に固定的に受け継がれることから、次第に原初主義的発想が広まり、公定された「民族」カテゴリーが固定的なものとして確立していった。個々人に即していえば、このような過程を通して各人は「自分は○○民族に属するのだ」という意識を確認するようになった。

パスポートにおける民族欄の評価は両義的である。ソ連時代末期から、この欄は民族差別のもとになるという批判論があり、ソ連解体後のロシア連邦では、パスポートにおける民族欄が廃止された（一九九七年）。しかし、他面からいえば、この欄があるおかげで少数民族はロシア人への同化を免れ、「○○民族」としての自己意識を維持するので、この欄の廃止は少数民族のロシア化と衰退を進めるのではないかという見方もある。ロシア連邦内の民族共和国はそれぞれの地元民族を優遇するアファーマティヴ・アクション的政策をとろうとしているが、そうした政策の履行のためにも、誰が何民族に属するかの確認が必要とされる。こうした事情から、多くの民族地域ではパスポートの民族欄廃止への抵抗があった。論争の末の妥協として、タタルスタン、バシコルトスタンなどでは、ロシア連邦のパスポートの中に、民族語で書かれる独自のページを挿入し、また民族帰属を出生証明書などに記載することができるということになった。こうした経緯は、民族欄記入制度が見方によって民族差別のもととも、同化を食い止める保証ともみなされるという両義性を物語っている[23]。

ともかく、個々の共和国[24]ごとのアファーマティヴ・アクション（それぞれの「基幹民族」に対する優遇政策）は、種々の利益をめぐる紛争の「民族化」――誰それは何民族に属するがゆえに得をしたり損をしたりする――をもたらし、相互に「差別」「被差別」意識をいだくことになった。また、どの地域がどの共和国の管轄に属するかでアファーマティヴ・アクションの適用形態が異なりうるために、領域の管轄をめぐる対立が「民族」の語で語られ、「民族」を単位とする領土争いも生じるようになった。事例としては、ナゴルノ＝カラバフ、アブハジア、イングーシと北オセチア等々、枚挙にいとまがない。これらはみな、基幹民族優遇という形をとったアファーマティヴ・アクションの意図せざる副産物ということができる。

意図せざる副産物のもう一つの問題は、ロシア人の独自な位置に関わる。アファーマティヴ・アクションは基本的に非ロシア諸民族に対してとられてきたが、そのことは結果的に、ロシア人のあいだに「逆差別」意識を広める効果をもった。ソ連におけるロシア人は、一般には「支配民族」とみなされがちだが、実は、彼ら自身にそのような自意識はなく、むしろ一種独自の被害者意識とルサンチマンをいだいてきた。これは敢えて乱暴なアナロジーをするなら、アメリカにおけるアファーマティヴ・アクションへのバックラッシュに似たところがある。ロシア・ナショナリズムという独自の現象の発生は、いま述べたような事情に基づくものとして説明することができる。英国（グレート・ブリテン）においてスコッティシュ・ナショナリズムやウェルシュ・ナショナリズムはありふれた現象であるのに対し、イングリッシュ・ナショナリズムはその存在そのものが争われるような現象である。これに比して、ソ連においては、ウクライナ・ナショナリズムやグルジア・ナショナリズムと並んでロシア・ナショナリズムもまた当然のように存在した。ソ連解体に際しても、ロシア共和国政権のソ連政権への反逆がとどめを刺した。大英帝国にイングランドが反逆するとか大日本帝国に日本が反逆するというようなことは想像もできないことを思えば、その特異性は明らかである。

5 反抗と解体

ソ連が以上に見てきたような「多民族・多言語主義イデオロギー国家」だったことは、それへの反抗にも独自の性格を刻印することとなった。

ペレストロイカからソ連解体に至る時期の各地の民族運動の大きな特徴として、ソ連時代に形成された「民族」の枠を前提し[25]、その「民族」を中心とするネイション・ステートづくりの純化を目指すという性格があった。つまり、ソヴェト的民族政策が建前として掲げていたものをより徹底して実現しようとしたということになる。その意味で、ソ連を解体に導いた各地の民族運動はソヴェト民族政策の皮肉な嫡子だったとさえも言いうる。そうした民族運動は「ネイション・ステート」の純化を求めるあまり、それぞれの地域における少数派――それがロシア人である場合もあれば、たとえばグルジアにおけるアブハジア人とか、モルドヴァにおけるガガウス人といった少数民族である場合もある——とのあいだで、いわば「マトリョーシカ構造」（入れ子構造）での民族紛争を引き起こすことが少なくなかった。

もっとも、現代世界においては少数派の権利無視は許されず、あからさまなエスニック・ナショナリズムは評判が悪いという現実がある以上、独立を達成した諸国で純然たるエスニック・ナショナリズムがとられているわけではない。ナショナリストたちによるエスニック・ナショナリズムの要求と、建前上のシヴィック・ナショナリズムとが曖昧に並存するというのが大勢である。こうした両義性およびそれに由来する政策の揺れは、独立後の旧ソ連諸国を彩っている。

そのような両義性は言語政策にも反映している。新興独立国のネイション・ステートづくりは、その一環として、中心となる民族言語の「国家語」としての確立を要請するが、それ以外のマイノリティ言語へのあからさまな差別的政策は国際的批判を浴びるし、実際問題としても、「国家語」以外の言語の使用を極小にすることは種々の条件からしてあまり現実的ではない。人口中のマイノリティの比率およびその構成はそれぞれの国ごとに異なるが、ロシア語系住民——エスニックなロシア人よりも広く、主としてロシア語を使用する人たちを包括する概念——が無視できない位置を占めていることがよくある[26]。この場合、ロシア語が有力な「マイノリティ言語」ということになるが、単なる「普通のマイノリティ言語」ではなく、「かつての支配言語」でもあるという事情が事態を複雑にしている。

ソ連時代には各共和国の主要民族の言語の公的使用を奨励する建前がとられてきたが、事実としてのロシア語の優位のもとで、各地の民族語は相対的に低い位置におかれてきた。当時、各共和国の法律類はロシア語と当該共和国の主要民族語の双方で公表されていたが、おそらくほとんどの場合、先ずロシア語で起草されて、「申し訳」のように民族語訳がつくられていたものと思われる。新聞・テレビなどのマスメディアも、ロシア語のものと各地の主要民族のものの双方があったが、どちらかといえば前者の方がジャーナリストの水準が高く、より広い視野をもっていたため、双方の言語のできる読者・視聴者はロシア語のものを選好する傾向があり、そうした状況は独立後もすぐは変えようがない（独立国となった各国の中で刊行・放送されるメディアとしてはロシア語によるものが減少する傾向があるが、ロシアから届けられる新聞・電波は広く受容され続けている）。教育や出版活動においても、ソ連時代から諸民族語が一応使われていたとはいえ、高等教育における利用度や出版点数はそれほど高くなかった（但し、バルト三国およびグルジアでは高等教育でも民族語が広く使われ、人口当たりの出版点数も多かった）[27]。こうした事情から、独立後も事実上はロシア語を広く利用せざるを得ないという条件があるが、他面では、だからこそ、そのことに対する忌避や反撥の感情もある。中央アジア諸国の場合、住民中のロシア人比率の高いカザフスタンとキルギスタンではロシア語の社会的地位に配慮が払われ、ロシア語教育もまだ充実しているのに対し、ロシア人比率の低いウズベキスタン、タジキスタン、そして特にトルクメニスタンではロシア語の地位低下傾向が見られるといった対比がある[28]。長期展望としては、時間の経過とともに自前の国家および国家語が安定していくならば、旧支配言語（ロシア語）への嫌悪感情や排斥論は次第におさまっていくと考えられなくもない。とはいえ、実際にそうなるには、なおかなりの時間が必要とされるだろう（この問題については、韓国における日本語の位置が参考になるかもしれない)。

言語政策に関しペレストロイカ期に最も強硬な立場をとったバルト諸国の場合、独立運動高揚の過程で、バイリンガリズムの否定とモノリンガリズムの主張が提起された。この点に関して、非専門家のあいだでは次のような誤解がなされていることがある。即ち、ソ連時代にはロシア語モノリンガリズム政策がとられていたのだろうと想定し、それと対比して独立運動はバイリンガリズムを要求したのだろうと無意識のうちに想定されていることがある。実際には、ソ連時代にとられていたのは前述のようにバイリンガリズム政策であり、ただ実質的に対等な関係ではなく、二言語のうちロシア語が相対的優位を占めるという階層的なバイリンガリズム(ダイグロシア)だった。こうした階層的なバイリンガリズム(ダイグロシア)への反撥から、独立運動の推進者は現地民族言語のモノリンガリズムを主張したのである。ペレストロイカ期の各共和国が採択した言語法の多くは、各共和国の主要民族の言語を「国家語」とすると同時にロシア語に「民族間交流語」という位置を与えたが、エストニアとリトアニアの言語法はロシア語にその地位を与えることさえも拒否した点で際だっている[29]。

もっとも、独立達成後、時間を経る中である程度の変化があらわれてきた。国籍問題に関しては、西ヨーロッパからの「外圧」が作用して、初期の排他的政策は次第に修正され、より包摂的方向に向かいつつあり、多文化主義的な政策も唱えられるようになっている。しかし、それでもなお、あたかも国籍政策での譲歩を補うかのように、言語政策については国家語(現地民族語)と外国語(ロシア語を含む)の地位の差を強調する政策が持続しているようにみえる[30]。

ウクライナの場合、ウクライナ語とロシア語がともに東スラヴ系に属するために、両者の差異は口語のレヴェルでは連続的であり、両者の混合的な言語（スルジクと呼ばれる）も広く使用されているという事情が問題を複雑にしている（同様の状態にあるベラルーシでは、国家語としてのベラルーシ語の確立がウクライナよりも一層困難だという特徴がある）。国内のウクライナ人vsロシア人という構図がよく問題にされるが、そうした単純な対立だけではなく、「ウクライナ人」とみなされている人々の中での内部分岐が大きいという点も注目されるべきである。東部・南部ではロシア語とのバイリンガル（あるいは混成的言語たるスルジク）が普及しており、民族意識としては、いわばバイカルチュラル・アイデンティティが優勢である。そのことと関係して、東部・南部ではしばしばロシア語の第二公用語化論が唱えられている。これに対し、西部のナショナリストは、そうした混成アイデンティティを「ロシア帝国主義への従属の継続」とみなし、モノリンガリズム堅持を唱えている。このどちらが「真のウクライナ人」の立場かを外部の観察者が決定することはできないだろう[31]。

各国でそれぞれの国家語が定められ、住民にその習得が広く呼びかけられ、場合によっては事実上の強制力が働くという状況の中で、各地のロシア語系住民は新たな対応を迫られている。彼らのとりうる選択肢としては、ロシアへの流出か、現地政権の政策への適応（現地語の習得）か、反逆か、模様眺めか、といったものが考えられる。具体的事情は地域により、また時期によって異なるが、おおまかな趨勢としては、ロシアへの流出は一部の特定地域を除けばそれほど大きくない[32]。そして、公然たる反逆もこれまでのところそれほど活発ではなく[33]、むしろ必要に迫られて現地語を習得する――年長世代の場合、自らが習得するのは至難でも、子供にはそのような教育を受けさせる――という態度が意外に広まりつつあるようである[34]。

ソ連解体後の新興独立諸国における言語状況に関するもう一つの論点として、公用語とは別に、国際社会の一員として生きていくために必要な「国際言語」の習得・利用という問題がある。旧ソ連諸国においては、これまでの歴史的経緯からして、最も広く利用可能性のある「国際言語」は当面ロシア語だというのがソ連解体直後の現実だった。他面、そのことへの反撥もあり、主要な外国語としてロシア語よりも英語を選好するという傾向が強まりつつある。英語へのシフトがどの程度進んでいるかは国による差異があるが、長期的な趨勢としては、「第一の外国語」の座をロシア語に代わって英語が占めるという方向に向かいつつあると見られる。それ以外の外国語としては、旧ソ連の西の方に位置する地域では西ヨーロッパの諸言語、南の方に位置する地域ではトルコ語、イラン（ペルシャ）語、アラビア語、東の方に位置する地域では中国語、韓国語、日本語などが次第に地位を高め、場合によってはロシア語と覇を競うことになるかもしれない。いずれにせよ、もしロシア語学習に代わって英語学習が圧倒的な地位を確立するなら、それは「ロシア語帝国主義」からの解放を「英語帝国主義」への従属で果たす結果になるのではないかという疑問もあり得るが、そうした問いはまだ今のところ表面化していないように見える。

補論　カルヴェの所論との対比

以上の私の議論は、フランスの社会言語学者カルヴェがその後期の著作で提起している議論と多少似たところがあるように見えるかもしれないが、全面的に同じというわけではない。その異同を明らかにすることは、本章の位置づけを明確にする上で役立つと思われるので、簡単に私見を述べてみたい。

カルヴェは世界の諸言語を三階建てないし四階建てのモデルで捉え[35]、そこにおけるハイパー中心言語（英語）の覇権に対抗するためには、上位中心言語（フランス語など）の位置を守らなければならず、周辺言語保護ばかりを強調するのは無意味だとしている。そして、周辺言語の保護が上位中心言語の地位を揺るがすなら、結果的にハイパー中心言語の覇権強化につながりかねないという警告を発しているように見える。

私の場合、支配的言語（大言語）／被支配言語（小言語）という単純な二項対置をとらないというところまではカルヴェと共通しているが、そこから先が違う。ソ連の経験からいえるのは、言語のヘゲモニーの強弱は、支配／被支配という単純な二項でもなければ、カルヴェ的な三ないし四段階論でもなく、もっとずっと多層的だということである[36]。

思いつくままにざっと並べても、最も強力なヘゲモニーを振るっているのが「ハイパー中心言語」たる英語であるのはいうまでもないとして、それに次ぐ第二順位に、話者が多く、標準化が進んでおり、国際的にも広く使用されている一連の言語（分かりやすい例示としては、国連の公用語）、第三順位に、それよりは国際性に劣るが、特定の国の国家語としての地位を確立させている諸言語（日本語もここに位置づけられる）、第四順位に、そうした地位を目指して格闘していたり、そうした地位から脱落するかもしれないという境界に位置する諸言語、第五順位に、より使用範囲が狭いが、ともかく文章語としての規範を一応有している諸言語、第六順位に、規範としての文章語確立度が低く、「方言」扱いされているが、それでも一定の地域では口語としてそれなりに広く使われ、定着している言語（日本でいえば関西弁などがこれに当たるだろう）、第七順位に、「方言」としてさえも徐々に衰退しつつあるが、まだ死滅までは予期されていない諸言語、第八順位に、話者がごく少数になり、死滅の予測が現実性をもつ諸言語、といった序列が考えられる。これはあくまでも、たとえばこういう風にも考えられるのではないかという試論にすぎず、細かく考えるならもっと多層に分けることもできるだろう。また、それらは単純に上下に並ぶとは限らず、指標の取り方や文脈次第で上下関係が逆転したりすることもあり得る。

このようなことを述べるのは、ただ単に、大雑把な認識よりも細かい方がより精密だといった分かりきったことをいうためではない。言語をめぐる政治という観点から見た場合、深刻な政治闘争が繰り広げられるのは、第三、四、五、六順位あたりではないかという気がするからである。第一順位に位置する英語のヘゲモニーはあまりにも強いので、いくらこれが気にくわないかといって、それを全面的に否定するのは非現実的であるように思われる。また第二順位の諸言語（たとえばフランス語）は、英語との対比でいえば侵食をこうむりつつあるという被害感覚があるようだが、こうした言語が近い将来に消滅するとか、ほとんど使われなくなるということは考えにくい。それらは地位をある程度低下させながらも、当分のあいだその地歩を維持する公算が高いと思われる（カルヴェはフランス語が英語に侵食されて消滅するかもしれないという危機感に基づいてフランス語の擁護が第一義的に重要だと考えているように見えるが、これは誇張した認識に基づいた戦略であるように感じる）。これに対し、それよりも下の第三、四、五、六順位あたりになると、まさしく諸言語のあいだのヘゲモニー争いが激しく、それに勝利すると順位を上昇させ、敗北すると順位を低下させるといったことが起こる。旧ソ連や旧ユーゴスラヴィアで起きていることは、そういった観点から理解できるように思われる。

カルヴェは英語の地球支配への抵抗のよりどころをフランス語などの保持に求め、これに対して、「群生言語」保護運動（彼のいうＰＬＣ[37]）はむしろ英語帝国主義に味方する結果になると示唆しているようである。政治の世界においては「敵の敵は味方」という力学が作用するから、事態を三段階モデルで捉えるなら、第一レヴェルと第三レヴェルが「共謀」して第二レヴェルを押しつぶしかねないという把握には一定の根拠がないわけではない。だが、私のように多段階的なモデルで考えるなら、言語をめぐる政治力学はもっと多様な現れ方をすることになる。たとえば、第二順位に位置するロシア語、第三順位に位置するグルジア語、第四順位に位置するアブハジア語の関係を考えると、ロシア人とアブハジア人にとってグルジアが「共通の敵」ということになり、両者のあいだにある種の「共謀」関係が成り立つかに見える。しかし、第五順位にミングレル語をおいて第三・四・五順位の相互関係を考えると、グルジア人とミングレル人にとってアブハジア人が「共通の敵」となって、ミングレル人はグルジア人と「共謀」することになる（ミングレル人のベリヤはアブハジアの「グルジア化」政策をとったことで悪名高い）。あるいはまた、第一順位の英語を加えて考えるなら、第三順位のグルジア人は第二順位たるロシアを「主要敵」とするあまり、英語帝国主義と手を結ぶことになるかもしれない。こうして、どの言語／民族とどの言語／民族が敵対したり提携するかは、多段階モデルにおいては一義的ではなく、どのレヴェルに注目するかによって多様だということになる。カルヴェのように「英語が主要敵だからフランス語を擁護しなくてはならない」という結論を示唆するのは、ある一面だけに着目したもので、性急ではないかと思われる。

注

1 塩川伸明『ソ連とは何だったか』勁草書房、一九九四年、一六－二四頁、『現存した社会主義――リヴァイアサンの素顔』勁草書房、一九九九年、二三九－二四五、二七三－二七九、三二八頁、また「集団的抑圧と個人」江原由美子編『フェミニズムとリベラリズム』勁草書房、二〇〇一年所収など。

2 Terry Martin, *The Affirmative Action Empire: Nations and Nationalism in the Soviet Union, 1923-1939*, Cornell University Press, 2001（マーチン『アファーマティヴ・アクションの帝国――ソ連の民族とナショナリズム、1923年 - 1939年』明石書店、二〇一一年）。

3 Hélène Carrère d'Encausse, *L'Empire Eclaté*, Paris, 1978（カレール＝ダンコース『崩壊したソ連帝

国』藤原書店、一九九〇年、初訳は『崩壊した帝国』新評論、一九八一年）；*id.*, *The Great Challenge: Nationalities and the Bolshevik State, 1917-1930*, tr. from the French, New York and London: Holmes & Meier, 1992; Bohdan Nahaylo and Victor Svoboda, *Soviet Disunion: A History of the Nationalities Problem in the USSR*, London, 1990（ナハイロ、スヴォボダ『ソ連邦民族＝言語問題の全史』明石書店、一九九二年）；Richard Pipes, *The Formation of the Soviet Union: Communism and Nationalism, 1917-1923*, Harvard University Press, 1954; rev. ed., 1964; Gerhard Simon, *Nationalism and Policy Toward the Nationalities in the Soviet Union: From Totalitarian Dictatorship to Post-Stalinist Society*, tr. from the German, Westview Press, 1991.

4 ここで「比較的最近まで」というとき、はるかな昔、ソ連公式イデオロギー賛美論が主流だった時代のことは度外視している。かつてそのような時期があったことは歴史的事実だが、そのような古くさいものを今頃批判しても、さしたる意味はないからである。ソ連公式イデオロギーに批判的な立場からの研究はここ数十年のあいだに急速に増え、それらを系統的に挙げることはそれ自体、別個の主題となる。ごく大まかな流れをいうなら、一九五六年のスターリン批判とハンガリー事件に始まり、中ソ対立、プラハの春（一九六八年）、ソルジェニツィンの一連の著作発表と国外追放、アフガニスタン介入、ポーランド「連帯」運動と戒厳令等々といった世界史の流れの中で、ソ連公式イデオロギーの威信は一九六〇－八〇年代を通じて低下し、批判的な見地からの研究はソ連解体に先立って大量に積み重ねられていた。一九九〇年代以降の、より新しい研究は、そうした蓄積を踏まえつつ、それだけにはとどまらない見地を多面的に提出しつつある。民族・言語政策の枠をはみ出すが、日本におけるロシア史研究全般の回顧として、塩川伸明「日本におけるロシア史研究の五〇年」『ロシア史研究』第七九号、二〇〇六年参照。

5 本章の内容は、基本的に以下の拙著に基づいており、そこに述べられていることについての詳しい

6 典拠注は省く。塩川伸明『民族と言語――多民族国家ソ連の興亡Ⅰ』岩波書店、二〇〇四年、『国家の構築と解体――多民族国家ソ連の興亡Ⅱ』岩波書店、二〇〇七年、『ロシアの連邦制と民族問題――多民族国家ソ連の興亡Ⅲ』岩波書店、二〇〇七年、より簡略には、『《20世紀史》を考える』勁草書房、二〇〇四年、第8章。

7 前述のテリー・マーチンの場合、叙述が一九三〇年代末で打ち切られていて、その後の時期については詳述されていないが、「アファーマティヴ・アクション帝国」としての性格づけはその時期までだとされる一方、個々のアファーマティヴ・アクション的政策はその後も持続した――但し、ロシア人を中心とする「諸民族の友好」、ソヴェト国民の団結と両立する限りでという条件が強められる――という見方になっている。

8 やや細かくいうなら、一九三八年の時点で義務化されたのは「第二言語としてのロシア語教育」であって、「母語による授業」という原則が放棄されたわけではない。この原則が掘り崩されるのは、一九五八―五九年のフルシチョフ改革以降のことである。

この点についても、細かくいえばいくつかのステップがあった。①一九三〇年代末には、連邦構成共和国・自治共和国・自治州・民族管区（後の言い方では自治管区）よりも小さい単位としての民族地区・民族村ソヴェトが廃止され、それに伴って、小規模な集住民族集団への母語による授業が放棄された。②一九三〇年代後半から戦後初期にかけての戦時／準戦時状況の中で、「通敵分子」となることの疑われた諸民族は集団的に追放され、自治地域も廃止された。③ポスト・スターリン期における長期的趨勢として、ある規模以下の民族・言語集団のより大きな集団への統合が進められた。こういったさまざまな段階を経て、「独自の民族」「独自の言語」として認定される集団の数は徐々に減少していった。しかし、「数が減少する」ということは「一つだけ――つまりロシア人／ロシア語だけ――にしていく」ということと同じではない。連邦構成共和国・自治共和国・自治州・

9 自治管区をもつ民族に関しては、「独自の民族」「独自の言語」という位置づけが持続した。その中でヘゲモニーの強弱の差があり、ランクの低い集団ほど衰退傾向にさらされたことも事実だが、それは意図的な消滅政策とはいえない。

10 ソ連について「シヴィック・ネイション」論を適用し、エスニシティを超えた国民統合を「ネイション・ビルディング」の概念で捉えようとする議論がある。池田嘉郎「革命期ロシアにおける労働とネイション・ビルディング」『ロシア史研究』第七八号（二〇〇六年）。その問題意識自体は理解できるが、ソ連における歴史的用語法として「ナーツィヤ」「ナツィオナーリノスチ」はあくまでもエスニシティに引きつけられた概念である以上、非エスニックな「ネイション・ビルディング」について語ろうとする場合には別の言葉を用いた方が混乱が少ない。更にいえば、そもそも「シヴィック・ナショナリズム」の本場とされる西ヨーロッパ諸国とりわけフランスで、本当に純粋な「シヴィック・ナショナリズム」が成立しているのかという疑念もある。しかし、これはあまりにも大きな問題であり、ここで立ち入ることはできない。とりあえず、シヴィック／エスニック二分法を鋭く批判した次の二論文参照。Stephen Shulman, "Challenging the Civic/Ethnic and West/East Dichotomies in the Study of Nationalism," *Comparative Poiitical Studies*, vol. 35, no. 5, June 2002; Rogers Brubaker, "The Manichean Myth: Rethinking the Distinction between "Civic" and "Ethnic" Nationalism," in H. Kriesi, K. Armingeon, H. Siegrist and A. Wimmer (eds.), *Nation and National Identity: The European Experience in Perspective*, West Lafayette, Indiana: Purdue University Press, 2004. 塩川伸明『民族とネイション——ナショナリズムという難問』岩波新書、二〇〇八年、一八九－一九七頁も参照。
概念の整理に関して、塩川伸明「国家の統合・分裂とシティズンシップ——ソ連解体前後の国籍法論争を中心に」塩川伸明・中谷和弘編『国際化と法』東京大学出版会、二〇〇七年所収参照。

11 ここでの「連邦」の原語はロシア語でソユーズ、英語でユニオンである。その意味は長らくフェデレーション＝連邦として解釈されてきたが、コンフェデレーション＝国家連合として解釈する余地がないわけではない。そのことがペレストロイカ期の大論争のもととなった。詳しくは、塩川『国家の構築と解体』参照。

12 「形式においてナショナル、内容においてリベラル」というリベラリズムの主張（『一九九六年度法哲学年報』有斐閣、一九九七年、一一三頁）と、「形式において民族的、内容において社会主義的」というスターリンの定式は、「普遍的」原理と多文化性の共存という形をとる点において同型である。塩川『民族と言語』一一七頁の注43参照。

13 多文化主義の実践のかかえる矛盾については、関根政美『エスニシティの政治社会学』名古屋大学出版会、一九九四年、第七章参照。但し、関根はソ連の民族政策を同化主義的なものと位置づけているが、これは事実認識において正しくない。むしろ多文化主義的な方向のものとみた上で、そこにはらまれた矛盾を認識する必要がある。本書第3章一三九頁も参照。

14 塩川『民族と言語』四八―五八頁。

15 中央アジアの民族画定について、帯谷知可「旧ソ連中央アジアの国境――二〇世紀の歴史と現在」岩下明裕編『国境・誰がこの線を引いたのか』北海道大学出版会、二〇〇六年、ブリヤートなどのモンゴル系諸言語について、渡辺日日「民族的な言語行為のジレンマ」『ことばと社会』第三号、二〇〇〇年、荒井幸康『「言語」の統合と分離――1920-1940年代のモンゴル・ブリヤート・カルムイクの言語政策の相関関係を中心に』三元社、二〇〇六年などがある。ここでは触れないが、タタールとバシキールの関係も興味深いものをもっている。ソ連よりも外に眼を広げるなら、旧ユーゴスラヴィアの事例とも共通するところがある。斉藤厚「「ボスニア語」の形成」『スラヴ研究』第四八号、二〇〇一年、同「旧ユーゴスラヴィア、セルビア・クロアチア語の分裂におけるヨーロッパの対応」『ことばと社会・別冊1・ヨーロッパの多言語主義はどこまできたか』三元社、二〇〇四年、中澤拓哉「「モンテネグロ語」の創出――ユーゴスラヴィア解体以降の言語政策と言語状況（1992-2011）」『ことばと社会』第一五号、二〇一三年など。

16 ソ連において認定された「民族」の数の変遷については、Francine Hirsch, "The Soviet Union as a Work-in-Progress: Ethnographers and the Category *Nationality* in the 1926, 1937, and 1939 Censuses," *Slavic Review*, vol. 56, no. 2 (Summer 1997); *id.*, "Toward an Empire of Nations: Border-Making and the Formation of Soviet National Identities," *Russian Review*, vol. 59, no. 2 (April 2000) が詳しい。

17 このセンサスでも、一人の個人が複数の「民族」に属するという重複帰属は依然として認められなかったが、ある「民族」の中の「サブカテゴリーとしてのエスニック・グループ」は内数として数えられるようになった。

18 より小さな単位を認定するほど民族尊重的になると考えられるかもしれないが、そう簡単にはいえない。ミシャール人、テプチャリ人などを「独自の民族」と認定することは、それらの「民族」に属すると自認する人たちにとっては自己の尊厳の承認だが、タタール民族主義者の立場からすれば、タタール人の統一の破壊・分断ということになる。

19 本書第1章七六頁、第6章二二六頁も参照。

20 集団と個人の関係について、とりあえず塩川伸明「集団的抑圧と個人」江原由美子編『フェミニズムとリベラリズム』勁草書房、二〇〇一年所収参照。なお、当事者の「自発性」による言語乗り換えについて、あからさまな強制でなくとも隠然たるヘゲモニーによるのではないかとの指摘がある。三浦信孝「〈プロローグ〉植民地時代とポスト植民地時代の言語支配」および糟谷啓介「言語ヘゲモニー――〈自発的同意〉を組織する権力」（ともに三浦信孝・糟谷啓介編『言語帝国主義とは何か』藤原書店、二〇〇〇年に収録）。これはもちろん正しい指摘である。ただ、そうしたヘゲモニーは人間社会の至る所に遍在しているものであり、どこにでもあるものをわざわざ「ここにもある」と指摘することにどういう意味があるのだろうかという疑問が浮かぶ。あからさまな強制とヘゲモニーのあいだにはもちろん共通の要素があるが、完全に同じということもできないとしたら、その関係をどう捉えるべきかも大きな問題である。もう一点、ソ連の歴史と関わらせていえば、レーニンは「自発的な同化」を肯定する立場だったのに対し、スターリンは「あらゆる同化は反動的だ」としていた（塩川『民族と言語』三七―三八、五九―六一頁参照）。とすると、あからさまな強制だけでなくヘゲモニーも糾弾すべきだという論者は、実はスターリンと考えを同じくしていることになる。

21 Dominique Arel, "Interpreting 'Nationality' and 'Language' in the 2001 Ukrainian Census," *Post-Soviet Affairs*, vol. 18, no. 3 (July-September 2002), pp. 217-223.

22 なお、センサスにおける民族欄は基本的には自己申請であり、その都度異なる回答をすることがあり得た。但し、「自己申請」が原則とはいっても、調査員による誘導はあり得るし、自己申請による回答を集計する際に特定の枠組みで解釈する――たとえば本人が「クリャシェン人」と答えれば「タタール人」とみなすとか、「ミングレル人」と答えれば「グルジア人」とみなす、「コサック」と答えた場合には母語がロシア語なら「ロシア人」、母語がウクライナ語なら「ウクライナ人」とみなす等々――ことがなされた。更には、パスポートの民族記載が確立した後の時期については、センサスが自己申請であっても、パスポートの民族欄に記載されている通りに申告する人が増えたと想定される。

23 Sven Gunnar Simonsen, "Inheriting the Soviet Policy Toolbox: Russia's Dilemma Over Ascriptive Nationality," *Europe-Asia Studies*, vol. 51, no. 6 (September 1999); *id.*, "Between Minority Rights and Civil Liberties: Russia's Discourse Over 'Nationality' Registration and the Internal Passport," *Nationalities Papers*, vol. 33, no. 2 (June 2005); 渋谷謙次郎「「母語」と統計」『ことばと社会』第一〇号（二〇〇

七年)、二〇一―二〇二頁等参照。

24 ここで「共和国」とは、主としてソ連時代の連邦構成共和国および自治共和国を念頭においているが、今日のロシア連邦内の共和国(元の自治共和国および大半の自治州)にもある程度共通の事情がある。

25 諸「民族」の枠組みがソヴェト時代以前にどこまで形成されていたかは、個々の事例ごとに差がある。バルト三国は二〇世紀前半までにかなりの程度ネイション形成が進み、戦間期に独立国家をもっていたことからも、ソヴェト化以前に既に「民族」の枠組みがほぼ確立していたと言いうる。それ以外の諸民族についてもさまざまな差異があるが、十分に確立していなかった「民族」の枠が本格的に固められたのはソヴェト政権の政策によった面が大きい。

26 「ロシア語系住民」の概念については、David Laitin, *Identity in Formation: the Russian-Speaking Populations in the Near Abroad*, Cornell University Press, 1998が詳しい。なお、人口中のロシア人比率が比較的低い国(リトアニア、グルジア、アゼルバイジャン、アルメニア、ウズベキスタン、タジキスタン、トルクメニスタン)の場合、この問題の比重は相対的に軽い。もっとも、ロシア人でもなければ独立国の基幹民族でもない少数派が主たる言語をロシア語としている場合には、ロシア国家による庇護を得にくいだけに、一層問題が複雑になるという面がある。ザカフカース三国の例に即した分析として、北川誠一「カフカーズにおけるロシア語の位置――南コーカサス三ヵ国の事例」二〇〇六年度ロシア・東欧学会/JSEES合同大会報告(青山学院大学、二〇〇六年一一月一九日)参照。

27 塩川『民族と言語』一六〇頁の表2・5、一六二頁の表2・7参照。

28 ティムール・ダダバエフ「変わっていく中央アジア社会とロシア語の位置」二〇〇六年度ロシア・東欧学会/JSEES合同大会報告(青山学院大学、二〇〇六年一一月一九日)参照。カザフスタンでは「民族間交流語」としてのロシア語が「国家語」としてのカザフ語に準じた扱いを受けており、キルギスタンでは二〇〇〇年の法律でロシア語が第二の公用語とされた。他方、ウズベキスタンとトルクメニスタンでは、ロシア語の社会的地位が低下しつつあり、文字もキリル文字からラテン文字に切り替えられた。なお、タジキスタンでは、従来ロシア語に「民族間交流語」という位置づけが与えられてきたが、二〇〇九年一〇月の新しい公用語法はこの規定を削除したという。

29 ペレストロイカ期の各共和国における言語法で「民族間交流語」がどのように規定されたかの比較は、塩川伸明『ソ連言語政策史の若干の問題』北海道大学スラブ研究センター、領域研究報告集、一九九七年、一五―一六頁。ラトヴィアおよびウクライナでは、ロシア語を「民族間交流語（複数）の一つ」とする中間的な規定をとった。

30 塩川「国家の統合・分裂とシティズンシップ」参照。現代エストニアの言語状況については、小森宏美「バルト三国に見るロシア語の位置の変遷――エストニアを中心に」二〇〇六年度ロシア・東欧学会／JSEES合同大会報告（青山学院大学、二〇〇六年一一月一九日）参照。なお、初稿執筆後の新しい動向として、エストニアでは在住ロシア人とエスニックなエストニア人のあいだの緊張が再び高まった（二〇〇七年春に頂点に達した後、静まったが）。バルト三国のEU加盟実現に伴う環境の変化が関係していると思われるが、この問題については別個の検討課題とするほかない。

31 塩川『民族浄化・人道的介入・新しい冷戦――冷戦後の国際政治』有志舎、二〇一一年、第五章参照。その後、二〇一四年になってウクライナ情勢は風雲急を告げるに至った。極度に複雑なこの問題に本書で立ち入ることはできないが、とりあえず前提的な事項の確認に力点をおいたものとして、塩川伸明・渋谷謙次郎「ウクライナ問題、ここを理解しないと絶対に見えてこないこと」『週刊読書人』二〇一四年六月六日号、塩川伸明・沼野充義「ウクライナ危機の深層を読む」『現代思想』二〇一四年七月号、〔講演記録〕「ウクライナ情勢から見た「地域と国家」」『地域・アソシエーション』第一二四号（二〇一四年一二月）。

32 ロシア以外の旧ソ連諸国に住むロシア人の人口変動（減少）については、塩川『国家の構築と解体』二八四―二八六頁参照。そこにも記したように、ロシア人の数はかなり減りつつあるが、それはもっぱらロシアへの流出によるわけではなく、むしろ現地民族への同化という要因によるところが大きい。

33 ソ連解体後二〇年ほどのあいだ沿ドネストルがほぼ唯一の事例だった。二〇一四年のウクライナ内戦勃発はその意味で、きわめて異例である。

34 デイヴィド・レイティンを中心とする研究グループは、エストニア、ラトヴィア、ウクライナ、カザフスタンの四カ国について興味深い調査を行なっている。Laitin, *op. cit.* それによれば、現地語習得に向かっている度合いが相対的に高いのはエストニアとラトヴィア、低いのはカザフスタンで、ウクライナはその中間である。但し、これは一九九〇年代半ばの時点での調査結果なので、その後に新しい変化が起きている可能性もある。特にウクライナにおけるその後の変動がどうなっているかが関心のもたれるところである。

35 ルイ＝ジャン・カルヴェ『言語学と植民地主義』三元社、二〇〇六年所収の「二〇〇二年版への序文」一四―一六頁では、太陽に匹敵する超中心言語（英語）、惑星に匹敵する上位中心言語（スペイン語、フランス語、ヒンディー語、アラビア語、マレー語など）、衛星に匹敵する周辺言語という三段階モデルが提起されている。同じカルヴェの来日時の講演では三段階論と四段階論が並列されていて、一貫性がない。ルイ＝ジャン・カルヴェ「言語生態学の重層的〈中心―周辺〉モデル」三浦信孝・糟谷啓介編『言語帝国主義とは何か』藤原書店、二〇〇〇年、三〇、三六頁。三浦信孝の紹介では、このうちの四階建てモデルの方が取り上げられている。「〈プロローグ〉植民地時代とポスト植民地時代の言語支配」、前掲書、一〇頁。とりあえず「三ないし四段階論」とまとめておくが、どちらかというと三段階的発想が中心をなしているように見える。

36 塩川『民族と言語』六三頁で「大きな民族」と「小さな民族」という概念を提出した際に、これは二分法的なカテゴリーではなく、幾重にも階層化したカテゴリーだと断わっておいたが、それ以上具体化していなかった。ここでは、それを多少なりと補いたい。

37 「ポリティカル・コレクトネス（PC）」からの造語で、「政治的・言語的な適切さ」のことだとされている。『言語帝国主義とは何か』三一頁。

第8章　旧ソ連地域の民族問題

——文脈と視点

1　文脈の重層性

旧ソ連諸国各地の民族問題がきわめて多様かつ複雑な様相を呈しているのは周知のところである。新しいところでは、二〇〇八年八月の南オセチア問題に端を発したロシア・グルジア衝突が広く世界中の注目を集めた（本章の元原稿は元来、二〇〇九年執筆）。それがいったんおさまった後も、二〇一四年にはウクライナで突如として内戦的状況が生じて、極度に深刻な事態にまで立ち至っている。

民族問題は個々の事例ごとに多様な個性をもっており、そうした個別的事情の歴史的理解抜きの論評は往々にして皮相なものになりやすい。特に旧ソ連地域の場合、これまで日本での関心が相対的に低かったせいもあって、たまたま注目を集めた突発事態のみに目を奪われやすく、バランスを失した表面的解説が横行している。問題が極度に複雑かつ多様であるため、私自身の認識も十分とはいえないが、ともかく長らくこの種の問題の研究に携わってきた者として、最低限この程度のことは押さえておくべきではないかというポイントをいくつか呈示するよう試みたい。

問題の複雑性を念頭におくなら、それらを適切な文脈の中におくということが重要だが、ではどういう文脈の中で見るべきかというと、それ自体が単純一筋縄ではなく、いくつかの層をなしている。ごく大まかに挙げても、次のような幾通りかの文脈が考えられる。

①旧ソ連地域という枠にとらわれない広い文脈。ここでは、そもそも民族/エスニシティとは何か、民族問題解決に向けた種々の構想――民族自決論、文化的自治論、多文化主義、アファーマティヴ・アクション等々――の意義と限界等々が問題となる。これはいささか抽象論に傾斜した問題領域であり、そこまでさかのぼるのは迂遠との印象を与えるかもしれない。だが、旧ソ連の民族問題に関する通俗的な解説では、こうしたレヴェルでの検討が欠如している――あるいは、単純で皮相な回答を暗黙の前提としている――ことが多いことを思えば、いったんはそこまでさかのぼって考えることも重要な意味をもつ。

②長期の歴史という文脈。ここでは、ロシア帝国期にさかのぼり、「ユーラシア空間」ともいうべき複合的広域空間における諸文明の接触・摩擦・変容などの歴史的経緯について考えねばならない。民族問題が長い歴史の中で形成され、変容するものである以上、そうした長期的視座での考察は不可欠である。もっとも、長期的背景と中期および短期の動向は単純に連動するわけではない。長期にわたる歴史を踏まえつつも、そこから一足飛びに最近の動きを説明するのではな

く、後者についての独自の検討が必須だということも銘記しておく必要がある。

③ロシア帝国期にさかのぼる数百年という歴史が「長期」の視点だとすると、ソヴェト時代七〇年の歴史は、いわば「中期のうちのやや長めの期間」に当たる。ここでは、特異なイデオロギーと体制をもったソ連という国における問題状況の独自性について考える必要がある。このテーマについては、専門家のあいだでは数多くの研究が積み重ねられているが、ジャーナリスティックな評論の世界ではそれを踏まえることなく、皮相な解説で満足する傾向がまだ根強い。そうした状況の中で、なんとかして両者の架橋を試みる必要がある。

④ソ連時代末期（=ペレストロイカ期）の数年間は、ソ連時代の一部ではあるが、きわめてユニークな一部であり、また現代に直接先行する時期でもあるので、特別に取り出して考える必要がある。この時期の変動はあまりにも小刻みかつ多彩だったため、あれこれの個別的事件についての断片的記憶はともあれ、それらを全体的に見通すのは相当な困難事である。比較的近い過去であるために、「もはや現状分析の対象ではないが、まだ歴史研究として熟していない」ということで、研究者の視野からも脱落しがちである。この時期を全体として振り返りながら、その後の時期とつなげて位置づける作業はまだほとんど着手されていないが、現代史理解にとって枢要な位置を占める。

⑤ソ連解体から今日までに既に二〇年以上の年月が経った。とすれば、これはいわば「中期のうちのやや短めの期間」ということになる。数年とか数ヶ月の単位で測られる時間を「短期」と呼ぶなら、二〇年余の期間が「中期（但し、やや短めの）」として位置づけられるのは当然だろ

う。ところが、この時期についても、本格的な検討は極度に乏しい。そのため、最新の短期動向についての分析はほとんどの場合、中期的背景と結びつけられることなく、純然たる時事評論となるか、あるいは中間項を欠いたままいきなり長期的展望と短絡させられたりしているのが現状である。

以上、五つの文脈を挙げたが、このどれをとっても、一つ一つが相当大きな問題である。とすれば、それらの全体について満遍ない概観を試みようとしても、いたずらに議論を拡散させることになりかねない。本章では、五つのうち特に研究が手薄なのが④と⑤だという事情を念頭におき、①②③については他の著作に委ね[1]、④に最大の力点をおきながら⑤についてもある程度触れる形で、一つの問題提起を試みることにしたい。

2　ペレストロイカ期再訪

最近の出来事がマスコミなどで解説される際に、いきなり直近の情勢から始まることが多い。歴史的経緯が触れられる場合にも、ソ連時代に関するごく大まかな印象論的説明だけがなされ、それと最新の情勢が直結されがちである。しかし、各種紛争がペレストロイカ期に表面化してから今日に至るまでにはかなりの曲折があり、そうした経過を抜きにして現状だけを論じたのでは、それらの歴史的文脈が明らかにならない。やや迂遠ではあるが、現状について考える前提として、それに直接先行する時期としてのペレストロイカ期を振り返ることは不可欠である。もちろん、歴史をさかのぼろうと思えば、もっと前の時期（上記の②および③）にまでさかのぼることもでき、それはそれで重要な意味をもっているが、短い文章でそこまで手を広げるならあまりに議論が拡散してしまう。各種紛争の問題構造自体はペレストロイカ以前から連続するものも多いが、ペレストロイカ期にはそれらが急激に表面化し、熱心な論争の対象となり、問題の所在がつかみやすくなったという事情を考慮するなら、とりあえずの出発点をここにおくことには十分な理由がある。

〈問題の諸相——その多様性〉

ペレストロイカ期にはあまりにも多くの事件が万華鏡のように展開し、それらが短期的に様相を変化させて、最終的な国家解体へとなだれ込んでいった。その過程があまりにも目まぐるしかったため、それらをきちんと思い起こすことは容易ではない。そのため、往々にして、その複雑な諸相を腑分けすることなく、何もかもを一緒くたにしたような図式的イメージが広まっている。

ジャーナリスティックな解説において一般に広まっているイメージをごく簡単にまとめるなら、次のようになるだろう。ソ連ではそれまで民族的抑圧が一貫して続いていたため、政治的統制が緩和されると、その当然の帰結として、諸民族の自己主張が一挙に高まった。それは連邦中央に対する反逆を意味し、独立論が各地で高揚した。それに対する中央の側の無理解と鎮圧の目論みが一部の民族運動を暴力闘争に走らせ、連邦国家の解体が必然化した……。

ウルトラ巨視的にいうなら、このような見方はある程度まで当たっており、全面的に間違っているわけではない。だが、こういった平板なイメージだけでは捉え尽くせない部分があまりにも多いのも事実である。そもそも各地の民族紛争は、必ずしもペレストロイカ開始と同時に始まったわけではなく、かなりのタイムラグを伴って表面化した。ということは、ペレストロイカ前夜に必ずしもすべての諸民族が「爆発前夜」状況にあったわけではないということである。「パンドラの箱」——箱の蓋を開けた途端に、あらゆる災厄が一斉に飛び出してきた——の比喩がよく使われるが、実際には蓋が開いたからといってすべての民族が一斉に同じように反応したわけではなく、この喩えは適切を欠く[2]。各種紛争表面化後の推移も、事例ごとに多彩であって、右のような図式で捉え尽くせるものではない。

争点の性格についていえば、文化的要求、社会経済的要求、政治的要求（独立に至らない各種権利要求）、独立論など、多様なものがあり、それらのあいだの相互移行もあった。民族運動といえばすぐ独立論が連想されやすいが、実際には、独立論がいつでもどこでも優勢だったわけではない。一五の連邦構成共和国のうち、早い時期から独立論が有力だったのはバルト三国とグルジア、それに次いでアルメニアや西ウクライナくらいであり、それ以外の地域にまで独立論が波及するのには相当の時間がかかった（ベラルーシや中央アジアが他共和国の情勢に押されるようにして独立論に踏み切ったのは最末期のことである）。また多くの自治共和国の場合、ソ連体制存続を前提した地位昇格要求が主であり、ソ連体制の破壊とか独立とかはほとんど想定外だった(チェチェンは顕著な例外)。

対抗の性格についていえば、対ソ連中央がすべてではなく、隣接する諸民族のあいだの対抗、マトリョーシカ構造(入れ子構造)の対抗など、多様な形態があった。すべての民族運動がソ連中央を相手としていたのなら話は簡単だが、それとは異なる構図のものも非常に多く、そのことが事態を複雑化させた。

紛争の強度も多様であり、穏やかな論争にとどまるものから始まって、感情の動員と論争の激化(但し言論レヴェルでの)、暴力的紛争の部分的開始、その全面化(内戦的な武力紛争)といったいくつものレヴェルがあった。民族紛争というと、ややもすると暴力的紛争が思い浮かべられがちだが、それはそういうものがマスコミの注目を引きやすいからであって、それよりも穏やかなケースの方が数的にはむしろ多い。元来穏やかな平和的紛争だったものが、諸条件の重なりあいの中で暴力的紛争に移行することもあり、その移行がいつ、どのようにして起きたかを追跡することが重要な研究課題となる。

〈いくつかの事例〉

いま簡単に列挙したような多様性を個々の事例に即して丁寧にみていく作業は、あまりにも巨大な課題であって、一つの文章の枠内で十分に果たすことは到底できない。とりあえず、やや断片的にだが、代表的事例のいくつかの特徴に触れることで、状況の多彩さの一端を示すよう努めたい。

①ナゴルノ＝カラバフ紛争。

ここにおける第一次的争点は、ソ連からの独立論ではなく、ソ連の中での管轄の変更要求だった。アルメニア人の運動の標的はソ連中央ではなくアゼルバイジャンだったし、それに不意を打たれて始まったアゼルバイジャンの対抗的運動も、さしあたりの標的はアルメニアに向けられており、対モスクワという性格ではなかった。運動の形態も、少なくとも初期のアルメニア人の運動についていえば、合法的・体制内的要求という性格が主だった。しかし、事態がこじれ、特に双方の側で難民が増大する中で、要求もエスカレートし、暴力沙汰も増大した。とはいえ、本格戦争にまで至ったのはソ連解体後のことだったことも押さえておく必要がある。

この紛争において、ソ連中央は直接の意味での当事者ではなく、むしろ調停者としての位置を占めた。もっとも、首尾一貫した政策をもった調停者ではなく、不断に動揺し、そのことが紛争エスカレートの一因となった。モスクワにはアルメニア知識人が少なくなく、中央政治家も心情的にアルメニアびいきとなりやすい傾向があるが、その反面、管轄変更要求に対しては一貫して否定的だった。こうしたことから、中央はアルメニア・アゼルバイジャンの双方から反撥を買うことになり、ある時期以降の両共和国の運動はそれぞれに中央不信を強め、遂に独立論にまで行き着いた。

②グルジアとアブハジアおよび南オセチア。

この紛争は、《ソ連－グルジア－アブハジア／南オセチア》というマトリョーシカ構造（入れ子構造）で展開した。このような形をとった紛争は旧ソ連の他の地域でも多数見られるが、その代表例である。こうした構図で紛争が展開する場合、共和国内少数派（アブハジアおよび南オセチア）は直接の敵（グルジア）との対抗上、「敵の敵は味方」との政治力学から、連邦中央の庇護を仰ぐ形になりやすい。だが、そのことは、これらの運動がはじめから「連邦中央の陰謀」として捏造されたことを意味するわけではない。グルジア民族主義者は内部の少数民族に対して「モスクワの手先」というレッテル貼りを行なったが、そうしたレッテルに基づく敵視はかえって両民族をモスクワ側に追いやり、「自己成就する予言」となった。

両地域のうち、南オセチアでは一九九〇年末から内戦状況になった（アブハジアの場合、ペレストロイカの早い時期に衝突事件があった後、いったん鎮静化し、一九九二年から本格的内戦に転じた）。その後の情勢については次節で後述するが、これらの紛争の暴力化およびそれに伴う難民発生は最近の現象ではなく、ガムサフルディア期（一九九〇－九一年）にさかのぼるという事実を確認しておく必要がある。

なお、ペレストロイカ期においては、「連邦中央」というものが存在していた関係で、ロシア政権はこの紛争に直接関わってはいなかった。しかし、一つには南オセチアから北オセチアへの難民が増えて、ロシアの内政問題にもなったこと、もう一つにはペレストロイカ末期に「連邦中央」が麻痺状態に近づいたことから、ロシア政権がそれに代わる位置を占める傾向が現われ、それがソ連解体後に接続することになる。

③チェチェンとイングーシ。

《ソ連―ロシア共和国―チェチェン＝イングーシ自治共和国》という入れ子構造という点では②の例と共通する面があるが、ロシアが当事者だった点で、グルジアが当事者だった上記の例と異なる特徴をもつ。ペレストロイカ後期におけるエリツィン・ロシア政権の内部民族地域への態度は一貫性を欠いており、そのことが紛争拡大の一因となった[3]。ロシア内民族地域は、それぞれの地域ごとの歴史的経緯から、ロシアへの統合度に大きな差異があり、すべての民族地域が同じ程度に反ロシア的であるわけではないが、チェチェン＝イングーシでは政権への統合度が特に低く、何度となく反乱を起こした歴史がある（このことは他の地域にはあまり当てはまらない）。

ペレストロイカが当地に波及する中で、現地の公式政治指導部が「主権化」の歩みを進める一方、その枠を超える急進民族運動も登場して、状況を複雑化させた。公式指導部による「チェチェン＝イングーシ」としての主権宣言、チェチェン民族運動による「チェチェン」としての主権宣言、イングーシ民族運動による「ロシア内の自治復活」を求める運動という三つ巴の構図ができ、さらにはコサックの運動までからむという複雑な対抗関係が生じた。とはいえ、これらの当事者の関係は当初から暴力的な形態をとっていたわけではない。一つの重要な契機となったのは、九一年八月政変時に急進民族派が旧権力を革命的手法で打倒したことである。この革命を当初歓迎したエリツィン・ロシア政権はまもなく態度を変え、一挙に敵対関係となった[4]。

一〇－一一月には、チェチェン革命政権に対するエリツィンの非常事態令で一触即発ともいうべき緊張にまで至ったが、この時点では際どく衝突が回避された。当時、「ソ連中央」はほとんど機能麻痺状態にあり、「モスクワ」を代表するのはソ連政権よりもむしろロシア政権となっていたが、それでもなお「ソ連大統領」としてソ連国防省・内務省に指揮権を保持していたゴルバチョフが軍事力行使を拒否したことがこの時点での武力紛争化を防いだが[5]、数年を経ずして本格的衝突へと至る。

④バルトのロシア人。

バルト三国はソ連の中で特異な位置にあり、独立運動が最も強かった上、戦間期に独立国家をもっていたことから、独立の正統性が認められやすい条件を備えていた。実際、一九九一年四月の「九プラス一の合意」――九つの連邦構成共和国の首脳とゴルバチョフの共同声明で、新しい同盟条約を合意に基づいて作成していくことを確認――以降の連邦再編交渉においては、これら諸国を除いて新しい連邦ないし同盟を構成するという方向が固まりつつあった。そして、同年九月には、他の共和国に先駆けてバルト三国の正式独立が確定した。

そうした中で、特殊に困難な問題を提起したのが、エストニアとラトヴィアに多数在住するロシア語系住民の国籍問題である。詳しく立ち入る紙幅がないが、古い国家が解体して新しい国家が生まれるときの大きなアポリアに関わるものとして、興味深い事例である。新しい国家の正統な構成員としての「市民」の資格をもつのは誰かという問題は、憲法制定主体確定の問題でもあり、国家形成の根幹に関わるという意味で、理論的には深刻な意味をもった[6]。そのような深刻性をもったとはいえ、この紛争は基本的には言論戦の形で展開し、暴力性は低く、散発的衝突にとどまった[7]。

〈連邦再編の試みから連邦解体へ〉

民族問題と連邦制国家構造の問題は理論的には異なる次元にあるが、ソ連の場合、《民族原理に基づく連邦制》という形をとっていたため、二つの問題が重なり合うことになった。もっとも、二つの問題が全面的に合致するわけではなく、《部分的なズレを伴う重なり合い》という複雑な関係である[8]。

ソ連解体前後の時期には、「ソ連は多様な諸民族を抱えた不自然な国家ないし帝国だったから、その解体は必然だった」という議論が大流行した（ジャーナリスティックな評論では今でもまだ強い）。しかし、多民族国家だからといって必ず崩壊が運命づけられているとはいえない。世界中には、インド、インドネシア、アメリカ等々をはじめ、数多くの多民族国家がある。ある大きな国家の中に少数派が存在するからといって、必ず独立運動が起きたり、それがもとで国家が崩壊するという宿命があるわけではない。これは当たり前のことだが、ソ連に関しては安易な解体必然論がまかり通っているだけに、改めて確認しておく必要がある。

多民族国家一般はともかく、《民族原理に基づく連邦制》という形をとった国は不安定になりやすい傾向性をもつ。というのも、特定民族が集中している地域にある種の国家的地位（共和国・州・支邦など）が与えられることで、その単位が分離独立の動きを強めやすい条件ができるからである。しかし、これはあくまでも一つの条件ということに過ぎず、独立論やその高まりが必然だとまでいうことはできない。

ソ連型連邦制の特殊性として、構成共和国が「主権国家」だという建前があった。このような国家制度は、誰もが「主権」を空語だと考えているあいだは安定しうるが、これを真剣に受け止める態度が広まると、解体への歯止めがなくなる。構成単位に「主権」と「離脱権」を認める連邦制は世界的に見て異例であり、あえて巨視的にいえば、この点がソ連体制の命取りとなった。

とはいえ、そのことは、この空間が編成原理を更新しつつ新たな同盟に再編される可能性を排除するわけではない。ペレストロイカ期、とりわけその後半期には、そうした再編成を目指して、同盟条約（連邦条約）の締結が試みられた。そこにおいては、同盟の名称から「社会主義」の語が削除され、同盟の性格づけとしては通常の連邦（フェデレーション）と国家連合（コンフェデレーション）のどちら――あるいはその中間――をとるかが激しい論争となった。

ゴルバチョフによる再編の試みは最初から失敗を運命づけられていたというのがジャーナリスティックな評論では多数見解だが、それに反対して、連邦国家の解体は最初から必然だったわけではないとする専門家も少なくない。中には、ゴルバチョフはほとんど同盟条約締結による連邦再編に成功しかけていたとする論者もいる[9]。もっとも、実際問題としては、この試みは失敗に終わったことはいうまでもない。同盟条約交渉に大きな打撃を与え、同盟再編の可能性を断ち切ったのは、第一に一九九一年八月のクーデタ、そして第二に同年末のミンスク協定（ロシア・

ウクライナ・ベラルーシ三国首脳によるソ連解体の合意）である。そこにおいては、ゴルバチョフとエリツィンの権力闘争と駆け引きが大きな役割を果たし、後者の勝利が最終的結果を確定した[10]。

3　冷戦後／ソ連解体後

一九八九年末のマルタ会談で米ソ両首脳によって「冷戦終焉」が宣言されてからほぼ四半世紀が経ち、九一年末のソ連解体から数えても二〇年以上の年月が経過した。この二〇年余に及ぶ期間における変動にはきわめて大きなものがあり、その全体を概観するのは容易ではない。とりあえずここでは、最も重要と考えられるいくつかの点を押さえておきたい[11]。

何よりも大きいのは、「ソ連」という枠がなくなったことの意味である。これにより、それまで一国家内の民族問題とされてきたものの多くが国際問題へと転じた（ロシア語でいえば межнациональные отношения から международные отношения へ）。一つの代表例として、ナゴルノ＝カラバフをめぐるアルメニアとアゼルバイジャンの紛争は、ソ連という国があるあいだは一国内の紛争であり、その国の中央権力が――次第に機能麻痺に近づきつつあり、実効的な関与ができにくくなりつつあったにもせよ――調停や平和維持機能を辛うじて果たす余地があったが、その国がなくなり、両当事者がそれぞれ独立国家となることによって、一挙に本格的な国家間戦争となった。

このような事例があるにしても、解体のスケールの巨大さからいえば、もっと激しい惨劇が起きてもおかしくなかったと考えることもできる。世界史上では、大きな帝国の解体が大規模な武力紛争を伴った例が少なくないし、ソ連とほぼ同時期に解体した旧ユーゴスラヴィアでも各地で内戦が生じた。これに対し、ソ連解体の場合、確かにいくつかの武力紛争が生じたとはいえ、全土を惨劇が蔽うという事態にまでは至らなかった。特に、元の連邦構成共和国のレヴェルでは、種々の緊張にもかかわらず、それが武力紛争となることは基本的に防がれた。そのことは最初から確定していたわけではなく、解体前後の時期においては、新興独立国間の領土・国境をめぐる対立が激しい紛争——場合によっては、本格的戦争——になりかねないと危惧されたこともあったが、それはあまりにもコストが大きいことが明白であったため、大多数の場合、領土・国境については争わないという合意が形成された（ロシアとラトヴィア、ロシアとウクライナ、ルーマニアとウクライナ、ロシアとカザフスタン等々）。その後も種々の紛争が続いているとはいえ、基本的には国家同士の戦争は避けられている（いくつかの例外についてはすぐ後で触れる）。なお、二〇一四年のロシア＝ウクライナ紛争は、こうした背景に照らすなら大きな飛躍であり、重要かつ深刻な新展開である。この大問題にここで立ち入ることはできないが、ソ連解体後二〇年のあいだロシア＝ウクライナ関係にせよウクライナ内の地域間対抗にせよ、基本的に非暴力的な紛争が続いてきたのであり、今回の事態はきわめて異例だということを確認しておく必要がある[12]。

他方、連邦構成共和国よりも下位単位のレヴェルで紛争が起きた場合には、事態がよりこじれることが少なくなかった。沿ドネストル、アブハジア、南オセチア、ナゴルノ＝カラバフ、チェチェンなど、旧ソ連の地域紛争が武力化したほとんどすべての例は、こうした状況と関わっている[13]。先に、連邦構成共和国間の紛争のほとんどは武力化しなかったと書いたが、その例外をなすアルメニア・アゼルバイジャン間の戦争はナゴルノ＝カラバフ問題がもとで起きたし、二〇〇八年八月のロシア・グルジア衝突も南オセチア・アブハジア問題との関係で引き起こされた[14]。

もっとも、少数民族地域のすべてが分離独立を求める紛争を引き起こしたわけではないし、紛争が起きたとしても、武力紛争が恒常化しているというわけではない。それらが「起こりうる」潜在状況と「実際に起こる」ことのあいだには、大きなギャップがある。実際、民族問題があっても、それがあまりこじれることなく平和的に推移している例は多数ある。ただ、それらは国際社会の目を引くことが少ないために、たいていの人に気づかれないだけである。

一九九〇年代初頭に噴出した各地の武力紛争にしても、その多くは九〇年代半ばまでに停戦が成立した。停戦は問題の最終解決ではないが、それにしても、一応の平和が取り戻されていたことを見落としてはならない。二〇〇八年のロシア・グルジア・南オセチア（およびアブハジア）衝突は、単純に対立が継続していたということではなく、十数年間続いていた停戦が破れ、グルジアにサーカシヴィリ政権が登場した後の新しい条件の下で再び火を吹いたということである。

武力紛争を現実化させる要因には多様なものがあるが、一つ見落とせないのは、外枠としての国際政治である。民族問題自体はローカルな要因が大きな役割を演じるが、それが大規模な武力紛争にまで至るか否かは、国際社会の関与——および当事国がそれをどのように受け止めるか——によるところが大きい。一時収まっていた地域紛争のいくつかが、近年になってにわかに再緊張してきた背景には、「新しい冷戦」の兆しとささやかれるような国際情勢がある。

これは「冷戦の終わり方」という問題とも関わる。ゴルバチョフが目指していた終わり方は、《東西両陣営の和解による対峙構図の克服》というもので、一九八九年末のマルタ宣言はこの期待の現実化であるかに見えた。しかし、まもなく《一方の側の他方の側に対する圧倒的勝利》という総括が優越するようになった。そこにおいては、冷戦期における正邪二元論的発想は、克服されるどころか、アメリカ側の「一方的勝利」感によって、より一層強められた[15]。そのことはアメリカの単独行動主義の強まりをもたらした（ブッシュからオバマへの米政権交代はこの状況を変えるかに見えたが、その後の経過は、残念ながらこの期待を裏づけるものとはならなかった）。

もっとも、そのことは当初から確定していたわけではない。一九九〇年時点においては、統一ドイツが旧東地域を含めてNATOにとどまることをソ連に認めさせるため、アメリカと西ドイツはゴルバチョフに対して、NATOの軍事管轄は現状よりも東に拡大することはないという約束を一時的に提示していた[16]。しかし、その後、第一次NATO拡大（一九九九年）、第二次拡大（二〇〇四年）、第三次拡大（二〇〇九年）と続き、更にはウクライナやグルジアにまで拡大する可能性さえも話題とされるに至り、「新しい冷戦」的状況が色濃くなってきた。二〇〇八年にサーカシヴィリ・グルジア政権がロシアの反撃を予期しながらあえて南オセチアへの武力行使に踏み切ったのは、そのような背景抜きには理解できない。二〇一四年のウクライナ危機に立ち入る用意はないが、大きな意味では共通の背景を押さえておく必要があるだろう。ややまとまりなく、様々な要因を列挙してきた。全体を総括する紙幅も能力もないが、複雑な事態の冷静な認識が、紛争を煽り立てがちなセンセーショナリズムへの歯止めとなることを願う。

注

1 ①については、塩川伸明『民族とネイション――ナショナリズムという難問』岩波新書、二〇〇八年および本書の第1部、②については、塩川・小松・沼野編『ユーラシア世界』全五巻、東京大学出版会、二〇一二年所収の諸論文、③については、塩川『多民族国家ソ連の興亡』(以下、『興亡』と略記)全三巻、岩波書店、二〇〇四―〇七年、本書の第6・7章、テリー・マーチン『アファーマティヴ・アクションの帝国』明石書店、二〇一一年などを参照。

2 Mark R. Beissinger, *Nationalist Mobilization and the Collapse of the Soviet State*, Cambridge University Press, 2002, p. 35.

3 一般には、「取りたいだけ取れ」というエリツィン発言ばかりが有名で、これがエリツィンの一貫した政策だったかに思われがちだが、これは正しくない。『興亡』Ⅲ、第一章参照。

4 このプロセスについては、『興亡』Ⅲ、第三章を参照。

5 『興亡』Ⅲ、一九一―一九九頁参照。その後の全面戦争化については、同二〇三―二二二頁。

6 関連文献は多数あるが、さしあたり、塩川伸明「国家の統合・分裂とシティズンシップ」塩川伸明・中谷和弘編『国際化と法』東京大学出版会、二〇〇七年、『現存した社会主義——リヴァイアサンの素顔』勁草書房、一九九九年、五四六—五四七頁、またエストニアとラトヴィアにおけるロシア語系住民の言語状況に関しては、David Laitin, *Identity in Formation: the Russian-Speaking Populations in the Near Abroad*, Cornell University Press, 1998 参照。

7 話を先走らせると、ソ連解体後も、基本的には暴力的衝突抜きでの論争が続いた。もっとも、二〇〇四年にバルト三国のEU加盟が実現した後に、にわかにとげとげしさを増し、エストニアでは二〇〇七年春に暴力的衝突さえも生じたが、それでも暴力抗争の恒常化にまでは至らずに済んでいる。

8 詳しくは、『興亡』II、第一章を参照。

9 Henry E. Hale, *The Strange Death of the Soviet Union: Nationalism, Democratization, and Leadership*, Harvard University Press, March 1999, pp. 36-42.

10 『興亡』IIおよび塩川伸明「ソ連解体の最終局面——ゴルバチョフ・フォンド・アルヒーフの資料から」『国家学会雑誌』第一二〇巻第七=八号、二〇〇七年参照。

11 この時期の国際政治のいくつかの側面に関する試論として、塩川伸明『民族浄化・人道的介入・新しい冷戦——冷戦後の国際政治』有志舎、二〇一一年がある。

12 本書第7章の注31参照。

13 旧ソ連から離れるが、旧ユーゴスラヴィアの場合も、コソヴォが元来「自治州」という地位だったことが、同地における問題解決の困難性の一因となった。ボスニア=ヘルツェゴヴィナおよびクロアチアの場合、元来は内部に自治州があったわけではないが、連邦解体期に内部の少数派が独自の「共和国」をつくろうとしたことが事態を複雑化させた。

14 二〇〇八年八月のロシア・グルジア・南オセチア衝突に関しては、塩川『民族浄化・人道的介入・新しい冷戦』第六章を参照。

15 塩川伸明『《20世紀史》を考える』勁草書房、二〇〇四年、第九章、『冷戦終焉20年——何が、どのようにして終わったのか』勁草書房、二〇一〇年、第Ⅳ章、『民族浄化・人道的介入・新しい冷戦』第二部など参照。

16 統一ドイツのNATO残留をソ連に認めさせるに際して、当時のアメリカおよび西ドイツの外交担当者たちは、ゴルバチョフに対して「NATOの守備範囲が現在の位置から一インチも東へと移動しないという保証付きの統一ドイツ」を提案した。S・タルボット、M・R・ベシュロス『最高首脳外交』上、同文書院インターナショナル、一九九三年、二九五–二九七頁、Е. Примаков. Годы в большой политике. М., 1999, с. 231-233; プリマコフ『クレムリンの5000日』NTT出版、二〇〇二年、一三四–一三六頁（後者は前者を訳したものではなく、別の著作だが、この個所についてはほとんど同じ内容になっている）。ゴルバチョフの二〇〇八年五月の発言も参照。*RFE/RL Newsline*, vol. 12, no. 86, Pt. I, 7 May 2008. 塩川『民族浄化・人道的介入・新しい冷戦』第四章も参照。

第9章　歴史社会学とナショナリズム論の新地平
——鶴見太郎『ロシア・シオニズムの想像力』をめぐって

1　はじめに

一八世紀末から二〇世紀前半の時期に世界最大規模のユダヤ人口を抱えていたのがロシア帝国およびその後継者たるソ連だったこと、そのことと関係して、後のイスラエルに移住したユダヤ人の多数が旧ロシア帝国領出身者だったことはよく知られている。にもかかわらず、ユダヤ人問題一般やパレスチナ問題が論じられる際に、ロシアのユダヤ人問題が正面から取り上げられることは比較的稀だった。[1] 人数としてはロシア系が多いにもかかわらず、そしてまたシオニズム発祥の地もロシアだったにもかかわらず、ユダヤ人問題を一般的に論じる際には、ドイツをはじめとするヨーロッパのユダヤ人を主に念頭におくか（ハンナ・アーレントもその典型[2]）、あるいはパレスチナに移住してからのアラブ人との対抗を中心に据えるというのが、従来の主要な発想だった。それとは別に、ロシア帝国下の社会運動の文脈でユダヤ人問題が論じられる場合には、ブンド（ポーランド・リトアニア・ロシア・ユダヤ人労働者総同盟）の動向や、レーニン、スターリンとブンドの論争などが関心の中心におかれることが多く、シオニストの系譜への注目度は低かった。

本章で取り上げる鶴見太郎『ロシア・シオニズムの想像力――ユダヤ人・帝国・パレスチナ』（東京大学出版会、二〇一二年）はこの未開拓なテーマに正面から取り組み、世界各地に散在する原資料を丹念に読み込んだ力作である。もっとも、それだけなら、「あまり知られていなかった対象を取り上げて、研究上の空白を埋める」というにとどまったかもしれない。しかし、この作品の意義はそうした「落ち穂拾い」にとどまるものではない。その一つの特徴は、それ自体としては特定の事例に集中しつつも、より広いナショナリズムの一般論を想起しつつ論が展開されている点にある。そのおかげで、この書物は種々の社会思想と切り結ぶ野心的な作品となっている。ジャンルとしていえば、社会学・歴史学・政治理論にまたがる学際的な著作であり、取り上げられた直接的主題を超えて、広く人文社会系のさまざまな分野に関心をいだく人たちに新鮮な刺激を与えるだろう。評者が鶴見著の直接的主題にはそれほど通じていないにもかかわらず、読後に多大の感興を刺激され、やや長めの書評を書こうと思い立ったのも、そうした事情に由来する。

2　書物の基本的な内容

書物の構成については、著者自身が「起承転結」として説明しているので、先ずそれを紹介しておこう。問題設定や視点を説明した序章の後、「起」たる第一章では、一九世紀後半のロシア・ユダヤ史と初期のシオニズム史が歴史的・社会学的に分析されている。「承」に当たる第二章では、前章で明らかとなったシオニズムのポイントをより理論的に掘り下げつつ、帝国という場がシオニストに「ネーション」を注視させたメカニズムが探られている。続く第三章は「転」であり、なぜロシア・シオニストたちが「ユダヤ的なもの」について語ろうとしなかったのかを論じ、彼らの思想が反本質主義的なものだったことが示される。「結」に当たる第四章では、シオニストがどのような「国際規範」を創りだしていったのかが考察され、シオニストがパレスチナにどのような視角で切り込んでいったのか、切り込みえたのかが論じられる。最後に終章では、一九一七年のロシア革命とシオニズムの関連を見た後、書物全体を総括しつつ、今後の研究への展望が示されている。

このように比較的明快な構図が示されている作品であるので、これ以上立ち入った内容紹介は省くこととし、以下では、著者の主な主張を評者なりの観点からまとめ直し、その上で若干の感想を述べることとしたい。

この著作はロシア・シオニズムの思想を主題とし、それを「客観的文脈」・「主観的文脈」（第四章では「想像の文脈」）・「集団内アイデンティティ」・「集団間アイデンティティ」といった理論的概念を駆使しつつ、社会学的に分析しようとした作品だが、そうした分析の結論のようなものを抜き出してみるなら、以下のような点が中心をなしていると思われる。

①ロシア・シオニズムは、通常想定されがちなところとは異なって、「ユダヤ人の国家」建設を目指していたわけではない。彼らにとって重要なのは「ユダヤ社会の拠点」確保だった。拠点となる領土を必要と考えるという意味では一種のナショナリズムだが、それは「一民族一国家」論に立った国家創設要求ではない。

②彼らはパレスチナに拠点をつくろうとする一方で、全てのユダヤ人が移住すべきだと考えたわけではなく、むしろ多くがロシアの地に残ることを想定し、そのロシアが多民族共存国家に再編されることを望んでいた。その意味で、彼らの主要なライヴァルたるブンドとの距離は意外に小さく、ともにオーストリア・マルクス主義を重要な発想源とするという点で共通していた。その民族理論はユダヤ人を特殊な存在——いわゆる「選民」——とみなすのではなく、あらゆる民族を同等に見る普遍主義を基礎としていた。

③ロシアにおける多民族共存願望と符節をあわせて、彼らはパレスチナについても、「アラブ民族」との共生構想——但し、他に本拠地をもたないユダヤ人にとっては、パレスチナで「マジョリティ民族」となることが不可欠であり、他にも本拠地のあるアラブ人は「マイノリティ民族」になるという組み合わせで——をいだいていた。

④今日優勢な構築主義的ナショナリズム論はナショナリストを「本質主義」として批判することが多いが、ロシア・シオニズムは構築主義的観点を既にもっていた。彼らはユダヤ教をユダヤ

人の「本質」と考えたわけではない――彼らの多くは世俗化していた――し、そればかりか、「ユダヤ文化」についても、特定の固定的な内容によって定義するのではなく、ただユダヤ人が自らの文化を自由に構築できる場を確保しようとしていた。これは民族に関する「本質主義」とは大きく異なる。

⑤近年、個人主義的な自由主義の限界を指摘するコミュニタリアニズムやリベラル・ナショナリズムといった新しい思想潮流が注目を集めているが、ロシア・シオニズムの中には、そうした議論を先取りする面があった。

このように見てくるなら、本書には「歴史における敗者の復権」という趣があるといってよいだろう。ロシア・シオニズムはロシアの社会運動の中では明らかな「敗者」となったし、移住先のパレスチナにおいても、彼らの思想が生かされることはなかった。だが、その思想には、後世の人が見落としがちな先駆性がはらまれていたことを鶴見は指摘している。

もっとも、ロシア・シオニズムを手放しに賛美して、ひたすら褒め称えるのがこの本の目標というわけではない。たとえば、右の⑤に関しては、リベラル・ナショナリズムも「ネーション」という外殻を絶対視する点ではある種の罠に陥っていることが指摘され、これを万能の処方箋と見るわけにはいかないことが示唆されている。また③に関連する重大な留保として、ロシア革命後、ロシア・シオニズムの系譜を引く一部の人たちは、イスラエルにおける暴力的反アラブ政策の推進者になっていったとの指摘もある。これらの留保は比較的軽い言及にとどめられており、内容的に展開されていないが、その点については後で立ち戻ることにしたい。

3　理論的観点について

いま見たように、この作品はロシア・シオニズム思想の読解を主要な内容としているが、それ自体を専門的に研究していない評者としては、この問題にこれ以上立ち入ることはできない。以下ではむしろ、より大きな理論的な観点に関するいくつかの感想を書き留めておきたい。その多くは、基本的な共感を前提した上での若干の疑問という性格のものである。

先ず、ナショナリズム論一般との関係で、この本がどのような議論を提起しているかについて考えてみよう。著者の観点は、近年のナショナリズム論で主流的な位置を占めている構築主義的発想を大きな意味では受け入れつつも、その部分的な欠陥を補おうとする立場であるように見える（その観点から最も高く評価されているのは社会学者のブルーベーカーである）。その姿勢には評者も共感するが、小さな点で微妙な違和感がないでもない。

たとえば、著者は構築主義の観点を、ナショナリズムの虚妄性を暴き立てて、ナショナリズム運動を批判するものと捉えて、その批判はロシア・シオニズムに関しては的を射ていないと論じている（二三三、二八〇―二八一、三四七頁など）。言わんとすることは理解できるが、そもそも構築主義とはそうした実践的な問題意識（ナショナリズム批判）を主要課題としたものだったのかという疑問がわく。そのような側面は確かにあるにしても、構築主義的ナショナリズム論をそうしたものとだけ位置づける――著者自身が明示的にそう書いているわけではないが――なら、それはやや狭きに失することになるのではなかろうか[3]。

関連して、「ネーションは近代の想像（創造）物か否か」という論争の不毛性を指摘し、ベネディクト・アンダーソンとアントニー・スミスの双方を批判している個所がある（二八六―二八八頁）。興味深い議論だが、「つくられたもの」かどうかという問題と「近代の産物」かどうかという問題は論理的には異なる次元に属するはずなのに、その点が意識されていないのではないかという疑念がわく[4]。

鶴見著のもう一つの特徴として、リベラル・ナショナリズムという思潮[5]への関心がある（三九〇、三四五―三四七頁など）。先にも触れたように、著者はリベラル・ナショナリズムを手放しで賛美しているわけではなく、一定の慎重な留保を付けているが、それでもこの主題を重要視する背景には、ナショナリズムといえば非リベラルなものと決めつける風潮が広まっていることへの対抗意識があるのではないかと思われる。ここ三〇年ほどの理論状況を念頭におくなら、これは理解しうる問題提起である。だが、もっと以前にまでさかのぼるなら、もともとナショナリズムとリベラリズムは手に手を携えて登場したという見解はむしろ常識だったのではないだろうか。

もう少し広くいえば、ナショナリズムというものをどう評価するかについては、かなり大きな揺れと歴史的変遷がある（この問題について、本書の序章も参照）。大まかにいってここ三〇年ほどは、ナショナリズムといえばすぐ「偏狭」「排外的」「非合理的」「非リベラル」といった言葉が思い起こされ、否定的に評価されることが多かった。近年では、そうした知的状況に対抗するかのように、そう簡単にナショナリズムを全否定することもできないのではないかという問題提起が——それも、単純に「偏狭」とか「反動的」と決めつけられないような観点から——徐々にあらわれており、鶴見の議論も大きな意味ではそのような新潮流に連なるものであるように見える。しかし、もう少し古い時代にまでさかのぼって考えるなら、ナショナリズムは必ずしも常に否定的にばかり受け止められていたわけではなく、むしろ「解放」とか「進歩」と結びつけられて、肯定的意義をもつとされることも少なくなかった。戦後日本の「進歩派」のあいだでも、ナショナリズムは必ずしも「反動的」な傾向のものばかりとは限らず、「健全」で民主的なものもあるはずだと考えて「左派ナショナリズム」「革新ナショナリズム」等を構想する発想も、ある時期までは、一つの有力な流れとして存在していた。[6] さらには、一九六〇年代に世界各国で多くの人々を捉えたヴェトナム反戦運動も、「ヴェトナム人民の進歩的ナショナリズム」に対する肯定的評価を前提していた。

このようなナショナリズム観の変遷は、それ自体が興味深い社会思想史の対象たり得るように思われる。それはさておき、このように隔たったナショナリズム観が入り乱れている理由を考えるなら、そもそも「ナショナリズム」と呼ばれる現象が非常に多様であり、それらのうちのどういう事例を念頭におき、どのような観点から論じるかによって、評価も大きく異なってくるからだという事情に突き当たる。

「ナショナリズム」と呼ばれる現象のなかには雑多な事例が含まれ、同じ論者から見ても肯定したくなるものと否定したくなるものがあることから、「よいナショナリズム」と「悪いナショナリズム」、「進歩的ナショナリズム」と「反動的ナショナリズム」をどうやって区別するかをめぐって、これまでもさまざまな議論が積み重ねられてきた。[7] 理論の世界においては、「シヴィック・ナショナリズム」と「エスニック・ナショナリズム」を区別して、前者はよいが後者はよくないと考える発想が優勢であることはいうまでもない。より通俗的なイメージのレヴェルでは、近代日本のナショナリズムは日露戦争の頃までは健全で進歩的だったが、その後、次第に帝国主義的で抑圧的なものに転化したという考え方は、かなり広い範囲に受容されているだろう。もっと古典的な例としては、「被抑圧民族のナショナリズム」と「抑圧民族のナショナリズム」を区別して、前者を進歩的、後者を反動的とするレーニン的理解が広まっていた時代もあった。ヨーロッパで迫害され続けてきたユダヤ人が自己の拠点をもとうとするナショナリズム（シオニズム）には同情するが、それがパレスチナ・アラブ人への抑圧を伴うようになると同情できないという考えも、こうした二分論の一変形といえるだろう。

念のため確認しておくなら、著者の鶴見はそれほど単純な議論をしているわけではなく、「良いシオニストと悪いシオニストがいるといった程度の単純な話でもない」と記している（四三三頁）。既存のナショナリズム分類に大きな影響を及ぼしてきた「コーンの二分法」およびそれと関連するシヴィック／エスニック二元論についても、適切な批判的言及がある（一八四－一八五頁）。それにしても、ロシア・シオニズムは反本質主義的な発想をもっていたという主張の背後には、本質主義的なネーション観は正しくなく、否定的結果をもたらしやすいが、反本質主義なら事情は異なるという前提が見え隠れする。それがいけないというつもりはないが、本質主義か反本質主義かという問いにこだわること自体の意味をもう少し掘り下げる必要があったのではないだろうか。

4　思想史と現実史の間

鶴見著の一つの重要な発見として、ロシア・シオニズムが元来はパレスチナについても多民族共存を想定していたとの指摘がある。これは多くの人の意表を突く新鮮な主張である。そのことの意義を認めた上での話だが、少なくとも彼らの一部は、後のイスラエルにおける対アラブ強硬路線につながっていったことが、本書でも指摘されている（三六三―三六四頁）。とすると、一体どのような論理的連関を通してそうなったのか、ということが深刻な問いとして浮かび上がってくる。著者は明らかにその論点を意識しているが、軽く触れるにとどめている[8]。これは大きすぎる問題であり、この書物の枠外で別個に取り組まれるべき課題ということなのだろうが、なにがしかの示唆のようなものがほしかったという望蜀の嘆も残らないではない。

鶴見の仕事は先にも触れたように学際的な研究という性格を帯びているが、歴史学の中のジャンルでいえば、政治史や社会運動史よりは社会思想史に大きく傾斜している。もちろん、そのこと自体は、一つの自己限定として十分了解可能である。ただ、対象が社会運動史や政治史とも接点をもつだけに、それらの相互関係をどのように見定めるのかという点がどうしても気になってしまう。

歴史上のある思想が、それ自体としては今なお共感を呼んだり、啓発的な意味をもっていたりするものであっても、それが現実政治の磁場におかれるとき、予期されざる結果として悲惨な現実をもたらすという例は珍しくない。この場合、結果から単純に逆算して元の思想を断罪するのが安易に過ぎることはいうまでもないが、だからといって「本来の思想はそんなにひどいものではなかったのだ」というだけで済むのか、という問いもまた避けられない。かけ離れた例だが、たとえば初期ボリシェヴィキの思想と後のスターリニズムのあいだにも、初期シオニズム思想と後のシオニズム実践の関係と同様のことが言えるように思われる。

この書物の「あとがき」で著者は、学部学生時代に現代のパレスチナ紛争にはじめて接したときに、パレスチナ人を無節操に抑圧するシオニスト＝イスラエルというものには「触れたくないほどの嫌悪感」を漠然と抱いたが、その後、等身大で一人一人を見たとき、そこにいるのはただの人間だということに気づいたと記している（四三二頁）。これに倣っていうなら、ボリシェヴィズムもまたシオニズム同様――いや、一九九〇年代以降の世界では、むしろそれ以上に――「触れたくないほどの嫌悪感」を多くの人にいだかせる存在となっているが、その一人一人に目を向けるなら、そこにいるのはただの人間だということに気づくかもしれない。とすれば、現代の知的状況に一石を投じようとして、初期ボリシェヴィキの思想を復権しようとする研究者が現われてもおかしくない。そうした人が初期ボリシェヴィキの思想を丹念に分析し、それは暴力とか自由の否定とかを最初から含意したわけではないことを指摘し、ある種の復権をはかるということがあるかもしれない。そのようにして書かれた本が、「もっとも、ボリシェヴィズムが後のスターリニズムにつながる面を、私は全く意識していないわけではありません」と一言だけ軽く付け加えたなら、どういう反響を呼ぶだろうか。多くの読者は、「まさしくそこから先をこそ知りたいのだ」という感想をいだくのではないだろうか。

5　若干の残る問題

以上、鶴見著の中心的な内容についていくつかの感想と疑問を述べてきたが、その他にも、この本には興味深い要素が大量に盛り込まれている。それらのうちから二点にしぼって、簡単な感想を述べておきたい。

その第一は、直接的な主題を超える一般理論との接点に関わる。鶴見は歴史社会学の観点に立ち、ナショナリズムに関する一般論をはじめ、多種多様な社会思想・理論への関心を示している。言及されている理論家たちの名前を思いつくままに並べても、ブルーベーカー、市野川容孝、キムリッカ、大澤真幸、タミール、ウォルツァー等々と、実に多彩である。

実証的な歴史研究の中でこの種の抽象度の高い理論にも言及するというのは、一種の知的冒険であり、著者の理論的感受性の高さを物語る。だから、けちを付けるつもりは毛頭ないのだが、あまりにも手を広げすぎたために、いささか議論が拡散したのではないかと感じさせる面がないでもない。ここで取り上げられている一連の理論に関して、評者自身も深い関心をいだき、時として自分なりに論じたりしてきたこともあるが[9]、そうした自己流の関心とつきあわせて著者と対話しようとすると、関連個所の大部分が断片的な示唆に終わっているため、どう対話してよいのか分からないまま別の話題に移ってしまうという欲求不満をいだかされる。もちろん、これは欠点というよりも、長所の別のあらわれともいうべきものである。いま書いたような欲求不満を解消してくれる今後の研究の発展が期待される。

最後に、ソヴェト時代との関係に触れておきたい。これはこの作品の主要課題ではないから[10]、この部分にこだわるのは評者の我田引水とのそしりを免れないかもしれない。しかし、終章には、ロシア・シオニズムとソ連民族政策のあいだに意外な類似性があったのではないかという興味深い問題提起があり（三六七―三六八頁）、これは読者の目を引きつけずにはいない。これは評者自身の持論とも合致しており、それ自体としては共感するところが大きい。しかし、それに続く個所は高尾千津子の業績に依拠した簡略な記述にとどまり、掘り下げが欠けている。しかも、ロシア革命によってシオニズムは破壊されたという、前の方で示された単純な把握との関連が明らかでない。いったん破壊されたはずなのに、どうして類似の現象が生じたのかという問いが浮かび上がってくるのだが、本書におけるソ連の民族政策に関する記述（三三六―三三七頁）はごく簡略なもので、その課題に応えるものにはなっていない。
ロシア革命までの時点では、ユダヤ人革命家の多数はブンドやメンシェヴィキ、あるいはシオニズム左派に属し、ボリシェヴィキは少数だったから、その限りでいえば、ユダヤ人の社会運動とボリシェヴィキ革命は親和的な関係にはなかった。しかし、内戦期に白衛軍やウクライナ民族主義者などが反ユダヤ主義的暴行を組織したのに対し、そうした風潮に与しなかったほぼ唯一の政治勢力がボリシェヴィキだった（このことは三五九―三六〇頁でも指摘されている）ことから、次第にボリシェヴィキに入党するユダヤ人が増えたこともまた事実である。ある時期以降の共産党においては、ユダヤ人は一貫して顕著な過剰代表となり、ソヴェト・エリート中にも多数のユダヤ人が含まれた。もちろん、そのことはロシア革命を「ユダヤ人の陰謀」とする反ユダヤ宣伝を正当化するものではないが、とにかくそうした宣伝に一つの材料を与える結果にはなった。だとしたら、共産党に入った元のブンド活動家や左派シオニストがその後どういう歩みをたどったのかを追跡する必要があるだろう。特に関心を引かれるのは、革命前のレーニンもスターリンも「ユダヤ人は民族ではない」と説いていたのに、革命後のソヴェト政権がユダヤ人を民族として扱ったのはどうしてかという謎である。この謎は今後取り組まれるべき重要問題と思われる。

いささかとりとめなく、評者の関心に引きつけて勝手な疑問や要望を述べてきたが、こうした望蜀の言をつらねたくなるのも、この作品が多数の野心的な問題提起に満ちているからである。ここで未解決なままに投げ出されている数多くの論点は、まだ若い著者によって今後精力的に取り組まれていくだろうし、また他の研究者たちとのあいだで活発な討論の題材となるだろう。本章における論評が、そうした討論の一つの呼び水となるなら望外の幸いである。

注

1　もっとも、ロシア・ユダヤ人に関する優れた研究が日本でもいくつか積み重ねられている。代表的な業績の例として、原暉之「反ユダヤ主義とロシア・ユダヤ社会」『思想』一九七七年一二月号、高尾千津子『ソ連農業集団化の原点――ソヴィエト体制とアメリカユダヤ人』彩流社、二〇〇六年、長尾広視「スターリン時代のユダヤ人問題」（塩川伸明・小松久男・沼野充義編『ユーラシア世界』第二巻、東京大学出版会、二〇一二年）を挙げておく。またロシアと隣接するガリツィアについては、野村真理『ガリツィアのユダヤ人』人文書院、二〇〇八年がある。

2　アーレントの『全体主義の起原』第一巻「反ユダヤ主義」は西欧におけるユダヤ人問題に集中していて、ロシア・東欧には全く触れていない。第三巻「全体主義」も、初版ではナチズムとスターリニズムの共通性を一般論として強調するだけで、ソ連におけるユダヤ人問題に触れるところはほとんどない（一九六八年版では追加的記述がある）。また、彼女の私信の一節にはガリツィアのユダヤ人に対する蔑視的な文章のあることが知られている（エリザベス・ヤング゠ブルーエル『ハンナ・アーレント伝』晶文社、一九九九年、四四二頁）。これらの点につき、塩川伸明『民族浄化・人道的介入・新しい冷戦――冷戦後の国際政治』有志舎、二〇一一年、第八章参照。

3　構築主義およびそれへの若干の留保について、塩川伸明『《20世紀史》を考える』勁草書房、二〇〇四年、第一〇章参照。

4 この問題に関しては、塩川伸明『民族とネイション――ナショナリズムという難問』岩波新書、二〇〇八年、二八―三五頁参照。

5 代表的な文献として、Y・タミール『リベラルなナショナリズムとは』夏目書房、二〇〇六年、D・ミラー『ナショナリティについて』風行社、二〇〇七年、W・キムリッカ『土着語の政治』法政大学出版局、二〇一二年など。本書の序章および第1章も参照。

6 小熊英二『〈日本人〉の境界――沖縄・アイヌ・台湾・朝鮮――植民地支配から復帰運動まで』新曜社、一九九八年、第二一章、同『〈民主〉と〈愛国〉――戦後日本のナショナリズムと公共性』新曜社、二〇〇二年など参照。「革新ナショナリズム」をそのものずばりのタイトルに使った論文としては、坂本義和「革新ナショナリズム試論」『坂本義和集』第三巻、岩波書店、二〇〇四年（初出は一九六〇年）があり、更にさかのぼるなら、丸山眞男「日本におけるナショナリズム」『丸山眞男集』第五巻、岩波書店、一九九五年（初出は一九五一年）などがある。

7 塩川『民族とネイション』一八二―一九七頁参照。

8 このことを指摘した三六四頁には、「次の課題の一つはこのことの解明である」とある。この文章を読んだ読者は、これに続く個所でこの課題に著者が取り組むのだろうと期待するが、その期待は肩透かしに終わる。どうやら、ここでいう「次の課題」とは、同じ本の後続個所の課題――文章表現上はそうも読める――という趣旨ではなく、著者の次作の課題という意味のようである。

9 その多くは、私のホームページ上の「読書ノート」および「研究ノート」欄にアップロードされており、また一部は本書の第1部に収録した。

10 本書の中心部分はソヴェト期ではなくロシア帝国期に関わる。著者のロシア帝国論は近年の研究動向を取り込んでおり、大まかには共感するところが大きい。小さな疑問がないではないが、そうした点については、私よりも適任な評者が多数いることでもあり、それらの人たちに譲ることにしたい。

あとがき

本書の狙いや大まかな内容については、はしがきに書いた。ここでは、本書成立の経緯について簡単に説明しておきたい。

本書収録の各章は、それぞれ別個の機会に書かれたが、その執筆の事情は二通りに分かれる。第5、6、8、9章はかつて活字になったものの再録であり（それらの初出は下記の通り）、これらについては比較的小規模の修正にとどめた（但し、第8章は元来の紙数制限が厳しく、内容を掘り下げる余地が限られていた上、最新の情勢を扱ったため初稿執筆後の変化も大きいことから、やや多めの加筆を行なった）。それ以外の各章は、かつて私のホームページ上の「読書ノート」欄あるいは「研究ノート」欄に「電子版ディスカッション・ノート」として載せたものだが、もともと未定稿という性格のものだったことから、かなりの規模の改訂を施した。特に、第1、2章は、原形をあまりとどめないほどの全面的な増補・改訂を施し、ほぼ書き下ろしの新稿となっている。第1章の原稿はキムリッカに詳しい飯田文雄氏に読んでいただき、貴重なコメントをいただいた。記して謝意を表する。

第5章　(砂野幸稔編『多言語主義再考——多言語状況の比較研究』への書評)『ことばと社会』三元社、第一四号、二〇一二年

第6章　(テリー・マーチン『アファーマティヴ・アクションの帝国』への解説) 同書邦訳、明石書店、二〇一一年

第8章　(元のタイトルのまま)『ユーラシア研究』東洋書店、第四〇号、二〇〇九年

第9章　(鶴見太郎『ロシア・シオニズムの想像力』への書評)『思想』岩波書店、二〇一二年五月号

なお、かつて「電子版ディスカッション・ノート」を書いた時点では、まだ大学に勤めていたため、大学のサーバー上にホームページをおいていたが、定年退職後、それができなくなったため、新たに個人ホームページを開設し、旧ホームページのコンテンツの大半もこちらに引っ越した(但し、本書に収録したノート類は、本書の方が定稿であることから、ウェブサイトからはこのたび削除することにした)。現在使っている個人ホームページのURLは次の通り。

http://www7b.biglobe.ne.jp/~shiokawa/

本書の刊行に当たっては、三元社の石田俊二氏と上山純二氏のお世話になった。多言語社会に関連する書籍を多数刊行している同社から本書を出すことができるのは、私にとって大きな喜び

である。学術書出版の環境が一段と厳しさを増している現在、同社のような良心的出版社が今後も健闘し続けることを祈らずにはいられない。

人名索引

事項索引

さ

た

な

は

ま

や

ら

［著者紹介］

塩川伸明（しおかわ・のぶあき）

1948年生まれ
1974年東京大学教養学部教養学科卒業
1979年東京大学大学院社会学研究科博士課程単位取得退学
東京大学社会科学研究所助手、法学部助教授、大学院法学政治学研究科教授を経て
現在、東京大学名誉教授
主著：
『終焉の中のソ連史』朝日選書、1993年
『現存した社会主義――リヴァイアサンの素顔』勁草書房、1999年
『《20世紀史》を考える』勁草書房、2004年
『多民族国家ソ連の興亡』全3巻、岩波書店、2004-07年
『民族とネイション――ナショナリズムという難問』岩波新書、2008年
『冷戦終焉20年――何が、どのようにして終わったのか』勁草書房、2010年
『民族浄化・人道的介入・新しい冷戦――冷戦後の国際政治』有志舎、2011年
共編著：
『ユーラシア世界』全5巻、東京大学出版会、2012年

ナショナリズムの受け止め方
言語・エスニシティ・ネイション

発行日　2015年3月15日 初版第1刷

著　者　塩川伸明

発行所　株式会社 三元社
〒107-0052　東京都港区赤坂2-10-16 赤坂スクエア6A
電話 03-5549-1885　ファックス 03-5549-1886

印　刷
製　本　シナノ印刷株式会社

　ISBN978-4-88303-380-5
http://www.sangensha.co.jp